Die Reihe „Weltwirtschaft und internationale
Zusammenarbeit" wird herausgegeben von

Prof. (em.) Dr. Hartmut Sangmeister, Universität Heidelberg
Prof. Dr. Aurel Croissant, Universität Heidelberg
Prof. Dr. Günther Maihold, Stiftung Wissenschaft und
Politik, Deutsches Institut für Internationale Politik
und Sicherheit, Berlin

Band 22

Hartmut Sangmeister | Heike Wagner [Hrsg.]

Die Entwicklungszusammenarbeit der Zukunft

 Nomos

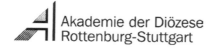

Akademie der Diözese
Rottenburg-Stuttgart

http://www.akademie-rs.de/

Die Deutsche Nationalbibliothek verzeichnet diese Publikation in
der Deutschen Nationalbibliografie; detaillierte bibliografische
Daten sind im Internet über http://dnb.d-nb.de abrufbar.

ISBN 978-3-8487-5660-5 (Print)
ISBN 978-3-8452-9805-4 (ePDF)

1. Auflage 2019

Inhalt

Abkürzungsverzeichnis

AA	Auswärtiges Amt
AEUV	Vertrag über die Arbeitsweise der Europäischen Union
AKP-Staaten	Länder Afrikas, der Karibik und des Pazifiks
AMEXCID	Agencia Mexicana de Cooperación Internacional para el Desarrollo
AASM	Associated African States and Madagascar
AU	African Union
bap	Bundesausschuss für politische Bildung
Bd.	Band
BIP	Bruttoinlandsprodukt
BMBF	Bundesministerium für Bildung und Forschung
BMF	Bundesministerium für Finanzen
BMFSFJ	Bundesministerium für Familie, Senioren, Frauen und Jugend
BMU	Bundesministerium für Umwelt, Naturschutz und nukleare Sicherheit
BMUB	Bundesministerium für Umwelt, Naturschutz, Bau und Reaktorsicherheit
BMWi	Bundesministerium für Wirtschaft und Energie
BMZ	Bundesministerium für wirtschaftliche Zusammenarbeit und Entwicklung
BNDES	Banco Nacional do Desenvolvimento
BNE	Bildungslandschaft für nachhaltige Entwicklung
BRICS	Brasilien, Russland, Indien, China und Südafrika
bzw.	beziehungsweise
ca.	circa
CAM	Cameroun (Kamerun)
CDU	Christlich Demokratische Union Deutschlands
CIM	Centrum für internationale Migration und Entwicklung
CO2	Kohlenstoffdioxid
CSU	Christlich-Soziale Union in Bayern
DAC	Development Assistance Committee
DED	Deutscher Entwicklungsdienst
DEVCO	Directorate-General for International Cooperation and Development
DFID	Department for International Development
DIE	Deutsches Institut für Entwicklungspolitik
DRC	Demokratische Republik Kongo
EAD	Europäischer Auswärtiger Dienst
ebd.	ebenda
ECOSOC	United Nations Economic and Social Coucil

EEF	Europäische Entwicklungsfonds
EFSD	EU Fund for Sustainable Development
EG	Europäische Gemeinschaft
EIB	Europäische Investitionsbank
EIP	External Investment
EITI	Extractive Industries Transparency Initiative
ENI	Europäisches Nachbarschaftsinstrument
ENoP	European Network of Political Foundations
EPA	Economic Partnership Agreement
EPI	External Investment Plan
et al.	et alii
etc.	et cetera
EU	Europäische Union
EUR	Euro
EUV	Vertrag über die Europäische Union
EWG	Europäische Wirtschaftsgemeinschaft
EZ	Entwicklungszusammenarbeit
EZI	Instrument für Entwicklungszusammenarbeit
f.	folgende
FARC-EP	Fuerzas Armadas Revolucionarias de Colombia – Ejército del Pueblo
FDI	Foreign Direct Investments (FDI)
fMRI	Functional Magnetic Resonance Imaging
FTNS	Fondation pour le Tri-National de la Sangha
FZ	Finanzielle Zusammenarbeit
G7	Gruppe der Sieben (Deutschland, Frankreich, Großbritannien, Italien, Japan, Kanada, USA; Beobachterstatus: Europäische Kommission)
G20	Gruppe der Zwanzig (G7 + Argentinien, Australien, Brasilien, China, Indien, Indonesien, Mexiko, Saudi Arabien, Südafrika, Südkorea, Türkei, Russland, EU)
GADM	Global Administrative Areas
GASP	Gemeinsame Außen- und Sicherheitspolitik
GBS	General Budget Support
GCE	Global Citizenship Education
ggf.	gegebenenfalls
GIZ	Deutsche Gesellschaft für Internationale Zusammenarbeit
GIZ IS	GIZ International Services
GONGO	Government-organized non-governmental organization
GPEDC	Global Partnership for Effective Development Cooperation
GPS	Global Positioning System
GTZ	Deutsche Gesellschaft für Technische Zusammenarbeit
HIC	High Income Country
HM	Her Majesty
Hrsg.	Herausgeber
IBAMA	Instituto Brasileiro do Meio Ambiente e dos Recursos Naturais Renováveis
InWEnt	Internationale Weiterbildung und Entwicklung gGmbH

8

IZ	Internationale Zusammenarbeit
Jg.	Jahrgang
KAS	Konrad-Adenauer-Stiftung e.V.
KfW	Kreditanstalt für Wiederaufbau
KMU	Kleine und mittlere Unternehmen
LDC	Least Developed Country
LIC	Low Income Country
MDG	Millennium Development Goal
MENA	Middle East and North Africa
MFR	Mehrjähriger Finanzrahmen
MIC	Middle Income Country
Mio.	Million
Mrd.	Milliarde
MRT	Magnetresonanztomographie
NATO	North Atlantic Treaty Organization
NGO	Non-Governmental Organization
Nr.	Nummer
NRO	Nicht-Regierungsorganisation
ODA	Official Development Assistance
ODI	Overseas Development Institute
OECD	Organization for Economic Co-operation and Development
OOF	Other Official Flows
PATRIP	Pakistan Afghanistan Tajikistan Regional Integration Program
PBL	Policy Based Lending
PRSP	Poverty Reduction Strategy Paper
REED	Reducing Emissions from Deforestation and Forest Degradation
S.	Seite
SARS	Severe Acute Respiratory Syndrome
SBS	Sectoral Budget Support
SDG	Sustainable Development Goals
SEZ	Stiftung Entwicklungs-Zusammenarbeit Baden-Württemberg
SPD	Sozialdemokratische Partei Deutschlands
TNS	Tri-nationaler Sangha-Park
TZ	Technische Zusammenarbeit
u. a.	unter anderem
UCBP	University Capacity Building Programme
ÜLG	Überseeische Länder und Gebiete
UN	United Nations
UNDP	United Nations Development Programme
UNESCO	United Nations Educational, Scientific and Cultural Organization
UNHCR	United Nations High Commissioner for Refugees

UNICEF	United Nations International Children's Emergency Fund
US	United States
USA	United States of America
USD	US-Dollar
u. v. m.	und vieles mehr
v. a.	vor allem
VENRO	Verband Entwicklungspolitik und Humanitäre Hilfe deutscher Nichtregierungsorganisationen e.V.
vgl.	vergleiche
VN	Vereinte Nationen
WBGU	Wissenschaftlicher Beirat der Bundesregierung Globale Umweltveränderungen
WHO	World Health Organization
WTO	World Trade Organization
WWF	World Wildlife Fund
ZAR	Zentralafrikanische Republik
z. B.	zum Beispiel
ZIKAV	Zika-Virus-Infektion

Vorwort

Unter veränderten weltpolitischen und weltwirtschaftlichen Konstellationen stellt sich für die deutsche Entwicklungszusammenarbeit (EZ) die Frage, ob sie in ihrer bisherigen Form noch zeitgemäß ist. Wie muss die öffentliche und zivilgesellschaftliche EZ auf neue globale Herausforderungen reagieren, wie kann und sollte sie institutionell und hinsichtlich ihrer Zielprioritäten umgestaltet werden? Was hat sich bewährt, was muss verändert werden, was kann von anderen Akteuren der internationalen EZ gelernt werden? Das waren die Leitfragen, die in dem Seminar „Die Entwicklungszusammenarbeit der Zukunft" vom 3.–5. Mai 2018 in dem Tagungshaus Weingarten der Akademie der Diözese Rottenburg-Stuttgart kritisch diskutiert und reflektiert wurden. Mit der vorliegenden Publikation wollen wir Ergebnisse der Überlegungen und Debatten über die EZ der Zukunft aus den Perspektiven von Wissenschaft und Praxis einer breiteren Öffentlichkeit zugänglich machen.

In seiner Einführung in das Seminarthema wies Hartmut Sangmeister (Universität Heidelberg) darauf hin, dass Fragen nach der Existenzberechtigung, der Sinnhaftigkeit und der Zukunft von EZ fast so alt seien wie der Milliarden-Dollar-Transfer in Länder Afrikas, Asiens und Lateinamerikas, der schon lange nicht mehr als „Entwicklungshilfe" bezeichnet werde, sondern politisch korrekt als Internationale Zusammenarbeit. In dem Seminar gehe es nicht um rückwärtsgewandte Kritik an der EZ, sondern darum zu fragen, wie auf globale Herausforderungen zu reagieren sei, ob und wie EZ zukünftig institutionell und hinsichtlich ihrer inhaltlichen Aufgaben umgestaltet werden könne oder müsse.

Antworten auf solche Fragen gab Günther Maihold (Stiftung Wissenschaft und Politik/SWP, Berlin) in seiner *Keynote speech*, indem er für umfassende Reformen der EZ an Kopf und Gliedern plädierte. Das 1961 geschaffene Bundesministerium für wirtschaftliche Zusammenarbeit und Entwicklung (BMZ) entspräche organisatorisch noch immer weitgehend dem Zuschnitt der „Entwicklungshilfe" vergangener Jahrzehnte. Damit könne es aber nicht mehr den sich wandelnden Bedingungen einer komplexen internationalen Realität mit neuen Akteuren und Themen, regionalen und transregionalen Machtverschiebungen und transnational stark zirkulierenden Wissensbeständen gerecht werden. EZ als Teil des außenpolitischen Handelns gedacht, erfordere eine klare Prioritätensetzung zur Umsetzung der Agenda 2030, der Nachhaltigkeitsagenda der Vereinten Nationen, die national wie global Leitschnur des Handelns werden sollte. Ziel müsse es sein, die über verschiedene Ministerien hinausreichende Transversalität der Nachhaltigkeitsagenda zu sichern und gleichzeitig den nationalen mit dem internationalen Rahmen zu verbinden. Ein möglicher Weg dahin wäre die Einrichtung eines Nachhaltigkeitsfonds, aufgegliedert in einen nationalen und einen globalen Teil, die unter einem gemeinsamen Dach zu agieren hätten.

Tatsächlich sind schon seit längerem Zweifel zu konstatieren, ob Ziele, Strukturen und Instrumente der EZ noch angemessen seien. Dies gilt sowohl für die Durchführungsorganisationen der öffentlichen EZ, als auch für viele Nichtregierungsorganisationen, die sich in der internationalen Zusammenarbeit engagieren. Solchen Zweifeln stellte Michael Krempin (Deutsche Gesellschaft für Internationale Zusammenarbeit/GIZ, Eschborn) den programmatischen Titel seines Vortrags „Stärken ausbauen und neue Herausforderungen meistern" entgegen. Engagiert und detailliert legte er da, wie sich die GIZ auf die Zukunft der Technischen Zusammenarbeit in der deutschen EZ vorbereitet.

Lena Hauck (KfW-Entwicklungsbank, Frankfurt am Main) sah eine Möglichkeit zur Bewältigung der Herausforderungen der Zukunft in der Finanziellen Zusammenarbeit (FZ), die von der KfW als Durchführungsorganisation verantwortet wird, im Lernen aus systematischen Evaluierungen der FZ-Vorhaben. Evaluierungen seien wichtige Instrumente, um die Wirkung abgeschlossener FZ-Projekte festzustellen und zu beurteilen, aber sie sie dienten auch dazu, aus den Erfolgen und Misserfolgen der Vergangenheit für die Zukunft zu lernen. Man müsse jedoch die Grenzen des Lernens aus Evaluierung erkennen. An konkreten Beispielen wurde das Spannungsfeld zwischen gewünschter genauer Wirkungsmessung, Praktikabilität und Nützlichkeit verdeutlicht, in dem Evaluierungen stehen.

Auch die Europäischen Union (EU) als eine der größten Mittelgeber in der internationalen EZ steht vor der Herausforderung, auf veränderte Rahmenbedingungen in einer multipolaren Welt nicht nur zu reagieren, sondern die Zukunft der europäischen EZ proaktiv zu gestalten. Am Beispiel der Post-Cotonou-Debatte skizzierte Rolf Steltemeier (BMZ, Berlin) mögliche Zukunftsperspektiven für die EU-Entwicklungspolitik, die durch Reformen der Partnerschaftsabkommen zwischen der EU und den Ländern Afrikas, der Karibik und des Pazifiks möglich würden. Die Verhandlungen im Rahmen des Post-Cotonou-Mandats machten allerdings divergierende Interessen innerhalb der EU und zwischen den Partnerregionen sehr deutlich, so dass ein erfolgreicher Abschluss des Reformprozesses keineswegs sicher sei.

Welche wichtigen Beiträge Politische Stiftungen zur deutschen EZ im 21. Jahrhundert leisten können, zeigte Frank Priess (Konrad-Adenauer-Stiftung e. V./KAS, Berlin) am Beispiel von KAS-Programmen in etwa 100 Staaten zur Förderung von Demokratie und Rechtsstaatlichkeit sowie länderübergreifenden Regionalprogrammen in Bereichen wie Medien, Klima-Umwelt, Soziale Marktwirtschaft, Förderung der Partizipation Indigener oder Sicherheit. Zur Förderung der Demokratie seien lokale Zivilgesellschaften die entscheidenden Verbündeten, zumal der Wunsch nach echter Teilhabe, nach Mitsprache, Bürgerrechten und unabhängiger Organisation vielerorts ungebrochen sei. Nicht zuletzt die Frauen würden in vielen Gesellschaften aktiver bei der Artikulation ihrer Interessen. Allerdings werde die Arbeit Politischer Stiftungen in immer mehr Staaten durch autoritäre Regime behindert. Zudem leide die Glaubwürdigkeit Politischer Stiftungen, wenn sich beispielsweise bei Partnerorganisationen in Afrika der Eindruck verfestige, Demokratieförderung und Kooperationsangebote stünde unter dem Oberziel, Migration nach Europa zu unterbinden.

Katja Hilser (Netzwerk Z|E – Zukunft Entwickeln, Heidelberg) stellte in ihrem Vortrag „China's foreign aid – eine etwas andere Art von ‚Entwicklungshilfe'" das seit Jahren deutlich zunehmende entwicklungspolitische Engagement der Volksrepublik China in Ländern Afrikas, Asiens und Lateinamerikas dar. Allerdings unterscheide sich Chinas „Auslandshilfe" in vielerlei Hinsicht von der etablierten EZ westlicher Staaten. Die chinesische Regierung betone stets, dass die Zusammenarbeit auf der Grundlage von Gleichberechtigung und wechselseitigem Respekt sowie im Geist wechselseitigen Nutzens und gemeinsam geteilter Gewinne erfolge; mit der Ausweitung der Zusammenarbeit solle von den positiven Erfahrungen beider Seiten gelernt und das gegenseitige politische Vertrauen intensiviert werden. Jenseits der Rhetorik regierungsamtlicher Verlautbarungen zeige jedoch die Bestandsaufnahme der chinesischen „Auslandshilfe", dass damit auch die massive Durchsetzung wirtschaftlicher und politischer Interessen Chinas einhergehe. Partnerregierungen in afrikanischen und lateinamerikanischen Ländern wüssten es jedoch zu schätzen, dass die chinesische „Auslandshilfe" nicht mit Forderungen nach *Good Governance* oder Einhaltung der Menschenrechte verbunden sei, wie bei der EZ westlicher Staaten üblich. Zudem würden chinesische Projekte mit weniger bürokratischem Aufwand und in kürzerer Zeit fertig gestellt als vergleichbare Vorhaben westlicher EZ-Organisationen.

Für das Verständnis und die Akzeptanz von EZ ist entwicklungspolitische Bildungsarbeit von entscheidender Bedeutung. Dies machte Karl
Weber (Arbeitsgemeinschaft katholisch-sozialer Bildungswerke e.V./AKSB,
Bonn) in seinem Vortrag deutlich, indem er Chancen und Grenzen entwicklungspolitischer Bildungsarbeit aufzeigte. Politische Bildung sei von besonderer Wichtigkeit für Menschen, für deren Lebenssituation ein nationalstaatliches Konzept weder temporär oder dauerhaft zutrifft. Aber nicht nur für
sie biete sich der Ansatz der *Global Citizenship Education* (GCE) an, wie er
sinngemäß in den *Sustainable Development Goals* (SDG) der Vereinten Nationen verankert ist.

Philipp Keil (Stiftung Entwicklungs-Zusammenarbeit Baden-Württemberg/
SEZ, Stuttgart) plädierte in seiner Präsentation „Machtstrukturen durch
Partnerschaften überwinden" dafür, sich in der Zusammenarbeit mit Menschen des Globalen Südens der Nachwirkungen der deutschen Kolonialgeschichte bewusst zu sein, ebenso wie der ungleichen Voraussetzungen in
den wirtschaftlichen Strukturen sowie in den Entscheidungs- und Denkstrukturen. Machtstrukturen müssten durch Partnerschaft überwunden
werden, was auch bedeute, Definitionen und Wertmaßstäbe von „Entwicklung" zu überdenken, und Partnerschaften zu etablieren. Partnerschaften
erforderten einen respektvollen Umgang miteinander, Achtung, Wertschätzung und Gleichberechtigung. Dabei müssten alle Partner ein gemeinsames Ziel verfolgen, zu beiderseitigem Gewinn und Nutzen.

Neben den Vorträgen und Präsentationen wurden den Teilnehmerinnen
und Teilnehmern des Seminars auch Workshops angeboten, mit der Möglichkeit, verschiedene kontextrelevante Fragen vertiefend zu diskutieren.
Ein Workshop war der Zukunft der transnationalen Sozialen Arbeit ge-
widmet; vor welchen Herausforderungen die Soziale Arbeit als der Teil
der Entwicklungspolitik in Zeiten globaler Zukunftsziele, internationaler
Machtverschiebungen und vernetzter Außen-, Entwicklungs- und Sicherheitspolitik steht, erläuterte Beatrix Waldenhof (Hochschule Esslingen) in
ihrem Beitrag. Die Ergebnisse des Workshops „Ist Entwicklungszusammenarbeit noch zeitgemäß?" sind in dem gleichnamigen Beitrag von Katja
Hilser und Hartmut Sangmeister zusammengefasst.

Um möglichst viele Perspektiven zu berücksichtigen, aus denen die EZ
der Zukunft diskutiert wird, haben wir zusätzlich zu den Seminar-Vorträ-
gen und Präsentationen vier weitere Beiträge in die vorliegende Publikation
aufgenommen. Stephan Klingebiel (Deutsches Institut für Entwicklungs-
politik/DIE, Bonn) zeigt in seinem Beitrag Rahmenbedingungen und Eckpunkte zukünftiger EZ auf. Bernd Bornhorst (Verband Entwicklungspolitik
und Humanitäre Hilfe deutscher Nichtregierungsorganisationen/VENRO,

Berlin) thematisiert aus zivilgesellschaftlicher Perspektive Herausforderungen für die EZ der Zukunft. Michael Theurer (Mitglied des Deutschen Bundestages/MdB, Berlin) weist in seinen Überlegungen zu den Herausforderungen der EZ darauf hin, dass das zuständige Bundesministerium nicht nur für Entwicklung zuständig sei, sondern auch für wirtschaftliche Zusammenarbeit. Jedoch würden nationalistisch-populistische Tendenzen rund um den Globus den Welthandel und freie Märkte bedrohen, die es durch engere Zusammenarbeit der europäischen Staaten zu stärken gelte. Denn gerade auch für Entwicklungsländer würden durch Einbindung in einen freien, regelbasierten und gerechter Welthandel Chancen nachhaltiger Entwicklung und Armutsreduzierung ermöglicht. Andreas Mues (Deutsche Hochschule für Gesundheit und Sport/ DHGS, Berlin) leitet in seinem Beitrag aus psychologisch-philosophischen Theorien die Rolle der Normativität in der individuellen menschlichen Entwicklung ab, um daraus Parallelen zu gesellschaftlicher Entwicklung und deren moralischer Grundlagen zu ziehen. Er plädiert dafür, die Rolle der Moralität in menschlichen Gesellschaften stärker in den Fokus der EZ zu stellen. Dadurch würde Entwicklung ermöglicht, ohne diese initiieren und steuern zu wollen, und unabhängig von eigenen Nutzungserwägungen wäre durch kooperative Partizipation Entwicklungsautonomie erreichbar.

Die vorliegende Publikation ist das Ergebnis des kritischen (Nach-) Denkens der Autorinnen und Autoren über „Die Entwicklungszusammenarbeit der Zukunft". Ihnen allen gilt unser herzlicher Dank. Sie haben sich sehr kooperativ unseren herausgeberischen Auflagen gestellt, die Beiträge in vorgegebener Zeit zu schreiben und auf den vorgegebenen Seitenumfang zu begrenzen, so dass sie gegebenenfalls auf wünschenswerte weiterführende Analysen und inhaltliche Querverweise verzichten mussten. Besonderen Dank schulden wir *Corinna Schneider* für die sorgfältige Lektorierung der Manuskripte sowie für die Herstellung der druckfertigen Vorlage für den Nomos Verlag. Der Verlag veröffentlicht den Band in der Reihe „Weltwirtschaft und internationale Zusammenarbeit", in der auch die früheren Berichte unserer Seminarreihe „Entwicklungszusammenarbeit im 21. Jahrhundert: Wissenschaft und Praxis im Dialog" erschienen sind.

Heidelberg und Weingarten, im November 2018
Hartmut Sangmeister und Heike Wagner

Entwicklungszusammenarbeit am Scheideweg: strategische Weichenstellungen und institutioneller Reformbedarf

Günther Maihold

Unter dem Titel „Upgrading International Development Cooperation" haben jüngst führende Verantwortliche im Bereich der Entwicklungszusammenarbeit (EZ) eine Umkehr gefordert, um alte Standards und traditionelle Ausrichtungen in diesem Politikfeld zu überwinden (Bárcena Ibarra/Manservisi/Pezzini 2018). Diese Notwendigkeit einer Transformation der Entwicklungspolitik, die immer weniger in der Lage ist, der neuen Realität von Entwicklungsherausforderungen jenseits traditioneller Ländergruppen und etablierter *lessons learned*-Analysen nachzukommen, ist umfassend diskutiert und belegt (Ashoff/Klingebiel 2014; Klingebiel 2017). Dabei steht weniger die Frage im Vordergrund, inwieweit die klassische Orientierung der EZ an der Armutsreduzierung weiterhin eine zentrale, wenn auch rückläufige Herausforderung bleiben wird, sondern vielmehr die Tatsache, dass „für Partnerländer […] die Attraktivität und Bedeutung von EZ [abnimmt], Kooperationsbeziehungen […] vielfach nicht mehr durch eine EZ-Logik bestimmt [sind]" (Ashoff/Klingebiel 2014: 194). Die angeforderte EZ-Systemreform ist jedoch nicht eingetreten, vielmehr sind vor allem Anpassungen an interne und innenpolitische Konjunkturen erfolgt, während die erforderliche Neuordnung des Politikfeldes wegen mangelndem politischem Willen ausgeblieben ist. Normen und Praktiken müssen daher ebenso überprüft werden wie institutionelle Formate und etablierte Politikansätze. Ein solches Reformprogramm weiter auf die lange Bank zu schieben, erscheint aus heutiger Sicht politisch fahrlässig und operativ schädlich, weil wichtige Weichenstellungen verpasst werden. Dabei stehen nicht die Anpassung an kurzfristige entwicklungspolitische Moden im Vordergrund, sondern die Folgerungen aus Strukturverschiebungen in der internationalen Politik (Stichwort: Aufstieg des „Südens"), die Pluralisierung von Akteuren und Handlungsformaten (Stichwort: Süd-Süd-Kooperation), neue Identitäten (Stichwort: *Global South*) sowie grundlegende Veränderungen in der Kooperationslogik der Entwicklungszusammenarbeit (Stichwort: Normsetzungsverlust des *Development Assistance Committee*/DAC der *Organization for Economic Cooperation and Development*/OECD).

Im Folgenden soll es darum gehen, einige der Herausforderungen der EZ in der aktuellen politischen Debatte zu diskutieren und dabei auch danach zu fragen, inwieweit die organisatorische und institutionelle Aufstellung der Entwicklungspolitik geeignet sind, diese zu bewältigen und positiv zu gestalten.

1. Mittelaufwuchs und Vervielfältigung des Aufgabenspektrums

„Mehr Mittel für Entwicklungszusammenarbeit, zivile Krisenprävention, humanitäre Hilfe, Verteidigung und Bundeswehr – zusätzliche finanzielle Mittel für diese Bereiche sollen im Verhältnis 1:1 prioritär erhöht werden" (Koalitionsvertrag 2018: 17). Mit dieser einprägsamen Formel hat der Koalitionsvertrag der neuen Bundesregierung aus CDU, SPD und CSU eine Korrespondenzregel zwischen möglichen finanziellen Aufwächsen im Verteidigungsetat und Teilbereichen des Etats für Entwicklungszusammenarbeit hergestellt, die dem zuständigen Bundesministerium für wirtschaftliche Zusammenarbeit und Entwicklung (BMZ) auch in Zukunft wachsende Finanzmittel sicherstellen sollte. Dabei dürfte der Treiber im Haushalt das Verteidigungsministerium zu finden sein, das mit dem Ziel von zwei Prozent des Bruttoinlandsprodukts für Verteidigungsausgaben im Rahmen der NATO eine starke politische Vorgabe besitzt. Zwar deutet die mittelfristige Finanzplanung des Bundesministeriums der Finanzen (BMF) an, dass die Korrespondenzregel verletzt werden wird, weshalb Bundesminister Müller der Haushaltsplanungsvorlage nur unter Vorbehalt zugestimmt hat und eine entsprechende Protokollerklärung des Kabinettsbeschluss beigegeben wurde. Der Etat für Müllers Ministerium steigt jedoch laut Haushaltsentwurf der Bundesregierung im Jahr 2018 deutlich – um rund 900 Millionen Euro auf rund 9,4 Milliarden Euro an, das sind zehn Prozent mehr als noch 2017.[1]

An Mitteln für die EZ besteht also zunächst kein akuter Mangel, vielmehr bewegt sich die Debatte in der Fachöffentlichkeit eher um die Frage, für welche Zwecke, welche Länder(Gruppen) und mit welchem Förderungsansatz diese Mittel eingesetzt werden sollen. Damit erscheint eine Diskussion beendet, die sich über Jahre auf die Frage konzentrierte, wie das Politikfeld der EZ angesichts beschränkter Legitimität in der Bevölkerung sich selbst behaupten könne (Hillebrand/Maihold 1999). Bundesminister Müller hat dieses Defizit erfolgreich dadurch zu bearbeiten versucht,

---

1   Https://www.bundestag.de/dokumente/textarchiv/2018/kw27-de-wirtschaftliche-zusammenarbeit/561072 (18.10.2018).

indem mit vordergründigen Anknüpfungen an innenpolitische Agenden und „verkaufsfördernde" Maßnahmen die Attraktivität der EZ auch für andere Politikfelder und nationale Entscheidungsnotwendigkeiten begründet wurde und wird. Mit diesem Ansatz wurden bestehende Strukturprobleme zu überdecken versucht und letztlich die bestehende Notwendigkeit einer Debatte über anstehende Reformerfordernisse vertagt. Das entwicklungspolitische Handlungsfeld erweist sich in Deutschland gegenwärtig als sehr reformresistent, die Desiderate für eine Neuorientierung laufen ins Leere angesichts der politisch gesetzten „neuen Prioritäten".

Dabei befindet sich die Entwicklungszusammenarbeit heute an einem kritischen Punkt der Neudefinition, wobei durchaus unterschiedliche Vektoren auf dieses Politikfeld einwirken: Zum einen debattiert es sich zwischen der multilateralen Orientierung und einer wachsenden bilateralen Ausrichtung seiner Ressourcen. Zum anderen hat die Verabschiedung der Millennium Entwicklungsziele (MDGs) und daran anschließend der nachhaltigen Entwicklungsziele (SDGs) einen gemeinsamen Rahmen gesetzt, der nun ebenso wie die Paris-Deklaration im Falle der Klimapolitik auf eine Umsetzung sowohl in nationaler wie auch internationaler Dimension wartet. Schließlich ergibt sich die Debatte, ob die zentralen Koordinaten des Politikfeldes heute noch tragend sein können; das gilt vor allem für die Frage der Orientierung an der offiziellen Entwicklungshilfe (*Official Development Assistance*/ODA) in der Definition des Entwicklungshilfeausschusses der OECD (DAC), die aber gleichwohl immer weniger relevant für die Entwicklungszusammenarbeit wird. Hinzu kommen neue Elemente der Verbesserung der finanziellen Ausstattung der Entwicklungszusammenarbeit durch die Erwartung an einen Hebeleffekt in Gestalt der Einwerbung privater Gelder und des Engagements der Privatwirtschaft, die wiederum selbst Förderung erhält und Gegenstand der Entwicklungszusammenarbeit ist.

2. Die Selbstüberforderung der EZ

Der Aufwuchs der Haushaltsansätze wird traditionell als Erfolgsindikator des jeweiligen Ministers interpretiert. Doch lässt der Blick auf die Zahlen nicht erkennen, dass hinter dieser Budgetentwicklung sich strukturelle Verschiebungen in der Arbeit des BMZ verbergen. Mit der Einführung der drei mit Barmitteln ausgestatteten Sonderinitiativen[2] „Eine Welt ohne

---

2 Http://www.bmz.de/de/themen/Sonderinitiative-Fluchtursachen-bekaempfen-Flue chtlinge-reintegrieren/deutsche_politik/index.jsp> (18.10.2018).

Hunger", „Fluchtursachen bekämpfen, Flüchtlinge reintegrieren" und „Stabilisierung und Entwicklung Nordafrika-Nahost" sowie des jüngst lancierten Marshallplans mit Afrika[3] mit mehr als 100 Eckpunkten hat die Leitung des BMZ versucht, politische Zeichen für ihre Amtsführung zu setzen. Sie hat gleichzeitig durch den Rückgriff auf das Instrument von „Sonderinitiativen" erkennen lassen, dass die vorhandene Struktur der Projektabwicklung angesichts ihrer sektoralen Versäulung zunehmend an der eigenen Leistungsgrenze angelangt ist und damit eine Parallelstruktur geschaffen, die nun mit einem neuen Organisationsaufbau des Ministeriums behoben sein soll (Zapf 2018: 52). Hinzu kommen noch die von Minister Müller in der vergangenen Legislaturperiode lancierten Programme wie das Textilbündnis[4] oder die Grünen Innovationszentren[5] sowie jetzt das Programm „Perspektive Heimat"[6], die besondere Sichtbarkeit erlangen sollen. Die EZ bewegt sich damit immer mehr in Richtung auf eine Kompetenzfalle hin, die sich durch einen überzogenen Gestaltungsoptimismus immer weiter öffnet. Auf diesem Weg kann die institutionelle Gestalt des Ministeriums und der Durchführungsorganisationen nicht mithalten; die Verselbstständigung des Leitungsstabes gegenüber der Arbeitsstruktur des Hauses ist ein Ausweis dieses Prozesses, der nicht in die etablierten Formate passt und daher zu Überlastung der bestehenden Formate und Fehlallokationen der Mittel führen kann.

Erkennbar wird daraus zweierlei:

– Die Selbstüberforderung der EZ durch ein überdehntes Kompetenzfeld mit der Folge einer Herabsetzung von Standards der Strukturwirksamkeit und nachhaltiger Wirkung, und
– überbeanspruchte und überforderte Verwaltung der Gelder durch Einführung zusätzlicher Sonderinitiativen und Sichtbarkeitsprogramme – nicht nur beim Ministerium selbst, sondern auch bei den Durchführungsorganisationen, die den entsprechenden Mittelabfluss gewährleisten sollen.

---

3   Http://www.bmz.de/de/laender_regionen/marshallplan_mit_afrika/index.jsp (18.10.2018)
4   Http://www.bmz.de/de/themen/textilwirtschaft/deutsches_engagement/index.html? follow=adword (18.10.2018).
5   Http://www.bmz.de/de/zentrales_downloadarchiv/themen_und_schwerpunkte/erna ehrung/Factsheet_Innovationszentren_DE.pdf (18.10.2018).
6   Http://www.bmz.de/de/themen/Sonderinitiative-Fluchtursachen-bekaempfen-Flue chtlinge-reintegrieren/deutsche_politik/aktionsfeld_4/index.jsp (18.10.2018)

Führt man sich die verschiedenen Zielvorgaben der Entwicklungszusammenarbeit in den vergangenen Jahren vor Auge, so wird deutlich, dass sehr unterschiedliche Orientierungen vorgetragen werden. In der Zielbestimmung des früheren Entwicklungshilfeministers Dirk Niebel (2009–2013) wurde es als Ziel der EZ vorgegeben, „sich selbst überflüssig zu machen" (Niebel 2009). Unter dem Einfluss des Bundesministers Gerd Müller (2013–) wird Entwicklungspolitik im Jahr 2018 mit einem vollkommen neuen Stellenwert versehen: „Die Flüchtlingskrise zeigt uns ganz klar: lösen wir die Probleme nicht vor Ort, kommen die Menschen zu uns. Als reiches Industrieland haben wir eine humanitäre Aufgabe" (Müller 2018). Diese Zielvorgabe setzt die Entwicklungszusammenarbeit in eine klare Priorität der Innenpolitik Deutschlands und trennt sie damit von den normativen Vorgaben wie sie etwa in den nachhaltigen Entwicklungszielen vorgegeben sind. So wird diese Ausrichtung von Martin Bröckelmann-Simon (2018), Geschäftsführer des katholischen Hilfswerks Misereor, als „fatale Engführung" kritisiert, die einer innenpolitischen Begründung der „neuen Attraktivität von Entwicklungszusammenarbeit" folge. Mit der Maßgabe der Ausrichtung der EZ auf die Fluchtursachenbekämpfung werde der EZ die Aufgabe zugewiesen, „uns die Probleme anderer Regionen vom Hals zu halten", was einer zynischen und egoistischen Haltung entspreche. Dahinter verbirgt sich nicht nur eine andere Sicht auf die Legitimitätsgrundlagen der EZ, sondern auch der Hinweis auf die Frage, inwieweit das Instrumentarium und das Zielfeld des entwicklungspolitischen Handelns angemessen zur Lösung dieser neuen Herausforderung migrationspolitischer Art eingeschätzt werden.

Doch der Wandel im Politikfeld EZ reicht deutlich weiter: Betrachtet man zusätzlich die internationale Dimension, so wird erkennbar, dass das Konzept der Entwicklungs*hilfe* besonders in die Debatte gekommen ist:

> Aid, while necessary for now, is an instrument of declining relative, sometimes absolute, value […] if development is about more than aid, someone is bound to ask where the boundaries of the constituency lie: do development ministries deal with aid and non-aid issues only for the low income countries and fragile states, or for some wider group, and if wider, how defined? (Maxwell 2014).

Hier wird ersichtlich, dass neben der Fragen des Instrumentenkastens und des Zielsystems der EZ auch die Frage der Zielgruppen – will heißen der Zielländer und ihrer Positionierung, im Bereich der wirtschaftlichen Entwicklung maßgeblich werden. Damit ist die Diskussion nach Ländergruppen oder Ländertypologien angesprochen (Klingebiel 2017: 462), die nicht mehr nur nach Armutskategorien zu bilden sein werden, sondern in viel stärkerem Maße auch Kriterien der Produktion globaler Güter, der Nachhaltigkeitsagenda oder regionaler Verantwortung abbilden sollten. In Zukunft dürfte es kaum mehr tragfähig sein für die EZ, sich nur noch auf Länder zu konzentrieren, die im Bereich der geringen Einkommensgruppe liegen oder als fragile Staaten ausgewiesen werden. In sehr viel stärkerem Maße werden mögliche Empfängerländer auch ihrerseits Geber von EZ sein und damit aus diesem traditionellen Korridor herausfallen. Im Rahmen seiner Marshallplan-Initiative für Afrika hat sich das BMZ jedoch auf einen sehr traditionellen Weg begeben: Unter der Maxime, „anreizbasierte Reformpartnerschaften mit Reformchampions unter den afrikanischen Staaten" (BMZ 2017: 13) zu begründen und dafür 20 Prozent der Entwicklungsgelder für Afrika zusätzlich bereit zu stellen,[7] geht die amtliche Entwicklungspolitik einen gegenläufigen Weg. Diese Reformpartnerschaften, die bislang mit Côte d'Ivoire, Ghana und Tunesien abgeschlossen wurden, enthalten eine Auszahlungskonditionalität, die die Bereitstellung von Mitteln der EZ (meist in der Form konzessionärer Kredite der Kreditanstalt für Wiederaufbau (KfW)) mit der erfolgreichen Durchführung der angekündigten Reformen verknüpft. Sie sind ein Instrument der bilateralen Zusammenarbeit und stärken nachdrücklich die spezifischen Interessen, die das BMZ mit seiner migrationspolitischen Wende nach deren sicherheitspolitischer Wendung im Kontext des Afghanistan-Engagements (Maihold 2005; Brand 2011) in der EZ vorantreibt. Damit wird ein konzeptioneller Weg beschritten, der Entwicklungszusammenarbeit im Sinne der Migrationsbekämpfung bzw. -kontrolle fortschreibt und eine Engführung fördert, die neue Formen und Formate der Entwicklungszusammenarbeit auf die lange Bank schiebt. Damit setzt sich Deutschland einer Tendenz aus, sich von internationalen Debatten abzumelden und den Anschluss an wichtige Neuorientierungen des entwicklungspolitischen Dialoges zu verpassen.

Die Agenda 2030 und ihre 17 Nachhaltigkeitsziele stellen in der aktuellen internationalen Diskussion das Zielsystem der Entwicklungszusammenarbeit dar, das – wenn es ernst genommen und nicht nur symbolisch verstanden wird – zudem eine Bindungswirkung für Innen- und Außenpolitik sowie von nationaler und internationaler Entwicklung begründet. Damit verbunden ist die Frage, ob die Entwicklungspolitik sich als *der* zentrale Akteur bei der Verfolgung der Nachhaltigkeitsagenda verstehen will und wie es den entwicklungspolitischen Akteuren ggf. gelingen kann oder soll, die Umsetzung dieser Nachhaltigkeitsziele jenseits des eigenen

---

7   Http://www.bmz.de/de/presse/aktuelleMeldungen/2017/januar/170118_pm_006_
     Marshallplan-mit-Afrika-neue-Partnerschaft-fuer-Entwicklung-Frieden-und-Zuku
     nft/index.jsp (18.10.2018)

Politikfeldes, d. h. also außerhalb ihres unmittelbaren Zuständigkeitsbereichs, zu gewährleisten. Angesichts des Querschnittscharakters der Nachhaltigkeitsziele ergeben sich daraus wichtige Herausforderungen für die EZ, die dann um eine intensive Koordination ihres Handelns mit innenpolitischen Akteuren nicht herumkommen wird. Als Rahmen, der Industrie-, Schwellen- und Entwicklungsländer gemeinsam bindet, ist die Agenda 2030 eben genau darauf ausgelegt, sich alten Länderkategorien zu entziehen und einen umfassenden thematischen Ansatz zu verfolgen (Paulo/Janus/Holzapfel 2017), so dass der transversale Charakter der Nachhaltigkeitsagenda sichtbar und erreichbar wird. Dies beinhaltet vor allem einen *whole-of-government*-Ansatz[8], der ministerielle Eigenlogiken überwindet und die kooperativen Ressourcen zu wecken weiß (Lascoumes/Galès 2007).

Auf der anderen Seite ist aber auch zu klären, welche Rückwirkungen die immer bedeutender werdende und gleichzeitig größere Verbindlichkeit beanspruchende globale Agenda für das Politikfeld der Entwicklungszusammenarbeit hervorbringt. Hier ist insbesondere die Grundsatzfrage zu klären, inwieweit die traditionelle Trennung zwischen Geber- und Empfängerländern noch einen sinnvollen Charakter hat und inwieweit angesichts des Aufkommens von Süd–Süd–Zusammenarbeit und trianguärer Projekte es noch Sinn macht, dass überkommene Konzept der „Geber" und der Geber-Koordination (Maihold 2010) fortzuführen oder an einer neuen Aufstellung der Entwicklungszusammenarbeit zu arbeiten. Die neue internationale Landschaft der EZ lässt es eher angeraten erscheinen, sich von diesen Vorstellungen zu lösen (Mawdsley 2012; Gore 2013) und in stärkerem Maße auch die Nehmer in diese Überlegungen einzubeziehen. Diese neuen Tendenzen sind jedoch von der politischen Dynamik in Deutschland verschüttet worden, die entwicklungspolitischen Zielsysteme sind in den Schatten globaler Krisen geraten (Klingebiel 2018a: 170), damit durchläuft auch das BMZ eine neue Phase der Unterordnung unter allgemein- und europapolitische Prioritäten, die mit einem massiven Zufluss an Ressourcen für das neue Aufgabenfeld der Migrationskontrolle, Fluchtursachenbekämpfung und Rückführung von irregulären Migranten verbunden ist. Demgegenüber verblassen die bis dahin dominanten Debatten

---

8   Der Begriff „whole-of-government" ist in der entwicklungspolitischen Community durch die Verquickung von entwicklungs- und sicherheitspolitischen Interessen negativ besetzt. Weithin wird heute daher eine andere Begrifflichkeit bevorzugt wie „comprehensive approach", „interagency leadership" etc. In der deutschen Debatte wird meist vom „Schulterschluss zwischen Außen-, Entwicklungs- und Wirtschaftspolitik" gesprochen.

zur *aid effectiveness* im Sinne einer Neudefinition von Wirkungsannah-
men und -indikatoren und die Bemühungen, den Nehmern eine größere
Rolle zuzuweisen. Entwicklung wird damit wieder auf *aid* reduziert, verliert ihren multidimensionalen Charakter und die Bemühungen etwa afrikanischer Staaten, einen Wandel ihres Status und ihrer Rolle zu erlangen
im Sinne eines „transforming from taker to shaper" (Mthembo 2018), sind
damit weitgehend auf Eis gelegt.

3.   ODA als Kerngeschäft und Zwangsjacke

Partnerorientierung, Wirksamkeit und *ownership* sind zentrale Bestandteile
der entwicklungspolitischen Agenda, die sich in umfänglichen Sektorvor-
haben und langfristigen Projektfinanzierungen konkretisieren. Der zentrale
Rahmen hierfür ist das Versprechen, 0,7 Prozent des Bruttonationaleinkommens für Entwicklungszusammenarbeit bereit zu stellen, eine Verpflichtung, die inzwischen schon den Charakter eines Quotenkampfes angenommen hat. Um diese Orientierungszahl darstellen zu können im Sinne eines Aufholplanes für die öffentlichen Entwicklungsleistungen (*Official Development Assistance*/ODA) werden im Bundeshaushalt ODA-
anrechenbare Leistungen gesucht und ausgewiesen, wie etwa Inlandsausgaben für Flüchtlinge, Aufwendungen der Bundesländer für Studienplatzkosten in Deutschland von Studierenden aus Entwicklungsländern sowie
Maßnahmen der humanitären Hilfe. Aber auch Schuldenerlasse und Um-
schuldungen können nach bestimmten Vorgaben eingerechnet werden, wie
auch Beiträge zu multilateralen Entwicklungsbanken und -fonds. Kredite
können nur dann berücksichtigt werden, wenn sie günstiger als zu Markt-
bedingungen angeboten werden.[9]
   Die ODA-Standards setzt der Entwicklungsausschuss der OECD (*Development Assistance Committee*/DAC), der sich maßgeblich aus den Ge-
bernationen des Nordens zusammensetzt.[10] Zunehmend sind diese Standards aus zwei unterschiedlichen Begründungskontexten unter Druck geraten:

a)   Die Logik der DAC-Anrechenbarkeit von bestimmten Leistungen
     wird zunehmend hinterfragt, nicht nur bezogen auf bestimmte Emp-
     fänger wie die Deutsche Welle oder das Goethe-Institut. Insgesamt

---

9   Https://www.bmz.de/de/ministerium/zahlen_fakten/oda/hintergrund/leitfaden/inde
     x.html (18.10.2018).
10   Http://www.oecd.org/dac/dacmembers.htm (18.10.2018).

wird diskutiert, ob nicht grundsätzlich Inlandsausgaben aus der Berechnung herausgenommen werden sollten, wenn deren entwicklungspolitischer Bezug fragwürdig erscheint oder auch die getätigten Finanztransfers nicht in den Entwicklungsländern ankommen (Deutscher Bundestag, Entschließungsantrag 2017). Zudem verursacht auch die Fragmentierung der ODA innerhalb des Regierungshandelns Probleme. Gegenwärtig sind 14 Ressorts an der Bereitstellung von ODA-relevanten Leistungen beteiligt (vgl. Tabelle 1), die weitgehend unkoordiniert seitens des zuständigen Bundesministerium der Finanzen Zuweisungen erhalten. Nicht zuletzt sind spürbare Konkurrenzen zwischen den Ressorts um diese Mittel entstanden, was auch daran deutlich wird, dass der Anteil des BMZ an den deutschen ODA-Leistungen stark abgenommen hat, von 73 Prozent (1995) auf 33 Prozent (2016), mit einer leicht steigenden Tendenz für das Jahr 2018 auf 37 Prozent (Bohnet/Klingebiel/Marschall 2018:11). Eine entscheidende Variable für die Entwicklung in den kommenden Jahren dürfte der Aufwand für Flüchtlinge darstellen, der angesichts der unsicheren Dynamik der Zu- und Abwanderung aus dieser Personengruppe schwierig zu kalkulieren ist. So müssen die noch nicht auf die Etats verteilten ressortübergreifenden ODA-Mittel ab 2018 in einem eigenständigen Titel der allgemeinen Finanzverwaltung „geparkt" werden, da keine Einigkeit zwischen den Ressort hergestellt werden konnte. Daraus wird ersichtlich, dass die stärkere Präsenz der verschiedenen Ministerien in internationalen Bezügen (schon allein durch Beiträge zu den jeweiligen internationalen Organisationen der Ressortzuständigkeit) zu einer deutlichen Verschiebung geführt hat, möglicherweise zu Lasten entwicklungspolitischer Bezüge, sicherlich auf Kosten des BMZ, das damit auch seine Koordinationsfunktion für die ODA verloren hat. Dieser Kohärenzverlust in einem zunehmend fragmentierten auswärtigen Handeln des Bundes durch auseinander laufende Ressortinteressen höhlt von sich aus die DAC-Kriterien aus und senkt damit erkennbar ihren Verbindlichkeitscharakter. Für das BMZ bedeutet dies ganz einfach einen Bedeutungsverlust in seinem früheren Kerngeschäft, der nicht durch ein „Kohärenzmoderierungsrecht" aufgefangen werden kann, da andere Ressorts an Gestaltungswillen und -kraft in diesem Bereich gewonnen haben.

Tabelle 1: Aufteilung der Gesamt-ODA (16,1 Mrd.€)
nach Kategorien 2015

	in Prozent
ODA-Leistungen insgesamt	100,0
Bundesministerium für wirtschaftliche Zusammenarbeit und Entwicklung (BMZ)	37,4
Auswärtiges Amt (AA)	8,0
Bundesministerium für Umwelt, Naturschutz, Bau und Reaktorsicherheit (BMUB)	1,7
Beauftragte der Bundesregierung für Kultur und Medien (BKM)	1,1
Bundesministerium für Bildung und Forschung (BMBF)	0,9
Bundesministerium für Ernährung und Landwirtschaft (BMEL)	0,2
Bundesministerium für Gesundheit (BMG)	0,2
Bundesministerium für Wirtschaft und Energie (BMWi)	0,2
Bundesministerium des Inneren (BMI)	0,1
Bundesministerium der Verteidigung (BMVg)	0,05
Bundesministerium der Finanzen (BMF)	0,05
Bundesministerium der Justiz und für Verbraucherschutz (BMJV)	0,05
Bundesministerium für Familie, Senioren, Frauen und Jugend (BMFSFJ)	0,02
Bundesministerium für Verkehr und digitale Infrastruktur (BMVI)	0,05
ODA-anrechenbarer Anteil aus dem EU-Haushalt	9,7
Bundesländer	5,4
Schuldenerlasse	0,4
Marktmittel (brutto)	24,5
DEG (Deutsche Investitions- und Entwicklungsgesellschaft)	3,2
Flüchtlingsausgaben	16,8
Tilgungen	-10,10

Quelle: Bohnet/Klingebiel/Marschall 2018:11

b) Nimmt man Afrika als klassischen Entwicklungskontinent aus, so wird zunehmend erkennbar, dass die Bedeutung der ODA und ihrer Standards auf dem asiatischen Kontinent und in Lateinamerika abnimmt, da viele Staaten dort als *middle-income-countries* nicht mehr zu den klassischen Empfängern von ODA gehören. Teilweise werden sie selbst als Geber aktiv und versuchen andere Maßgaben für ihre

Entwicklungszusammenarbeit zu definieren (Severino/Ray 2009). Damit geraten auch die klassischen Formate der Kooperation (wie technische und finanzielle Zusammenarbeit) ins Rutschen, an denen die Praxis der deutschen EZ bislang noch weiter festhält. Gerade für diese Ländergruppe spielt die ODA bei ihren finanziellen Zuflüssen eine immer geringere Rolle neben ausländischen Direktinvestitionen und persönlichen Rücküberweisungen von Landsleuten im Ausland. Zudem sind ihre Entwicklungsanstrengungen in zentraler Weise auf eine Kombination von Handels-, Investitions- und Entwicklungspolitik ausgelegt und stehen damit den traditionellen ODA-Standards entgegen. Man muss sich nicht den Diskurs des globalen Südens (Gray/Gills 2016) zu eigen machen, um zu erkennen, dass das transformatorische Interesse an einer Neuordnung der Rollen und der Beteiligungsformate auch in zentraler Weise bei den Kriterien der ODA ansetzt, selbst wenn gegenwärtig das Volumen der sog. Süd-Süd-Kooperation noch sehr eingeschränkt ist. Ein „Weiter so" verbietet sich daher schon allein aus der Perspektive einer zukunftsfähigen Entwicklungspolitik, die nicht in den Mustern der alten „Entwicklungshilfe" stecken bleiben will oder diese nur immer neu reproduziert. Damit müssen auch zentrale Begrifflichkeiten neu gefasst werden: so wird heute weniger von der *aid effectiveness* als von der *development effectiveness* gesprochen, die internationale Architektur der EZ steht zur Diskussion und zentrale Konzepte wie die bislang geberdominierte Sicht der *ownership* sind zu überdenken, wenn sie als Qualitätskriterium bei den verschiedenen Gebern und Nehmern anerkannt werden sollen. Insofern muss sich die entwicklungspolitische Debatte aus der Zwangsjacke der DAC-Standards lösen bzw. an einer Öffnung der Normen und Verfahren für Länder des globalen Südens arbeiten, wenn sie nicht die Veränderungen in der Entwicklungsfinanzierung und der Tätigkeit „neuer Geber" verpassen will. Dass sich führende Länder des globalen Südens (Ausnahme: Saudi-Arabien) bislang nicht dazu entschließen konnten, in den DAC einzutreten, macht deutlich, dass die Überlegungen für die Neuaufstellung der EZ in einer „post-DAC"-Welt dringend angegangen werden müssen, wenn sich Deutschland nicht aus wichtigen Debatten abmelden will, die seit dem vierten hochrangigen Forum zur Wirksamkeit der Entwicklungszusammenarbeit im südkoreanischen Busan im Jahr 2011 abgebrochen ist (Mawdsley/Savage/Kim 2014). Dort war das Ende der traditionellen Beziehungsmuster zwischen Geber- und Nehmerstaaten beschlossen worden, überkommene Muster der Kooptation der Süd-Staaten durch Angebote des Nordens waren an ein vorläufiges Ende gekommen. Indes bleibt der Post-Busan-Prozess bislang Stückwerk, eine durchgreifende Wirksamkeit der dort beschlossenen *Global Partnership for Effective Development Cooperation* (GPEDC) ist gegenwärtig nicht wahrnehmbar.

4. Entwicklungszusammenarbeit als Teil des außenpolitischen Handelns

Hinter den Fragestellungen über die Ausrichtung der Entwicklungszusammenarbeit der Zukunft verbirgt sich natürlich auch ein organisatorisches Problem: Zum einen kann festgehalten werden, dass sich eine immer größere Zahl von Fachressorts international engagiert, im speziellen auch im engeren Kernbereich der EZ. In der Folge ist eine Fragmentierung des auswärtigen Engagements Deutschlands eingetreten, gleichzeitig ist erkennbar, dass dieses Interesse an der je spezifischen Ausrichtung eines jeden Hauses der Maxime folgt, natürlich besonderes die jeweilige Leitung gut zu positionieren. Ressortkonkurrenz dominiert gegenüber gemeinsamem Handeln.

Es stellt sich daher die Frage, welche geeigneten Mechanismen aktiviert werden können, um jene „Ressortgemeinsamkeit" voranzubringen, der sich die Bundesregierung verschrieben hat. Hierzu hat Minister Müller ausgeführt: „Wir sind dabei, unsere ressortgemeinsame Analyse und Zielbestimmung zu verbessern und sicherzustellen, dass zivile und sicherheitspolitische Instrumente eng verzahnt, kurz und langfristige Intervention sinnvoll aufeinander abgestimmt sind und entwicklungspolitische Zielstellungen auch von anderen Akteuren im Sinne kohärenten Außenhandelns angemessen berücksichtigt werden" (Müller 2017: 313). Damit wird ein Koordinationsinteresse artikuliert, das sich nicht nur auf die Zielstellung der verschiedenen Ressorts bezieht, sondern auch die Akteure in ihrem Handeln aufeinander ausrichten soll. Insoweit ist zu klären, ob mit dieser Absichtserklärung eine hinreichende Reichweite der Koordination gegeben ist oder weiterhin die Gefahr eines „Gemischtwarenladens" in der Entwicklungszusammenarbeit besteht, ganz im Gegensatz zur Maxime der internationalen Gebergemeinschaft, die unter dem Stichwort *Delivering as One* (United Nations 2012) bekannt geworden ist. Die Frage, ob die Auseinandersetzung um Daseinsberechtigung der verschiedenen Ressorts zunehmend das Wirksamkeitsparadigma verschüttet, dass für die EZ konstitutiv ist, ist eine der offenen Fragen, die sich auf die Grundsatzdebatte zur Reichweite und Leistungsfähigkeit der EZ bezieht.

Hier sind in der Vergangenheit deutliche Begrenzungen hervorgetreten, die sich auf das Politikfeld selbst aber auch auf seine Anordnung im Konzert der anderen Ministerien beziehen.

Deutschlands Rolle in der Welt liegt erkennbar unter ihrem Potenzial. Grund dafür sind Koordinationsprobleme zwischen Außen-, Sicherheits- und Entwicklungspolitik, die aus Ressortegoismen und institutioneller Handlungslogik folgen. Daraus ergibt sich die Notwendigkeit, dass diese Eigenlogiken der jeweiligen Politikfelder überbrückt werden müssen, wenn das Potenzial deutscher Präsenz in den internationalen Entscheidungsprozessen geweckt und weiterentwickelt werden soll. Entsprechende Ansatzpunkte sind hierzu in der vom Außenministerium durchgeführten Review 2014 für das außenpolitische Feld erfolgt (Auswärtiges Amt 2015).

Entwicklungspolitik und Entwicklungszusammenarbeit befinden sich international aber auch national in einem umfassenden Prozess der Neubestimmung von Zielen, Instrumenten und Formen ihres Handelns. Diese Verbindung von nationaler und internationaler Diskussion ist gerade heute angesichts des Vordringens instrumenteller Bezüge in der EZ von zentraler Bedeutung, siehe etwa die entsprechenden Initiativen zur Fluchtkontrolle und zur Fluchtursachenbekämpfung. Mit der wachsenden Bedeutung von Migrationsproblemen, der Flüchtlingsfrage und den damit verbundenen Vorgaben eine Rückführung von abgelehnten Bewerbern für Asyl und Aufenthalt liegt das Interesse an der Unterordnung entwicklungspolitischer Ziele unter innenpolitische Maximen auf der Hand. Einen Hinweis darauf vermag ein Blick in das neue Programm des BMZ zu geben, dass unter der unter dem Namen „Perspektive Heimat"[11] zum maßgeblichen Muster des Engagement des Ministeriums in den Ländern des südlichen Mittelmeerraumes aufgestiegen ist. Gerade angesichts dieser Programmlogik ist zu fragen, ob unter dem Gesichtspunkt der Neuausrichtung der Entwicklungszusammenarbeit hier nicht eine alte Handlungslogik auftaucht, die man schon überwunden glaubte – die da lautet: „we decide, you owe" (Jens Martens), d. h. die Frage der *ownership* bleibt weiterhin in der Hand der Geber. Damit wird die Tendenz einer Entwicklungszusammenarbeit multipler Vektoren verstärkt, ein tragendes Konzept für die EZ als Teil des außengerichteten Handelns Deutschlands wird verschüttet.

---

11 Http://www.bmz.de/de/themen/Sonderinitiative-Fluchtursachen-bekaempfen-Flu echtlinge-reintegrieren/deutsche_politik/aktionsfeld_4/index.jsp?follow=adword (18.10.2018).

Es lassen sich vier zentrale Elemente feststellen, die diesen Prozess verstärken:

1. Die Selbstüberforderung der EZ durch Zielvorgaben (Fluchtursachenbekämpfung), die die eigene Leistungsfähigkeit übersteigen, mit der Folge einer Herabsetzung von Standards der Strukturwirksamkeit und nachhaltiger Wirkung.
2. Überbeanspruchte und überforderte Verwaltung der Gelder (Sonderinitiativen etc.) nicht nur beim Ministerium, sondern auch bei Durchführungsorganisationen.
3. Nachgelagerte Kohärenzbildung vor Ort/Auslagerung von Fachlichkeit an die Durchführungsorganisationen wie GIZ/KfW mit der Folge einer „Verbehördlichung" dieser Agenturen.
4. Schwäche des BMZ in der Ressortkonkurrenz, zumal bei der Durchsetzung von Nachhaltigkeitszielen.

Dies bedeutet eine zentrale Herausforderung für die strategische Ausrichtung der Entwicklungszusammenarbeit: Es gilt zu klären, welche Möglichkeiten zur Überwindung der Schwierigkeiten bei der Prioritätensetzung im Gesamtfeld der Tätigkeit der Arbeit bestehen. Es bieten sich verschiedene Entwicklungspfade an, die die Ausrichtung auf bestimmte Ländergruppen vorsehen (Klingebiel 2018b), aber auch alternativ für den Gesamtkontext der EZ eine Orientierung auf das Ziel der Armutsbekämpfung vorgeben, die sich insbesondere auf die Staatengruppe der *least developed countries/LDCs* ausrichtet. Die in immer wiederkehrenden Konjunkturen auftretende Übung der Neugruppierung der Partnerstaaten bzw. deren Reduzierung verläuft indes meist gegenläufig zu den außenpolitischen Interessen Deutschlands, die eine bilaterale Sichtweise bevorzugen und über die EZ oftmals den einzigen direkten Zugang zur Kooperation mit relevanten Staaten begründen. Daneben versucht die EZ sich auch bei der Produktion globaler öffentlicher Güter zu engagieren und damit einen wichtigen Impuls für die Umsetzung der Nachhaltigkeitsagenda zu setzen. Hinzu tritt die Verpflichtung auf innenpolitische Ziele, die sich aus der Migrationsagenda und den damit verbundenen Fragen der Flüchtlingspolitik ergeben. Das damit verbundene Nebeneinander unterschiedlicher Zielstellungen, die zudem ohne klare strategische Ausrichtung positioniert sind, führt in der Summe zur Maxime: wir machen alles!

In der Folge sind im Bereich der Tätigkeit des Ministeriums eine Reihe von schwierigen Koordinationsproblemen zu erkennen, wie etwa die Fragmentierung der jeweiligen Ansätze, die Proliferation von Gebern national und international sowie massive Kohärenzprobleme im nationalen Bereich, die sich aus der weiten Verteilung der ODA-Gelder auf die verschiedenen Ministerien ergeben.

Geeignete Bewältigungsmechanismen für diese Strukturprobleme sind bislang noch nicht erkennbar: Hier wird versucht, mit verschiedenen Instrumenten der Ressortabstimmung und den Staatssekretärsrunden im Kanzleramt bei der Frage der Nachhaltigkeitsziele, aber auch mit bürokratischen Formen wie der Mitzeichnung und Federführung, dass die Kohärenzkompetenz und das Kohärenzmoderationsrecht eine Wirkung derart zu erzielen, die dem Auseinanderlaufen der verschiedenen Ziele und der Pluralität von Akteuren entgegentreten soll. Es handelt sich dabei jedoch durchgängig um Verfahren der „negativen Koordination" (Scharpf 1993), die sich als Maxime daran orientieren, wie andere Ressorts noch mit einer vorgeschlagenen Lösung „leben" können, ohne aber gemeinsame Lösungspotentiale zu mobilisieren, da die Koordinationskosten als zu hoch eingeschätzt werden.

Damit hat sich in der Praxis eine Übung nachgelagerter Kohärenzbildung vor Ort bei den Projektdurchführungsorganisationen ausgebildet, die sich in der konkreten Arbeit darum bemühen müssen, die unterschiedlichen ministeriellen Optionen in kohärente Projektrealität zu überführen. Damit verbunden ist ein Prozess der zunehmenden Auslagerung von Fachlichkeit aus dem Ministerium an die Durchführungsorganisationen, konkret die Gesellschaft für Internationale Zusammenarbeit (GIZ) und die Kreditanstalt für Wiederaufbau (KfW), die durch ihre enge Bindung an den Zuwendungsgeber einen Prozess der Transformation in „Agenturen des Bundes" durchlaufen, obwohl sie eigentlich als unabhängige Einrichtungen (Unternehmen, im Falle der KfW mit Banklizenz) angedacht waren.

5. Das BMZ und seine Durchführungsorganisationen –
    ein Reformvorschlag

Für das Ministerium selbst ergeben sich daraus spürbare Strukturprobleme, die nicht zuletzt aus dem Ungleichgewicht zwischen politischer Verantwortung und Durchführungsverantwortung entstehen; anschaulich stellt sich dies in der personellen Ausstattung dar, wo dem Ministerium mit ca. 1.000 Mitarbeitern ca. 20.000 Mitarbeiter bei den Durchführungsorganisationen und politischen Stiftungen gegenüber stehen. Hinzu kommen unterschiedliche inhaltliche Schwerpunkte, die sich in auseinander fallenden Maximen in der Gestaltung von finanzieller und technischer Zusammenarbeit, aber auch der Förderung der sogenannten „politischen Zusammenarbeit" widerspiegeln, d. h. dem Engagement politischer Stiftungen im Rahmen der EZ. Hinzu kommt, dass das Auswärtige Amte, das mit seiner Abteilung S (Krisenprävention, Stabilisierung, Konfliktnachsorge und Humanitäre Hilfe) immer stärker in entwicklungspolitische Maßnahmen hinein reicht, eigene Akzente und Schwerpunkte setzt.[12] Bürokratische Vorgaben wie das Zuwendungsrecht und die Bundeshaushaltsordnung nehmen dem Handeln des BMZ Flexibilität und stehen oftmals der Langfristigkeit des Engagements in der Entwicklungszusammenarbeit entgegen. Hinzu kommt die eingeschränkte Steuerungsfähigkeit des Ministeriums gegenüber den Durchführungsorganisationen, die immer stärker eine gestaltende Rolle auch gegenüber dem Ministerium gewinnen und damit materiell in die politische Verantwortung des Hauses eingreifen. Provokativ könnte man formulieren: wozu braucht so ein starker Arm der Umsetzung von Entwicklungsprojekten wie die GIZ noch das Ministerium, wenn es ihm doch gelingt, die maßgeblichen Projektvorschläge und Projektinitiativen zu gestalten, die dann später von dem Ministerium per Auftragsvergabe von der GIZ abgewickelt werden?

Entsprechend hat sich das Gewicht der Steuerungsdimension durch das Ministerium verschoben: institutionelle Parallelstrukturen bestimmen nicht nur die Arbeit im BMZ selbst, sondern auch in der Projektabwicklung. Dies gilt insbesondere für die sogenannten Programmschwerpunkte, die Sonderinitiativen und den weiteren spezifischen Umgang mit Initiativen des Ministers, die er durch seinen Leitungsstab entwickelt und vorantreibt, welche aber in der Struktur des Hauses kaum abgebildet sind. Dadurch ist eine Tendenz festzustellen, dass die Durchführungsorganisationen tendenziell das Ministerium in seiner politischen Leitungsrolle substituieren und sich die Probleme, die im Bereich des Ministeriums auftreten, auch im Bereich der Durchführungsorganisationen abbilden. Dies bedeutet angesichts der in den vergangenen Jahren gewachsenen Haushaltsansätze und der damit notwendigen Umsetzung der Mittel eine massive Überlastung der Durchführungsorganisationen, die einerseits den Mittelabfluss sicherstellen müssen, aber andererseits zwischen der Beibehaltung eines geordneten Projektzyklus und der Gewährleistung grundlegender Qualitätskriterien wie Strukturwirksamkeit und Nachhaltigkeit zerrissen sind.

Vor diesem Hintergrund stellt sich die Frage, wie sich das Handlungsfeld der EZ weiterentwickeln soll? Nach der Strukturreform aus dem Jahr

---

12   Https://www.auswaertiges-amt.de/de/aamt/auswdienst/abteilungen/abteilung-s/21
      4970 (18.10.2018).

2011, bei der GTZ (Gesellschaft für technische Zusammenarbeit), DED (Deutscher Entwicklungsdienst), Centrum für internationale Migration und Entwicklung (CIM) und InWEnt (Internationale Weiterbildung und Entwicklung gGmbH) zur GIZ fusioniert wurden, hat das nun erweiterte Unternehmen sich noch nicht von Quotensystemen (etwa zum Einsatz von Entwicklungshelfern) etc. befreien können (Rauch 2015: 40). Das Auftragsverfahren vollzieht sich auf der Grundlage eines Generalvertrages zwischen der Bundesregierung und der GIZ (vormals GTZ) vom 1. Januar 1975, der dem BMZ den Status des Vertreters der Bundesrepublik Deutschland zuweist. Zudem arbeitet die GIZ als privatrechtlich organisiertes Unternehmen über ihre kommerzielle Sparte „International Services" (GIZ IS) mit Zustimmung der Bundesregierung auch im Auftrag Dritter – etwa anderer Bundesressorts, privater Unternehmen und Stiftungen, Staaten, UN-Organisationen, EU, Weltbank, deren Erträge dem Unternehmen für entwicklungsdienliche Maßnahmen wieder zur Verfügung gestellt werden. Indes stellt sich die Frage, ob dieses Muster des Auftragsverfahrens noch zeitgemäß ist und nicht Leistungsmodalitäten angepasst und der zunehmenden Diversifizierung durch Auftragsabwicklung für eine Fülle von Ressorts anzupassen wäre. Zunehmend schlägt die wachsende Bedeutung anderer Fachressorts und ihrer internationalen Aktivitäten zu Buche, für die das BMZ keine fachliche Kompetenz besitzt und die GIZ als „Bundesdienstleister" auf eine breitere institutionelle Basis (unter Beteiligung weiterer Ressorts) zu stellen wäre.

Insgesamt gesehen ist zu fragen, wie die neuen Realitäten der globalen Entwicklungs- und Nachhaltigkeitsagenda so institutionell und organisatorisch aufgenommen werden können, dass die aufgezeigten Strukturprobleme korrigiert oder zumindest angegangen werden können. Dabei sind folgende Maßgaben in Rechnung zu stellen: Zum einen bewegt sich das bürokratische Handeln des Ministeriums eher im Bereich der Pfadabhängigkeit, d. h. es ist nur begrenzt in der Lage, eingespielte Routinen zu überwinden und einen Spurwechsel für mögliche alternative Entwicklungsstränge zu instrumentieren. Ein Denken über diese etablierten Muster hinaus würde die Überwindung der Pfadabhängigkeit bedeuten und damit natürlich auch grundsätzliche Fragestellungen über die Aufbau und das Handeln des Ministeriums einschließen.

Im Folgenden soll daher ein Vorschlag vorgetragen werden, der sowohl institutionell wie organisatorisch aber auch inhaltlich einen Neuanfang für das Feld der Entwicklungszusammenarbeit bedeuten könnte. Hier ist insbesondere an eine klare Prioritätensetzung in Gestalt der Umsetzung der Nachhaltigkeitsagenda gedacht, die sowohl national wie global zur Leitschnur des Handelns genommen werden sollte. Ziel ist es, die Transversalität der Nachhaltigkeitsagenda (Forum Menschenrechte at al. 2016) zu sichern, die eben über verschiedene Ministerien hinausreicht und gleichzeitig den nationalen mit dem internationalen Rahmen verbindet. Ein möglicher Weg zur Gewährleistung einer solchen Nachhaltigkeitsagenda wäre die *Gründung eines Nachhaltigkeitsfonds*, der in einen nationalen und einen globalen Teil aufgegliedert werden könnte, die gleichwohl unter einem gemeinsamen Dach agieren (Maihold 2017). In Analogie zu den vertikalen Fonds, die im System der Vereinten Nationen eingesetzt werden (Browne 2017), könnten die entsprechenden Vorteile der Zusammenführung von Ressourcen, höherer Transparenz und Nachhaltigkeit realisiert werden. Dabei würde die Chance entstehen, über eine zentrale Verwaltung der Mittel, aus den verschiedenen Ressorts abgeordnetes Personal sowie durch entsprechende Anreizstrukturen die Verknüpfung von nationalem und globalem Engagement zur Umsetzung der Nachhaltigkeitsagenda in einer einzigen Einrichtung zu versuchen. Angesichts der Möglichkeit traditionelle Resortegoismen mit der Verfügung über eigene Finanzierungsquellen auszugleichen und dabei die Ministerien zur Zusammenführung von nationalen und globalen Kriterien zu zwingen, wäre ein Weg eröffnet, die traditionelle Trennung von innen- und außenpolitischen Maximen zu überwinden. Für die Ausstattung der Fonds könnte nicht nur an die bislang dezentral den verschiedenen Ressorts zugeordneten Mittel gedacht werden, sondern auch an die Sicherung eigener Finanzierungsquellen. Hierzu wäre es sinnvoll, auf die aufgelaufenen Haushaltsreste zuzugreifen, die gegenwärtig beim Bundesministerium der Finanzen in der Höhe von 2,3 Mrd. Euro (2016) als Baransatz vorhanden sind.[13] Zusätzlich könnte durch eine solche Maßnahme, in die Qualität der Projektumsetzung investiert werden, was nicht zuletzt eine Forderung des Peer-Review Reports des DAC der OECD darstellt. Damit wäre dann die Struktur des BMZ überflüssig und gleichzeitig auch seine immer stärker marginalisierte Rolle im Gesamtkonzert des auswärtigen Handelns Deutschland aufgehoben.

Inwieweit eine solche Konzeption für die Zusammenführung der verschiedenen Kriterien der Entwicklungszusammenarbeit denkbar ist, bleibt natürlich offen. Bis zum heutigen Tag haben sich Regierungen immer schwer getan, institutionelle Reformen durchzuführen, die über die Verlagerung einzelner Zuständigkeiten zwischen den jeweiligen Ressorts hin-

---

13 Https://www.bundesrechnungshof.de/de/veroeffentlichungen/bemerkungen-jahres
berichte/jahresberichte/2017/langfassungen/2017-bemerkungen-nr-01-feststellung
en-zur-haushaltsrechnung-und-zur-vermoegensrechnung-des-bundes-fuer-das-haus
haltsjahr-2016, S. 2 (18.10.2018).

ausgehen. Zum anderen würde ein solcher Nachhaltigkeitsfonds durch seine Überjährigkeit in besonderem Maße der Projektlogik in Entwicklungsländern und einer Nachhaltigkeitspolitik nahekommen, die sich nicht an den Maßgaben der Haushaltsordnung des Bundes abarbeiten muss. Voraussetzung für einen solchen Nachhaltigkeitsfonds wäre indes, dass die deutsche Politik die Verpflichtungen aus der Nachhaltigkeitsagenda ernst nimmt und der politische Wille besteht, einen geeigneten Rahmen zu schaffen, um deren effiziente Umsetzung zu gewährleisten.

6.   Entwicklungszusammenarbeit: Reform an Kopf und Gliedern tut not

Koordinationsprobleme bestehen nicht nur auf nationaler sondern auch auf internationaler Ebene. Die Erwartung, durch Geberkoordination größere Kohärenz erzielen zu können (Maihold 2010), scheitert jedoch oftmals an den bestehenden Traditionen innerhalb und zwischen Staaten. Hierzu gehören nach Manning/Trzeciak-Duval (2010):

—   Geberkonkurrenz, meist sichtbar als das *flag-waving syndrom*, d. h. das Bestehen auf der Sichtbarkeit der Beiträge einzelner Staaten in spezifischen Projekten und Programmen,
—   „Sexy-Reformen", insoweit die Geber spezifische Präferenzen für bestimmte Projekttypen und -sektoren entwickeln, so dass etwa Polizeireformen generell als attraktiver angesehen werden als entsprechende Maßnahmen im Gefängniswesen,
—   unterschiedliche Ziele und Zeithorizonte bei verschiedenen politischen Gemeinschaften,
—   das Nebeneinander von DAC- und Nicht-DAC-Gebern in zentralen Förderbereichen und -orten.

Nicht ohne Grund sind von verschiedenen Autoren im EZ-Bereich unterschiedliche Modellansätze identifiziert worden, die weltweit in Konkurrenz treten, aber auch in Einzelfällen zusammengeführt werden konnten. So werden das DAC-Modell, das arabische Modell und das Südliche Modell unterschieden (Walz/Ramachandran 2011), was die Dynamik in der internationalen EZ-Neuordnung verdeutlicht. Auch wenn die jeweils eingesetzten Mittelvolumina sehr stark voneinander abweichen, ergeben sich doch daraus Notwendigkeiten für die Neuordnung der deutschen EZ, die sie proaktiv aufnehmen sollte. Der Kurzschluss, für den *Beyond Aid*-Bereich den Begriff der „internationalen Zusammenarbeit" als Fortentwicklung von EZ zu adaptieren, kann jedoch in eine Sackgasse führen, wenn nicht gleichzeitig die Diskussion über die oben angeführten Herausforderungen und Defizite aufgenommen wird. Dies bedeutet vor allem, sich dem Prozess einer kritischen „Review" zu stellen, die gerade über die DAC-Kriterien hinausreicht und in die Zukunft weist. Dies bedeutet nicht eine abstrakte Strategiedebatte zu führen, sondern sich Konzeption, Organisation und Praxis gemeinsam anzusehen, um daraus neue Anstöße zu entwickeln. Die von der Leitung des BMZ jüngst vorangetriebenen Maßnahmen im Kontext von Migration und Sonderinitiativen weisen oftmals eher in die Vergangenheit als in die Zukunft, sie erfüllen in großen Teilen die Ansprüche der etablierten EZ an ihr Leistungsprofil nicht mehr. Damit wird der notwendigen Reformdiskussion kein Raum für eine grundlegende Debatte gelassen, da die Umsetzung der Mittel und der Nachweis von „Erfolg" zentral und für die Legitimität der EZ insgesamt kritisch werden. „Projektitis" und andere Vorwürfe aus der Vergangenheit erhalten so wieder neuen Raum und dominieren die Diskussionen, zumal in einem Kontext, in dem geopolitische Interessen und Sanktionsregime in den USA als das Mittel der Wahl bei der Durchsetzung nationaler Interessen betrachtet werden.

Die EZ und all das, was *beyond aid* angedacht werden muss, bleiben dabei auf der Strecke. Die Reformnotwendigkeit an Kopf und Gliedern gerade im Hinblick auf die globale Entwicklungs- und Nachhaltigkeitsagenda bleibt bestehen und erscheint angesichts der Verwerfungen im System der EZ unausweichlich. Dafür den Raum zu öffnen und Anstöße zu formulieren, sollte aller Anstrengungen wert sein.

Literatur

Ashoff, Guido/Klingebiel, Stephan (2014): „Transformation eines Politikfeldes: Entwicklungspolitik in der Systemkrise und vor den Herausforderungen einer komplexeren Systemumwelt". In: Politische Vierteljahresschrift (Sonderheft 48), S. 166–199.

Auswärtiges Amt (2015): Krise – Ordnung – Europa. Review 2014 – Außenpolitik Weiter Denken, Berlin.

Bárcena Ibarra, Alicia/Manservisi, Stefano/Pezzini, Mario (2018): „Die Verbesserung der Internationalen Entwicklungszusammenarbeit". In: https://www.project-syndicate. org/commentary/new-approaches-to-international-development-cooperation-by-alic ia-barcena-ibarra-et-al-2018-08/german>(18.10.2018).

BMZ (2017): Afrika und Europa. Neue Partnerschaft für Entwicklung, Frieden und Zukunft. Eckpunkte für einen Marshallplan mit Afrika, Bonn.

Bohnet, Michael/Klingebiel, Stephan/Marschall, Paul (2018): Umfang und Struktur der deutschen öffentlichen Entwicklungszusammenarbeit: Trends und Implikationen für das BMZ und andere Ressorts, Bonn: DIE (Analysen und Stellungnahmen 9).

Brand, Alexander (2011): „Sicherheit über alles? Die schleichende Versicherheitlichung deutscher Entwicklungspolitik". In: Peripherie Bd. 31, Nr. 122/123, S. 209–235.

Bröckelmann-Simon, Martin (2018): „Außenansicht: Tunnelblick. Die Entwicklungshilfe soll zunehmend Fluchtursachen bekämpfen helfen. Das ist eine gefährliche Illusion". In: Süddeutsche Zeitung vom 19. Juli 2018 https://www.sueddeutsche.de/ politik/aussenansicht-tunnelblick-1.4059587 (18.10.2018).

Browne, Stephen (2017): „Vertical Funds: New Forms of Multilateralism". In: Global Policy Vol. 8 (5), S. 36–45.

Deutscher Bundestag (2017): Entschließungsantrag der Abgeordneten Uwe Kekeritz et al. und der Fraktion Bündnis 90/Die Grünen zum 15. Entwicklungspolitischen Bericht der Bundesregierung, Drucksache 18/12386, Berlin.

Forum Menschenrechte/Forum Umwelt und Entwicklung/VENRO-Verband Entwicklungspolitik und Humanitäre Hilfe deutscher Nichtregierungsorganisationen e.V./ Open Knowledge Foundation/Global Policy Forum/terre des hommes Deutschland (2016): Noch lange nicht nachhaltig. Deutschland und die UN-Nachhaltigkeitsagenda, Berlin/Bonn/Osnabrück.

Gore, Charles (2013): „The New Development Cooperation Landscape: Actors, Approaches, Architecture". In: Journal of International Development, Vol. 25 (6), S. 769–786.

Gray, Kevin/Gills, Barry K. (2016): „South-South cooperation and the rise of the Global South". In: Third World Quarterly, Vol. 37 (4), S. 557–574.

Hillebrand, Ernst/Maihold, Günther (1999): „Von der Entwicklungspolitik zur globalen Strukturpolitik. Zur Notwendigkeit der Reform eines Politikfeldes". In: Internationale Politik und Gesellschaft, Nr. 4, S. 339–351.

Klingebiel, Stephan (2017): „Entwicklungsforschung und entwicklungspolitische Kooperationsansätze. Von der Notwendigkeit eines neuen Designs". In: Zeitschrift für Außen- und Sicherheitspolitik Bd. 10, S. 453–468.

Klingebiel, Stephan (2018a): „Entwicklungspolitische Kooperationsansätze in Zeiten der Agenda 2030 & SDGs". In: Tobias Debiel (Hrsg.): Entwicklungspolitik in Zeiten der SDGs. Essays zum 80. Geburtstag von Franz Nuscheler, Duisburg: INEF/SEF, S. 168–171.

Klingebiel, Stephan (2018b): „Warum das BMZ die Zahl der Partnerländer reduzieren will". In: https://www.die-gdi.de/die-aktuelle-kolumne/article/warum-das-bmz-die-zahl-der-partnerlaender-reduzieren-will/ (18.10.2018).

Koalitionsvertrag (2018) zwischen CDU, CSU und SPD (19. Legislaturperiode): Ein neuer Aufbruch für Europa. Eine neue Dynamik für Deutschland. Ein neuer Zusammenhalt für unser Land. Berlin (12. März 2018). In: https://www.bundesregierung.de/Content/DE/_Anlagen/2018/03/2018-03-14-koalitionsvertrag.pdf;jsessionid=60AEE5FFC81E513D42494DEC5678D55D.s6t2?__blob=publicationFile&v=6 (18.10.2018).

Lascoumes, Pierre/Galès, Patrick. (2007): „Understanding Public Policy through Its Instruments". In: Governance Vol. 20, S. 1–21.

Maihold, Günther (2005): „Die sicherheitspolitische Wendung der Entwicklungspolitik: Eine Kritik des neuen Profils". In: Internationale Politik und Gesellschaft, Nr. 2, S. 30–48.

Maihold, Günther (2010): „Mehr Kohärenz in der Entwicklungspolitik durch Geberkoordination?". In: Aus Politik und Zeitgeschichte, Nr. B 10, 08.03.2010, S. 34–40.

Maihold, Günther (2017): „Entwicklungszusammenarbeit: Reform an Kopf und Gliedern tut Not". In: https://blogs.die-gdi.de/2017/08/31/entwicklungszusammenarbeit-reform-an-kopf-und-gliedern-tut-not/ (18.10.2018).

Manning, Richard/Trzeciak-Duval, Alexandra (2010): „Situations of fragility and conflict: aid policies and beyond". In: Conflict, Security & Development Vol. 10 (1), S. 103–131.

Mawdsley, Emma (2012): „The changing geographies of foreign aid and development cooperation: Contributions from gift theory". In: Transactions of the Institute of British Geographers, Vol. 37 (2), S. 256–272.

Mawdsley, Emma/Savage, Laura/Kim, Sung-Mi (2014): „A ‚post-aid world'? Paradigm shift in foreign and development cooperation at the 2011 Busan High Level Forum". In: The Geographical Journal Vol. 180 (1), S. 27–38.

Maxwell, Simon (2014): „The Donors' Dilemma – What is the future of International Development?". In: Global Policy Blog vom 06.01.2014. https://www.globalpolicyjournal.com/blog/06/01/2014/donors%E2%80%99-dilemma-what-future-international-development (18.10.2018).

Mthembo, Philani (2018): „Africa and globalization: Transforming from taker to shaper". In: https://blogs.die-gdi.de/2018/05/02/africa-and-globalisation-transforming-from-taker-to-shaper/ (18.10.2018).

Müller, Gerd (2017): „Entwicklung ist moderne Friedenspolitik". In: Wolfgang Ischinger/Dirk Messner (Hrsg.): Deutschlands neue Verantwortung. Die Zukunft der deutschen und europäischen Außen-, Entwicklungs- und Sicherheitspolitik. Berlin: Econ-Verlag, S. 310–314.

Müller, Gerd (2018): Rede des Bundesministers für wirtschaftliche Zusammenarbeit und Entwicklung, Dr. Gerd Müller, bei der Aussprache zur Regierungserklärung zu den Themen Wirtschaftliche Zusammenarbeit und Entwicklung vor dem Deutschen Bundestag am 21. März 2018 in Berlin. In: Bulletin der Bundesregierung Nr. 32–6 vom 21. März 2018, http://www.bundesregierung.de/Content/DE/Bulletin/2018/03/ Anlagen/32-6-bmz-bt.pdf?__blob=publicationFile (18.10.2018).

Niebel, Dirk (2009): „Entwicklungshilfe muss sich überflüssig machen" (Interview). In: Frankfurter Allgemeine Zeitung vom 20.11.2009 http://www.faz.net/aktuell/wirt schaft/wirtschaftspolitik/im-gespraech-dirk-niebel-entwicklungshilfe-muss-sich-uebe rfluessig-machen-1884509.html (18.10.2018).

Paulo, Sebastian/Janus, Heiner/Holzapfel, Sarah (2017): Thematische Allokation von Entwicklungszusammenarbeit: wo liegen die Vor- und die Nachteile? Bonn: DIE (Analysen und Stellungnahmen 14).

Rauch, Theo (2015): „Zur Reform der deutschen Entwicklungszusammenarbeit". In: Aus Politik und Zeitgeschichte B 7–9, S. 36–42.

Scharpf, Fritz W. (1993): „Positive und negative Koordination in Verhandlungssyste- men". In: Adrienne Héritier (Hrsg.): Policy Analyse. Kritik und Neuorientierung. In: Politische Vierteljahresschrift. Sonderheft 24. Opladen: Westdeutscher Verlag, 57–83.

Severino, Jean-Michel/Olivier Ray (2009): The End of ODA. Death and Rebirth of a Global Public Policy, Washington DC: Center for Global development (Working Paper Number 167).

United Nations (2012): Independent Evaluation of *Delivering As One*. Main Report, New York.

Walz, Julie/Ramachandran, Vijaya (2011): Brave New World: A Literature Review of Emerging Donors and the Changing Nature of Foreign Assistance, Washington DC: Center for Global Development (Working Paper 273).

Zapf, Martina (2018): „BMZ: Eigene Abteilung für den Marshallplan". In: Welt- Sichten Nr. 6, S. 52.

Rahmenbedingungen und Eckpunkte von Entwicklungszusammenarbeit in der Zukunft

Stephan Klingebiel

Die Agenda 2030 für nachhaltige Entwicklung (verabschiedet 2015) und das Pariser Klimaschutzabkommen (ebenfalls 2015 beschlossen) zeigen, dass es Regierungsvertretern einerseits gelungen ist, globale Lösungsansätze zu beschließen. Andererseits zeigen die politischen Veränderungen, die sich an das Jahr 2015 anschlossen, dass es sich hierbei nur um ein lediglich kurz geöffnetes *window of opportunity* handelt.

Nationalistische und populistische Politiken haben in Zeiten, in denen grenzüberschreitendes kollektives Handeln eine enorm hohe Bedeutung haben müsste, gemeinsame Ansätze in vielen Teilen behindert, blockiert oder auch bestehende Grundlagen nicht akzeptiert. In den Schlagzeilen seit dem Amtsantritt von US-Präsident Donald Trump sind seine Weichenstellungen von der Aufkündigung des Pariser Klimaschutzabkommens bis hin zum Austritt aus der UNESCO prägend. Politiken, die den vermeintlichen nationalen Interessen globalen Anliegen den Vorzug geben, gehen weit über die USA hinaus und prägen nicht zuletzt das Handeln wichtiger Akteure im globalen Süden; dies zeigte sich einprägsam durch die Wahl des brasilianischen Präsidenten Jair Bolsonaro.

Gleichwohl haben funktionierende länderübergreifende Ansätze oder sogar Multi-Akteurs-Partnerschaften einen hohen Stellenwert, weil sie notwendige Voraussetzungen für positive Veränderungen sind. Die ausstehenden globalen Herausforderungen erfordern wirksamere, gemeinsame grenzüberschreitende Anstrengungen (Ischinger/Messner 2017). Alle Politikfelder haben Begrenzungen, etwa, da sich die Kapazitäten für die Beteiligung an Friedensmissionen nicht beliebig aufstocken lassen oder Klimaziele mehr Ressourcen für erneuerbare Energien erfordern würden. Und grenzüberschreitend und innerhalb von Ländergrenzen müssen sehr heterogene Akteursgruppen (Privatwirtschaft, zivilgesellschaftliche Gruppen, Parlamente, Regierungen etc.) für Lösungen kooperieren; hier ist jedoch gemeinsames Handeln oftmals wegen divergierender Interessen schwierig (Abott/Hale 2014). Funktionierende Multi-Akteurs-Partnerschaften, wie etwa die *Extractive Industries Transparency Initiative* (EITI), haben daher mittlerweile zu Recht einen hohen Stellenwert, da sie wichtige Triebfedern für positive Veränderungen sind.

Anhaltend wichtig ist das Zusammenwirken von nach außen gerichteten Politikfeldern: Außen-, Verteidigungs- und Handelspolitik sowie Entwicklungszusammenarbeit (EZ) kohärenter aufzustellen und eventuelle Zielkonflikte zu lösen, sind bekannte Herausforderungen. Die Zusammenarbeit ist auch innerhalb von Regierungen anspruchsvoller geworden, da internationale Anstrengungen zunehmend mit klassischen „innenpolitischen" Themen verknüpft sind (und umgekehrt!). Und nicht jedes Politikfeld verfügt über breite internationale Erfahrungen und funktionierende internationale Kooperationsinstrumente mit zum Teil schwierigen Partnern.

Heutige Debatten über die Zukunft der EZ müssen all dies in Rechnung stellen. Bekannte wichtige Aufgaben gilt es weiterhin zu lösen. Trotz aller Fortschritte sind in der Armutsbekämpfung bei weitem noch nicht alle Ziele erreicht. Dies macht möglichst wirksame entwicklungspolitische Ansätze erforderlich. Hier geht es oft um innovative Antworten auf die Frage, wie bessere entwicklungspolitische Ansätze aussehen sollten. Wodurch können Veränderungen besser als in der Vergangenheit befördert werden, wie lassen sich nachweisbare Resultate erzielen? Was genau sollten entwicklungspolitische Beiträge anders machen, um der Umsetzung der globalen Nachhaltigkeitsziele, der *Sustainable Development Goals* (SDGs) zu dienen?

Zugleich gilt es aber angesichts der hohen Dynamik in den internationalen Beziehungen, sich der Gestaltungsmöglichkeiten und -grenzen bewusst zu werden. EZ kann nicht einfach als Patentrezept für die Bearbeitung aller globalen Probleme benannt werden. Aber EZ kann in besonderer Weise an der Bearbeitung von Themen in Entwicklungsregionen und eventuell auch jenseits von traditionellen geographischen Grenzen der EZ ansetzen. Ebenso gilt es, mit den Gestaltungsmächten jenseits der etablierten Industriestaaten, wie beispielsweise China, Indien und Brasilien, gemeinsame Strategien zur Bearbeitung globaler Probleme zu finden und umzusetzen. Hier stellt sich die Frage, wie entwicklungspolitische Kooperationsansätze mit diesen Ländern aussehen sollten.

Europa steht vor einer Vielzahl großer Herausforderungen. Der hohe Flüchtlings- und Migrationsdruck, Krisen und Konflikte wie in Syrien und Lybien, Instabilität in Afghanistan und ein repressives Regime in Eritrea ereignen sich nicht mehr fernab des europäischen Alltags als Tragödien, sie sind längst zu Problemen mit globalen Auswirkungen geworden.

Entwicklungspolitische Akteure denken derzeit über künftige Neuorientierungen nach. Sie beteiligen sich aber auch an der Umsetzung von Maßnahmen – etwa bei der Bewältigung der Fluchtbewegungen. Darüber hinaus sind sie gefordert, Leitlinien zu benennen, die ein durchdachtes Handeln in der Zukunft ermöglichen. Internationale Kooperation ist für den vorausschauenden Umgang mit den Krisen von zentraler Bedeutung. Die Institutionen der Europäischen Union (EU) und ihre Mitgliedstaaten werden noch viel stärker in ein breit gefächertes internationales Engagement investieren müssen.

Allgemein wird auf eine verbesserte strukturelle Vorbereitung auf Krisensituationen sehr viel mehr Wert gelegt. Dies erfordert sowohl systematische, kurzfristige Ansätze als auch langfristige Konzepte zur Bewältigung von Krisen bei den Kooperationspartnern. Debatten zwischen kurz- und längerfristig ausgerichteten Instrumenten sind in der Realität oft stark voneinander getrennt. Gerade im Licht der aktuellen Krisen sollten langfristige Ansätze zur Bearbeitung von Entwicklungsproblemen besonders betont werden.

Entwicklungszusammenarbeit: Rückkehr nationaler Interessen?

Lange Zeit waren die Kooperationsbeziehungen zwischen OECD-Ländern und Entwicklungsländern durch die EZ geprägt. Hauptlogik war dabei: Arme Länder werden bei der sozialen und wirtschaftlichen Entwicklung unterstützt – was allerdings ebenso Zielen auf der Geberseite dienlich sein sollte.

Im Kalten Krieg war die EZ ein Instrument, um außenpolitische Allianzen zu fördern und die wirtschaftlichen Interessen der Geber zu forcieren. Liefergebundene EZ wird bis heute genutzt, obwohl die Nachteile gegenüber ungebundener EZ hinreichend dokumentiert sind. Erst nach dem Kalten Krieg stellten Geberländer verstärkt Themen der „guten Regierungsführung" in den Vordergrund.

Geprägt wurden die Jahre seit den Anschlägen vom 11. September 2001 durch einen starken entwicklungspolitischen Fokus auf das Thema Sicherheit und Frieden; Fragilität avancierte zu einem Kernthema in der EZ. Die erste Präsidentendirektive zur entwicklungspolitischen Strategie der USA wurde im September 2010 von Barack Obama unterzeichnet; sie ist wesentlich daran ausgerichtet, EZ zur Unterstützung der nationalen Sicherheitsstrategie einzusetzen. Ablesbar ist die verstärkte sicherheitspolitische Ausrichtung der EZ verschiedener Geber etwa an der hohen Ausgabenpriorität für zentrale Krisenländer wie etwa Afghanistan und Pakistan. Neu sind daneben vor allem EZ-Förderansätze zugunsten regionaler Akteure (wie beispielsweise der Afrikanischen Union) mit einer sicherheitspolitischen Relevanz. Dabei werden u. a. die Vorbereitung und Durchführung von Friedensmissionen auf dem afrikanischen Kontinent aus Mitteln der EZ gefördert. In der entwicklungspolitischen Strategie Großbritanniens wird der neue Stellenwert von Sicherheitsinteressen besonders deutlich (*HM Treasury und DFID* 2015). Der Syrien-Konflikt sowie neue Formen des grenzüberschreitenden Terrorismus sind in der Strategie hervorgehobene Interessen, die es auch mit entwicklungspolitischen Ansätzen zu bearbeiten gilt.

Die Motive und Eigeninteressen von Gebern an EZ sind insgesamt nicht konstant, sondern unterliegen fortwährend Veränderungen. Ein ausschließlich auf die Förderung von Entwicklungsländern bezogenes Vorgehen lässt sich für die Geschichte der EZ nicht erkennen und dürfte mit Blick auf anstehende EZ-Reformdebatten wichtig bleiben. Für die jüngste Vergangenheit zeigt sich vielmehr, dass EZ noch unmittelbarer Eigeninteressen durchsetzen soll. US-Präsident Trump hat bereits vielfach die Suspendierung von EZ angedroht, wenn andere Länder z. B. nicht seine Migrationspolitik unterstützen würden. Auch die britische Politik setzt EZ gezielt ein, um die Folgen des Brexit-Beschlusses abzufedern.

Strukturveränderungen in der Entwicklungszusammenarbeit

Kontroversen zum Nutzen von EZ (zur aktuellen Debatte siehe z. B. Yanguas 2018) führten dazu, dass sich Geber- und Partnerländer auf Maßnahmen zu einer verbesserten Wirksamkeit verständigt haben. Mit der Paris-Erklärung von 2005 wurden Prinzipien mit Indikatoren verknüpft, so dass die Partnerländer die Fortschritte besser überprüfen können (Qian 2015). In den vergangenen Jahren konzentrieren sich die Geber allerdings zunehmend auf eigene EZ-Vorhaben, deren Ergebnisse sie dokumentieren können; dieses Vorgehen ist oft mit Prinzipien effektiver EZ (etwa Unterstützung nationaler Ansätze der Partner) kaum zu vereinbaren. Der Druck auf Geber, EZ-Reformen umzusetzen, hat aus einem weiteren Grund abgenommen: Dynamische Schwellenländer, die zunehmend Unterstützung für ärmere Länder bereitstellen, zeigen sich wenig geneigt, Absprachen über gemeinsame EZ-Normen und -Standards mit OECD-Ländern vorzunehmen. Um eine gemeinsame Plattform zu schaffen, die für alle attraktiv ist, wurde 2012 die „Globale Partnerschaft für effektive Entwicklungszusammenarbeit" zwar eingeführt, die Partnerschaft wird allerdings von den großen Schwellenländern nicht akzeptiert. Der frühere Druck, Reformen zugunsten einer wirksameren EZ umzusetzen, ging in großen Teilen verloren.

Die vergangenen Jahre waren durch weitreichende Strukturveränderungen von Entwicklungsregionen und den gesamten internationalen Beziehungen geprägt (Janus/Klingebiel/Paulo 2014; Horner/Hulme 2017). Diese Umbrüche haben auf die EZ erheblichen Einfluss – indem sie etwa Fragmentierungstendenzen begünstigen (Klingebiel/Mahn/Negre 2016) – gehen aber hinsichtlich der Relevanz deutlich darüber hinaus. Vier Aspekte für Veränderungen sollen hier kurz skizziert werden:

(i) „Aufstieg des Südens": Die wirtschaftlichen und vielfach auch sozialen Fortschritte in einer Reihe von Entwicklungsländern waren in den vergangenen 10 bis 20 Jahren von hoher Geschwindigkeit. Dies betrifft zum einen große Volkswirtschaften wie China, Brasilien, Indien und die Türkei, die mit einem erheblichen Tempo ihre globale Rolle ausbauen und vielfach Armut deutlich verringern konnten. Verschiedene kleinere und mittlere Ökonomien wie Ruanda, Ghana und Bangladesch haben sich ebenfalls über mehrere Jahre hinweg dynamisch entwickelt. In den internationalen Debatten wird daher vom „Aufstieg des Südens" und von globalen Konvergenzprozessen gesprochen (OECD 2010; UNDP 2013). Der Bedeutungszuwachs von Entwicklungsländern und die Machtverschiebungen in den *global governance*-Strukturen werden durch neuere relevante Zusammenschlüsse wie der Gruppe der 20 wichtigsten Industrie- und Schwellenländer (G20) und den Zusammenschluss von Brasilien, Russland, Indien, China und Südafrika (BRICS) sichtbar.

(ii) Abnehmende EZ-Abhängigkeit und Graduierung von Entwicklungsländern: Im Durchschnitt sind Entwicklungsländer zunehmend weniger stark von EZ-Mitteln abhängig. Gleichwohl trifft diese Aussage in sehr unterschiedlicher Weise auf verschiedene Gruppen von Entwicklungsländern zu. Hoch ist die Abhängigkeit weiterhin für die ärmsten Entwicklungsländer, wo noch immer 70 % aller externen Finanzierungszuflüsse aus EZ bestehen. Aufgrund des wirtschaftlichen Fortschritts wird jedoch die Zahl der Länder (ca. 28 Länder bis 2030) weiter sinken, die überhaupt EZ-Leistungen erhalten können (Sedemund 2014).

(iii) Notwendigkeit für globales kollektives Handeln: In verschiedenen Bereichen lässt sich ein gewachsener Bedarf an funktionsfähigen internationalen Kooperationsbeziehungen feststellen (Hale et al. 2013; Paulo 2014). Globales kollektives Handeln ist erforderlich, um etwa mit den Ursachen und den Folgen des Klimawandels umzugehen. Die Verbreitung des Ebola-Virus 2014 hat verdeutlicht, wie zunächst lokal erscheinende Herausforderungen *global governance* – handlungs-fähige Führungsstrukturen – für Gesundheit bedürfen.

(iv) Politiken und Akteure jenseits der EZ gewinnen an Bedeutung: Die Notwendigkeit für vertiefte internationale Kooperationsbeziehungen führt dazu, dass andere Akteure der internationalen Zusammenarbeit an Bedeutung gewinnen. Dies gilt beispielsweise für die zunehmend wichtigen privaten Stiftungen (wie z. B. die *Bill and Melinda Gates Foundation*) oder neuen Mechanismen, die Vorhaben im Bereich des Klimawandels finanzieren. Diese Akteure gestalten globale Rahmen-bedingungen für nachhaltige Entwicklung und kooperieren zuneh-mend mit Partnerländern in Entwicklungsregionen.

Agenda 2030 und die Entwicklungszusammenarbeit

Die Agenda 2030 für nachhaltige Entwicklung und ihre 17 Nachhaltig-keitsziele (SDGs) sind der zentrale Referenzpunkt in der Entwicklungspo-litik der letzten Jahre. Die Agenda 2030/SDGs bieten ein plausibles und umfassend konzeptionelles Dach, welches entwicklungspolitische Akteure gerne aufgreifen. Zugleich sind sie aber zumindest aus zwei Gründen – auf die später näher einzugehen ist – für die EZ problematisch: Zum einen erzeugen die Agenda 2030 und ihre SDGs kaum konkreten Veränderungs-druck in der EZ. Zum anderen hat sich das Zielsystem in der EZ in Zeiten von Krisen und Gewaltkonflikten, Migrationsdruck, Populismus und Brexit grundlegend gewandelt; die Agenda 2030/SDGs können hier nur sehr begrenzt ein Gegengewicht bilden.

Die Vorteile der Agenda 2030 und ihrer SDGs liegen auf der Hand. Zum einen ist es ein großes Verdienst, ein universal gültiges Konzept er-arbeitet zu haben, was unter „Entwicklung" zu verstehen ist. Die Wir-kungskraft von „Narrativen" kann enorm sein; insofern ist das Potential der Agenda und ihrer Ziele entsprechend groß. Insofern ist ein breiter Konsens darüber, was heute unter „Entwicklung" zu verstehen ist, ein ent-scheidender Fortschritt, weil er im Grundsatz von den Repräsentanten aus Burundi, Brasilien, China und Marokko ebenso geteilt wird wie von Lu-xemburg, Japan oder Deutschland.

Auch für die Millennium-Deklaration und die *Millennium Development Goals* (MDGs) gab es eine breite Unterstützung (vgl. Nuscheler/Roth 2006). Der entscheidende Unterschied besteht allerdings darin, dass die MDGs eine klare Ausrichtung auf „arme Länder" bzw. Entwicklungsregi-onen hatten und damit primär eine „klassische entwicklungspolitische

Agenda" darstellten. Entsprechend wichtig war es, die MDGs zu nutzen, um mehr Mittel für EZ zu mobilisieren.

Ihrem Anspruch nach stellen die Agenda 2030 und ihre SDGs hingegen keine „traditionelle Entwicklungsagenda" dar. „Nachhaltige Entwicklung" ist etwas, das nicht nur erstrebenswert ist für die Bevölkerung im Tschad und Bangladesch, sondern Probleme von Ungleichheit und der Zerstörung von natürlichen Lebensgrundlagen betreffen die USA, Belgien und Russland gleichermaßen. Die Einsicht, dass nachhaltige Entwicklung eine universelle Agenda sein muss, ist damit eine wesentliche Innovation der Agenda 2030 und ihrer SDGs. Diese Sicht findet sich in vielen politischen Erklärungen wieder, lässt sich aber nur bedingt jenseits von entwicklungs- und umweltpolitischen Akteuren in der Umsetzung finden.

Umgekehrt stellt sich aber gleichermaßen die Frage: Wenn es sich um globale Entwicklungsaufgaben und -ziele handelt, was sind die Konsequenzen für das Politikfeld EZ? Welche Auswirkungen hat eine solche Neubetrachtung von Entwicklung dann auf unser bisheriges Verständnis von Entwicklungspolitik?

Technisch gesprochen ist EZ unter der Agenda 2030 ein Ansatz neben einer Vielzahl anderer Ansätze, um Entwicklung durch Partnerschaften zu befördern bzw. Ressourcen für Entwicklungsfinanzierung zu mobilisieren. Die entsprechenden Zielsetzungen sind in SDG 17 („Umsetzungsmittel stärken und die globale Partnerschaft für nachhaltige Entwicklung wiederbeleben") sowie in der *Addis Ababa Action Agenda* (d. h. der 3. Entwicklungsfinanzierungskonferenz von 2015) benannt. Außer der Betonung, dass die OECD-Länder ihre bekannten Verpflichtungen für öffentliche EZ einhalten und durch Süd-Süd-Kooperation zusätzliche Mittel mobilisiert werden sollten, enthalten die SDGs kaum Hinweise zur EZ und sind daher für diese Kooperationsanstrengungen kaum innovativ.

Für die EZ sind durch die Agenda 2030 und die SDGs sowie die Turbulenzen in der internationalen Politik vor allem zwei Herausforderungen zu beobachten:

–   Erstens erzeugen die Agenda 2030 und die SDGs keinen konkreten Druck für entwicklungspolitische Veränderungen und Reformen. Während noch die MDGs einen Schwerpunkt insbesondere auf soziale Sektoren legten, und dies in den entwicklungspolitischen Debatten entsprechend prominent erörtert wurde, gibt es nunmehr keinen vergleichbaren oder gar stärkeren Anpassungsdruck. Inhaltlich lassen sich praktisch alle vorhandenen Schwerpunkte von Gebern anhand der SDGs rechtfertigen. Sektorale und auch andere Schwerpunktlegungen lassen sich nicht entnehmen. Allenfalls der Hinwies, dass 0,2 % der jeweiligen Wirtschaftsleistung des Gebers für öffentliche EZ zugunsten von am wenigsten entwickelten Ländern eingesetzt werden sollten, kreiert eine quantitative Zielgröße zugunsten einer Ländergruppe. Darüber hinausgehend gibt es keine Hinweise, was im Rahmen der EZ „mehr" oder auch „weniger" stark gefördert werden sollte.

Ebenso fehlen Hinweise zum „Wie" – also in welcher Weise EZ möglichst wirksam Beiträge zur Förderung der SDGs leisten kann. So hätten etwa Bezüge zu Zielen, die in der Pariser Erklärung zur Wirksamkeit in der EZ aufgestellt wurden, Hinweise bieten können, in welcher Form am effektivsten Unterstützungsleistungen durch Geber bereitgestellt werden sollten. Für Geber entfalten die Agenda 2030 und ihre SDGs daher kaum konkreten Anpassungsdruck. Inhaltliche Schwerpunkte, in großen Teilen die Auswahl der Partnerländer sowie die Modalitäten und Instrumente der EZ werden nicht unmittelbar angesprochen. Da die jeweiligen nationalen Umsetzungspläne einen großen Stellenwert besitzen, könnten diese in der Kooperation von Partnerländern mit Gebern Relevanz haben. Ob die Bedeutung allerdings für Geber und ihre Ausrichtung auf die Bedarfe von einzelnen Partnerländern über die Bereitschaft hinausgeht, die es bei früheren nationalen Entwicklungsplanungsdokumenten gab, bleibt abzuwarten, da entsprechende Prozesse in den Partnerländern noch am Anfang stehen.

– Zweitens lässt sich für die letzten Jahre eine grundlegende Neuausrichtung des entwicklungspolitischen Zielsystems erkennen, die mit der Agenda 2030 und den SDGs nicht im Zusammenhang steht (vgl. Klingebiel 2017). EZ wird zunehmend eingesetzt zur Bearbeitung von Krisenerscheinungen und zur Verfolgung von Eigeninteressen (die sich aber von traditionellen Geber-Eigeninteressen unterscheiden). Die für viele Jahre prägende Debatte über *aid effectiveness*, über die Wirksamkeit der EZ (Nuscheler 2008) gilt zwar weiterhin, verfügt aber kaum noch über ein Momentum und internationale Fürsprecher. Die Klimaschutzvereinbarungen von Paris (Dezember 2015) sowie die Agenda 2030 für nachhaltige Entwicklung (September 2015) zeigen, dass es Regierungsvertretern in einem *window of opportunity* zwar gelungen war, globale Lösungsansätze zu beschließen und auf den Weg zu bringen. Jedoch brachte der Amtsantritt von US-Präsident Trump diesen zwischenzeitlichen Prozess gemeinsamer Lösungsansätze nicht nur zum Halten, sondern kündigte v.a. durch die Abkehr von dem Pariser Klimaschutzabkommen wichtige Grundlagen gemeinsamer, globaler Anstrengungen auf. Zugleich sind auch die europäischen Gestaltungsmöglichkeiten auf globaler Ebene durch den angekündigten Brexit geschwächt. Europa steht derzeit vor großen Herausforderungen. Der hohe Flüchtlings- und Migrationsdruck und Gefährdungen durch den islamistischen Terrorismus erfordern ein verändertes politisches Handeln. Krisen und Konflikte ereignen sich nicht mehr nur fernab des europäischen Alltags als Tragödien, sie sind längst zu Problemen mit globalen Auswirkungen geworden.

Entwicklungspolitische Akteure richten vor diesem Hintergrund ihre Kooperationsansätze oft neu aus. Dies betrifft etwa die EZ der Trump-Administration, die Ausrichtung der britischen EZ an den Brexit-Zielsetzungen und die von verschiedenen Gebern (u. a. Niederlande und Kanada) angestrebte Verknüpfung mit handelspolitischen Zielen. Die derzeitigen Anstrengungen der EU sind wesentlich auf Migrationsreduzierung und Rückführung von irregulären Migranten ausgerichtet. Alle nach außen gerichteten Politiken der EU – nicht zuletzt die EZ – sind dazu aufgefordert, diesem Ziel zu dienen. Der im Juni 2016 beschlossene sogenannte „Migrationspartnerschaftsrahmen" zielt hierauf ab und macht deutlich, dass hierzu alle Politikfelder beitragen müssen. Es ist erkennbar, dass dies zu einer Unterordnung entwicklungspolitischer Ziele unter EU-Migrationsziele führt.

EZ in Zeiten der Agenda 2030 und ihrer SDGs findet statt in einem Umfeld mit vielfältigen und systemischen Umbrüchen. Die Agenda 2030 und die SDGs geben eine wichtige, übergeordnete Orientierung, was nachhaltige Entwicklung bedeutet. Dies ist nicht allein, aber eben auch für die EZ von hoher Bedeutung. Zugleich sind die geringen Gestaltungsmöglichkeiten durch die Agenda 2030 und die SDGs offenkundig. Schließlich haben die Turbulenzen im internationalen System einschneidende Folgen: Die Erwartungen an EZ sind in Geberländern mit Blick auf die Bearbeitung von unterschiedlichsten Herausforderungen sprunghaft gestiegen.

Schlussfolgerungen

Das Umfeld von EZ hat in sich den vergangenen Jahren rasch verändert; die Kontextbedingungen (etwa Migrationsdruck und nachlassende länderübergreifende Handlungsmöglichkeiten) wirken in vielfacher Weise, auch wenn Interessen jenseits der Entwicklungspolitik immer von Bedeutung waren. Insgesamt lassen sich fünf übergreifende Schlussfolgerungen ziehen:

1. Agenda 2030: Das anerkannte, übergreifende Zielsystem
    Allgemein gesprochen lässt sich mit der Agenda 2030 und ihren 17
    Nachhaltigkeitszielen ein übergreifender Zielrahmen erkennen, der
    eine enorme Verbreitung hat. Noch nicht jedes Politikfeld macht sich
    die Agenda zu Eigen und sie wird noch immer als eine primär „ent-
    wicklungspolitische Agenda" wahrgenommen. Gleichwohl lässt sie
    sich eben auch als normatives Zielsystem erkennen, welches als Re-
    ferenzrahmen für konkrete Politikmaßnahmen genutzt wird und eine
    breite Akzeptanz hat.

2. Rahmenbedingungen für globale Entwicklung im Umbruch
    Rahmenbedingungen für globale Entwicklung waren nie statisch.
    Dies galt selbst unter den Bedingungen eines bipolaren Weltsystems.
    Allerdings sind die Strukturveränderungen der vergangenen Jahr-
    zehnte und vor allem der letzten Jahre von ungeheurer Geschwindig-
    keit und Tiefe.

    Der Migrationsdruck, der sich in neuer Weise für die EU als
    drängende Herausforderung zeigt, hat wesentlich dazu beigetragen,
    dass nach entwicklungspolitischen und anderen Möglichkeiten ge-
    sucht wird, um auf Migrationsbewegungen Einfluss zu nehmen. Hier-
    in ist ein zentraler Grund für die Debatte über die neue entwick-
    lungspolitische Relevanz zu sehen. Und die große Bedeutung des af-
    rikanischen Kontinents für politische Initiativen lässt sich in großen
    Teilen ebenfalls auf die Bedeutung des Migrationsthemas zurückfüh-
    ren. Hier liegt auch der Grund für die Besorgnis vieler Beobachter
    (nicht einzulösender Erwartungsanspruch, grundlegende Verschie-
    bung des entwicklungspolitischen Zielsystems etc.).

    Zugleich sind die Möglichkeiten, um gemeinschaftlich globale
    Herausforderungen bearbeiten zu können, (nicht alleine, aber eben zu
    einem großen Teil) durch die Wahl von Präsident Trump ge-
    schrumpft. Die Aufkündigung des Pariser Klimaabkommens ist hier-
    für ein überdeutliches und beabsichtigtes Zeichen. Ähnliches lässt
    sich für viele andere Felder – etwa der Politik gegenüber den Verein-
    ten Nationen und der Menschenrechtspolitik etc. – erkennen.

3. Vernetztes und kollektives Handeln optimieren
   Isoliertes und vorrangig national ausgerichtetes Handeln ist kaum geeignet, um globale Entwicklung zu befördern. Insbesondere die Vernetzung von Entwicklung und Sicherheit gilt als herausragendes Beispiel für die Notwendigkeit, das Denken in Silos etwa durch *whole of
   government*-Ansätze zu überwinden. Zugleich zeigt aber gerade dieser Bereich, wie kompliziert es ist, Akteure mit unterschiedlichen
   Handlungslogiken zu gemeinsamem Handeln zu bewegen und sich
   auf gemeinsame Sichtweisen und Ziele zu verständigen.

   Zur Unterstützung globaler Entwicklung sind insbesondere länderübergreifende Ansätze jenseits nationaler Anstrengungen von
   zentraler Bedeutung. Europäische Handlungsansätze und eine geziel-
   te Stärkung der entwicklungspolitischen Möglichkeiten der EU bis
   hin zu einer weiteren Europäisierung ist deshalb – gerade unter den
   Vorzeichen des Brexit – eine elementare Botschaft, die viele Beiträge
   verkünden. Insgesamt bietet es sich gerade für Deutschland an, das
   multilaterale System gezielter zu unterstützen und zu nutzen, um die
   globale Entwicklungsagenda zu befördern.

4. Effektivitäts- und Effizienzpotential der Entwicklungszusammenarbeit ausschöpfen
   EZ einem Erwartungsdruck auszusetzen, dass hiermit rasche und umfassende Lösungen für den Bedarf etwa an Arbeitsplätzen in den
   Ländern des afrikanischen Kontinents geschaffen, Migrationsursachen grundlegend bearbeitet sowie die Verhinderung bzw. Beendi-
   gung von gewaltsamen Konflikten erreicht werden könnten, wäre
   nicht zielführend. Die Wirkungen von EZ sind immer begrenzt – dies
   gilt im Übrigen auch für andere politische Handlungsfelder.

   Gleichwohl lassen sich Wirksamkeit und Effizienz der EZ weiter verbessern. Insgesamt hat jedoch das internationale Momentum
   für mehr Wirksamkeit in der EZ in den vergangenen Jahren merklich
   nachgelassen. Die Prinzipien der Paris-Erklärung von 2005 gelten
   zwar weiterhin, haben aber deutlich an handlungsleitender Relevanz
   verloren. Jedoch wäre es sinnvoll, wenn sich nach Möglichkeit
   OECD-Geber und Bereitsteller von Süd-Süd-Kooperation auf gemeinsame Standards verständigen. Sollte dies nicht möglich sein,
   sollten zumindest die OECD-Geber an neuen Grundsätzen für eine
   „gute Entwicklungszusammenarbeit" bemüht sein.

5. Strategiedebatten befördern

All dies macht deutlich: Strategische Debatten zur Zukunft der EZ und beispielsweise zur Rolle Deutschlands bei der Förderung globaler Entwicklung sind notwendig. Hierbei gilt es, unterschiedliche Antwortoptionen und Zukunftsszenarien zu durchdenken. Wie können wichtige globale Herausforderungen gezielter bearbeitet werden? Wie sieht dabei die Rolle der EZ aus? Wo können Reformen bei politischen und instrumentellen Ansätzen entwicklungspolitische Ansätze wirkungsvoller machen? Wo liegt Evidenz vor, die sich in politischen Entscheidungen spiegeln sollte? Für welche Themen sollten die deutschen entwicklungspolitischen Haushaltsspielräume genutzt werden?

Literatur

Abott, Kenneth W./Hale, Thomas E. (2014): „Orchestrating global solutions networks. A guide for organizational entrepreneurs". In: http://ssrn.com/abstract=2431956; 20.02.2015.

Hale, Thomas /Held, David /Young, Kevin (2013): Gridlock: Why global cooperation is failing when we need it most. Cambridge.

HM Treasury and Department for International Development, UK Aid (2015): Tackling global challenges in the national interest. London.

Horner, Roy/Hulme, David (2017): Converging divergence? Unpacking the new geography of 21st century global development (= Global Development Institute, Working Paper 2017-010). Manchester. https://www.research.manchester.ac.uk/portal/files/58547219/Horner_and_Hulme_2017_Converging_divergence_unpacking_the_new_geography_of_global_development.pdf.

Ischinger, Wolfgang/Messner, Dirk (Hrsg.) (2017): Deutschlands neue Verantwortung: Die Zukunft der deutschen und europäischen Außen-, Entwicklungs- und Sicherheitspolitik. Berlin.

Janus, Heiner/Klingebiel, Stephan/ Paulo, Sebastian (2014): „Beyond aid: a conceptual perspective on the transformation of development cooperation". In: Journal of International Development, 27, S. 155–169.

Klingebiel, Stephan/Mahn, Timo Casjen/Negre, Mario (Hrsg.) (2016): The fragmentation of aid: concepts, measurements and implications for development cooperation. Basingstoke, UK.

Klingebiel, Stephan (2017): „Entwicklungsforschung und entwicklungspolitische Kooperationsansätze: von der Notwendigkeit eines neuen Designs". In: Zeitschrift für Außen- und Sicherheitspolitik 10 (42), S. 1–16.

Nuscheler, Franz (2008), Die umstrittene Wirksamkeit der Entwicklungszusammenarbeit. In: INEF-Report 93/2008. Duisburg.

Nuscheler, Franz/Michèle Roth, Michèle (2006): „Einleitung". In: dies. (Hrsg.), Die Millennium-Entwicklungsziele, Entwicklungspolitischer Königsweg oder ein Irrweg? Bonn.

OECD [Organisation for Economic Co-operation and Development] (2010): Perspectives on global development 2010. Shifting wealth. Paris.

Paulo, Sebastian (2014): International cooperation and development. A conceptual overview. Bonn.

Qian, Nancy (2015): „Making progress on foreign aid". In: Annual Review of Economics, 7 (1), S. 277–308.

Sedemund, Jens (2014): An outlook on ODA graduation in the post-2015 era. External financing for development. Paris.

UNDP [United Nations Development Programme] (2013): Bericht über die menschliche Entwicklung 2013. Der Aufstieg des Südens. Menschlicher Fortschritt in einer ungleichen Welt. Berlin/New York.

Yanguas, Pablo (2018): Why we lie about aid: development and the messy politics of change. London.

Ist Entwicklungszusammenarbeit noch zeitgemäß?

Katja Hilser/Hartmut Sangmeister

Die kritische Frage, ob Entwicklungszusammenarbeit (EZ) noch zeitgemäß sei, ist fast so alt, wie die „Entwicklungshilfe" – so die anfängliche, aber als politisch nicht mehr korrekt geltende Bezeichnung für das, was seit einiger Zeit euphemistisch „Entwicklungszusammenarbeit" genannt wird. Zweifel an der EZ wurden schon seit langem vielfach geäußert, unter Überschriften wie „Tödliche Hilfe. Bericht von meiner letzten Dienstreise in Sachen Entwicklungshilfe" (Erler 1985), „Does Aid Work?" (Cassen and Associates 1986), „The Lords of Poverty. The Free-wheeling Lifestyles. Power, Prestige and Corruption of the the Multi-billion Dollar Aid Business" (Hancock 1989), „Hilft die Entwicklungshilfe langfristig?" (Stockmann/Gaebe 1993), „Ist Entwicklungshilfe noch zeitgemäß?" (Sangmeister 1997) oder „Why the West's Efforts to Aid the Rest Have Done so Much Ill and so Little Good" (Easterly 2006). Bereits 1995 hat der Wissenschaftliche Beirat beim Bundesministerium für wirtschaftliche Zusammenarbeit und Entwicklung (BMZ) darauf hingewiesen, dass dort, wo die Rahmenbedingungen für Entwicklung gegeben seien, diese auch stattfände; wo diese Rahmenbedingungen fehlten und EZ auch nicht in der Lage sei, auf die Verbesserung der Rahmenbedingungen hinzuwirken, sei sie ineffektiv und überflüssig (BMZ 1995). Ohnehin ließe sich argumentieren, dass effektive EZ sich nach angemessener Zeit selbst überflüssig machen müsse.

Tatsächlich ist die Zahl der *Low Income Countries* (LICs) seit Jahren rückläufig, der Staaten mit geringem Pro-Kopf-Einkommen, die traditionell die wichtigste Empfängergruppe von *Official Development Assistance* (ODA) bildeten, der öffentlichen EZ der Geberstaaten, die im *Development Assistance Committee* (DAC) der *Organisation for Economic Cooperation and Development* (OECD) zusammengeschlossen sind. 2018 klassifizierte die World Bank nur noch 34 Staaten mit einem jährlichen Pro-Kopf-Einkommen von 995 US-Dollar oder weniger als LICs. Mit dem wirtschaftlichen Aufstieg zahlreicher Entwicklungs- und Schwellenländer während der zurückliegenden Dekaden sind Millionen Menschen der Armut entkommen, und vor allem in Teilen Asiens hat sich eine kaufkräftige Mittelschicht herausgebildet. 2017 betrug der Anteil Asiens (ohne Japan) an dem globalen (Brutto-)Geldvermögen knapp 21 Prozent (Brandmeir et al. 2018: 24). Für die Mehrzahl der über hundert *Middle Income Countries* (MICs) sind *Foreign Direct Investments* (FDI) die wichtigste externe Finanzierungform ihrer internen Entwicklungsprozesse geworden; für die meisten dieser Länder sind ODA-Zuflüsse im Rahmen der internationalen EZ vernachlässigbar.

Vor allem in Asien und Lateinamerika ist die Zahl der Länder deutlich gesunken, die auf EZ und den damit verbundenen Zufluss externer Ressourcen angewiesen sind. Ohnehin werden Grundsätze der westlichen EZ und der damit verbundene Wertekanon des Westens in Teilen der Welt offen abgelehnt – eine frustrierende Erfahrung, die berufliche EZ-Expertinnen und -Experten an ihren Einsatzorten machen müssen. Inzwischen droht auch den *United Nations* (UN) erheblicher Bedeutungsverlust als Impulsgeber für konsensfähige Ziele der internationalen EZ. Von der UN wurden seit der Ersten Entwicklungsdekade (1961–1970) bis zur Vierten Entwicklungsdekade (1991–2000) Ziele der Entwicklungspolitik formuliert, auf die zu erreichen sich die Geberländer verständigten. Mit der im Jahr 2000 von der Generalversammlung der UN verabschiedeten *Millennium Declaration* verpflichteten sich Industrie- und Entwicklungsländer gemeinsam auf die *Millennium Development Goals* (MDGs), denen ab 2016 die 17 *Sustainable Development Goals* (SDGs) zur Gewährleistung einer nachhaltigen Entwicklung bis zum Jahr 2030 folgten. Zwar waren diese Zielvorgaben völkerrechtlich nie verbindlich, und häufig lag ihnen nicht mehr als ein „dissensueller Konsens" (Paul Ricœur) der Staatengemeinschaft zugrunde. Aber für die internationale Zusammenarbeit war die UN als institutionalisiertes Forum der Konsensfindung lange Zeit unersetzlich. Diese wichtige Funktion der UN wird durch die destruktive, regelverletzende und isolationistische Politik von US-Präsident Donald Trump nachhaltig beschädigt. In seiner Rede vor der US-Generalversammlung im September 2018 machte Trump deutlich, dass er die EZ der USA für ein schlechtes Geschäft halte, bei dem sein Land viel gäbe, aber nur von wenigen etwas erhalte; künftig würden Mittel der staatlichen Entwicklungsagentur USAID nur noch diejenigen Länder erhalten, welche die USA respektieren und Freunde seien (Igoe 2018).

Zweifel an der Sinnhaftigkeit der EZ

Die Sinnhaftigkeit der EZ in ihrer bisherigen Form und Ausrichtung wird auch in Deutschland zunehmend (selbst-)kritisch in Frage gestellt, wenn auch aus anderen Gründen als die von Präsident Trump vorgebrachten.

Auf allen Ebenen der EZ, selbst auf der operativen Ebene der Durchführungsinstitutionen, bestehen Zweifel: Sind Ziele, Strukturen und Instrumente noch angemessen? Macht es überhaupt noch Sinn, sich dafür zu engagieren?

Die traditionelle EZ, wie sie in Form der ODA-Zahlungen von den DAC-Geberländern geleistet wurde, war ein Ressourcentransfer von Regierungen im globalen Norden zu Regierungen im globalen Süden, mit einem jährlichen Volumen von mehr als 100 Milliarden US-Dollar.[1] Es fehlte nie an Stimmen, auch aus Empfängerländern, die diesen Ressourcentransfer als wirkungslos bezeichneten, und die der EZ vorwarfen, zu einer Kultur von Korruption und Abhängigkeit geführt sowie die Persistenz von Armut befördert zu haben (Shikwati 2006; Moyo 2009). Daneben wird darauf hingewiesen, dass sich eine zunehmende Anzahl von Entwicklungsländern vom Transfer öffentlicher Zahlungen aus dem globalen Norden unabhängig gemacht habe, da ihre Wirtschaftskraft mittlerweile dafür ausreichend sei, Investitionen in Bildung, Gesundheit oder Infrastruktur aus eigener Kraft zu finanzieren. Einige dieser ursprünglichen Empfängerländer von ODA treten inzwischen selbst als Geber auf, wie Brasilien, China oder Indien (Sangmeister/Schönstedt 2010, 144 f.; Sangmeister 2012; Ghose 2013). Allerdings betrachten diese *new donors* die DAC-Grundsätze und -Kriterien nicht als verbindlich; sie praktizieren neue Formen der EZ und verknüpfen, anders als die „alten" DAC-Geberländer, ihre EZ-Angebote nicht mit normativen Forderungen an die Staaten, mit denen sie bilaterale Zusammenarbeit betreiben. Zudem steigt die Zahl der Akteure in der internationalen EZ, die mit Entwicklungsländern kooperieren. Neben den neuen Gebern sowie den traditionellen bi- und multilateralen Entwicklungsorganisationen, agieren in der öffentlichen EZ einzelne Ministerien, Länder und Kommunen; hinzu kommen private Unternehmen, Nichtregierungsorganisationen, kirchliche oder philanthropische Stiftungen, so dass sich das Akteursfeld in der internationalen Zusammenarbeit vielfältiger, aber auch unübersichtlicher gestaltet. Gleichzeitig gewinnen im Vergleich zu der „klassischen" ODA andere monetäre Ressourcen und innovative Instrumente für die Entwicklungsfinanzierung an Bedeutung: Steigende eigene Steuereinkünfte, *Foreign Direct Investments* (FDI) oder *Remittances* von Migrantinnen und Migranten (Wälde 2013; Janus/Klingebiel/Paulo 2014).

---

[1] 2017 betrug die Netto-ODA aller DAC-Geberländer 146,6 Mrd. US-Dollar. Http://www.bmz.de/de/ministerium/zahlen_fakten/oda/geber/index.html; Zugriff: 30.09.2018.

Veränderte Rahmenbedingungen

Die weltpolitischen und weltwirtschaftlichen Rahmenbedingungen, unter denen internationale EZ stattfindet, haben sich im 21. Jahrhundert gegenüber früheren Entwicklungsdekaden stark verändert, und die inhaltlichen Anforderungen an die EZ sind erheblich gestiegen. EZ im 21. Jahrhundert soll nicht nur dazu beitragen, Armut und Hunger zu überwinden, sondern sie ist gefordert, substanzielle Beiträge zur Lösung vielfältiger globaler Herausforderungen leisten. Dazu zählen Sicherheitskonflikte, staatliche Fragilität, terroristische Bedrohungen, Nahrungsmittelkrisen, Bevölkerungswachstum, Urbanisierung, Ressourcenknappheit, Klimawandel, Umweltzerstörung oder Flucht und Migration (Krempin 2012: 28–30).

Für die deutsche EZ war bereits 1998 in dem Koalitionsvertrag der SPD-Grünen-Regierung Entwicklungspolitik als globale Strukturpolitik definiert, mit dem Ziel „eine gerechtere, friedlichere und ökologisch zukunftsfähige Welt" zu schaffen. Dieser Anspruch, Entwicklungspolitik mit globaler Strukturpolitik zu verknüpfen und in einem größeren politischen Zusammenhang zu verorten, prägt bis heute das Selbstverständnis der deutschen Entwicklungspolitik (Grävingholt 2016: 39–41). Das Bundesministerium für wirtschaftliche Zusammenarbeit und Entwicklung (BMZ) definierte 2011 Entwicklungspolitik in seinem entwicklungspolitischen Konzept „Chancen schaffen – Zukunft entwickeln" als Zukunftspolitik, die Lösungen für die globalen Herausforderungen des 21. Jahrhunderts anbieten muss (BMZ 2011). Auf internationaler Ebene schlug sich dieses erweiterte Verständnis von EZ in der 2015 verabschiedeten Agenda 2030 mit ihren 17 SDGs nieder. Diese Zielvorgabe ist die Transformation hin zu einer Welt, in der jeder ökologisch verträglich, sozial gerecht und wirtschaftlich leistungsfähig handelt.

Das entwicklungspolitische Instrumentarium der deutschen EZ umfasst heutzutage weitaus mehr als die klassische bilaterale Kooperation im Rahmen der Technischen Zusammenarbeit (TZ) oder der Finanziellen Zusammenarbeit (FZ). Zu den vielfältigen neuen Instrumenten, die in den letzten Jahren zu festen Bestandteilen der deutschen EZ geworden sind, gehören beispielsweise die Beratung umfangreicher sektoraler Reformvorhaben in Partnerländern, die gebergemeinschaftliche Finanzierung deren Haushalte in Form von Allgemeiner Budgethilfe (*General Budget Support*/GBS) oder Sektorbudgethilfe (*Sectoral Budget Support*/SBS), die Unterstützung von Partnerländern bei internationalen Verhandlungsprozessen, etwa im Rahmen der World Trade Organization (WTO) oder bei der Umsetzung international vereinbarter Normen, wie Menschenrechtskonventionen, Umweltschutz- oder Arbeitsnormen (Grävingholt 2016: 40). Auch sogenannte Dialog- und Vernetzungsdienstleistungen im Rahmen von *Knowledge Sharing* spielen in der deutschen EZ eine immer größere Rolle, mit dem Ziel, Interessen auszuhandeln, gemeinsame Ziele auszuformulieren und zu erreichen sowie sich gegenseitig auszutauschen und voneinander zu lernen (Krempin 2013: 38). Sprachlich spiegelt sich diese Erweiterung der entwicklungspolitischen Instrumente und Formen darin wieder, dass heute häufiger von Internationaler Zusammenarbeit die Rede ist, und nicht mehr von EZ oder gar von Entwicklungshilfe.

Wie kaum ein anderes Politikfeld muss sich die EZ beständig an veränderte globale Herausforderungen anpassen, und sie muss sich ändern und verbessern, um zeitgemäß zu sein (Sangmeister 2013). Die deutsche Entwicklungspolitik hat in den vergangenen Entwicklungsdekaden mit der Differenzierung ihrer Konzepte und Angebote Veränderungswillen sowie eine gewisse Anpassungsfähigkeit an veränderte globale Rahmenbedingungen demonstriert, wenngleich auch nicht immer in erforderlichem Maße. Von Politik und Öffentlichkeit wird die EZ allerdings immer wieder mit unangemessenen Anforderungen und unrealistischen Erwartungen an ihre möglichen Wirkungen konfrontiert. EZ soll weltweit Armut und Hunger bekämpfen, zur Lösung dringender Umweltprobleme beitragen, gegen die Benachteiligung von Frauen und Mädchen angehen, das Bevölkerungswachstums eindämmen, präventiv Krisen in fragilen Staaten verhindern sowie – seit dem Jahr 2015 – Fluchtursachen bekämpfen und Flüchtlingszahlen reduzieren.

Der starke Zustrom von Geflüchteten und Migranten nach Europa hat in der Wahrnehmung von Politik und Öffentlichkeit zu einer deutlichen Aufwertung der Rolle der deutschen Entwicklungspolitik geführt. Eine Folge war die deutliche Erhöhung der finanziellen Mittel für das BMZ, für das Auswärtigen Amt sowie die EU. Eine weitere Folge war die starke Umschichtung öffentlicher EZ-Mittel zugunsten der Staaten des Mittleren Ostens und Nordafrikas, der MENA-Region, sowie anderer afrikanischer Länder. Hingegen stagnierten die EZ-Mittel für Länder in Asien und Lateinamerika oder waren sogar rückläufig, obwohl auch in diesen Weltregionen internationale Zusammenarbeit zur Lösung vielfältiger Entwicklungsprobleme beitragen könnte. Hinter dem massiven Zuwachs der EZ-Mittel für Staaten im Nahen und Mittleren Osten sowie in Afrika steht die Erwartung von Politik und Öffentlichkeit, mittels EZ wirkungsvoll „Fluchtursachenbekämpfung" betreiben zu können, oder zumindest durch EZ zu einem Rückgang der Flüchtlingszahlen beizutragen. Die bisherigen Initiativen zur „Fluchtursachenbekämpfung" befördern möglicherweise jedoch nur die Illusion, Deutschland und Europa von den globalen Migrationsströmen auf Dauer abschotten zu können, indem die Verantwortung für das „Migrationsmanagement" auf problematische Drittstaaten wie Libyen oder Somalia abgeschoben wird (Deutscher 2017: 54). Zumindest hat die „Flüchtlingskrise" die deutsche Entwicklungspolitik insofern verändert, als der Einfluss innen-, außen- und sicherheitspolitischer Erwägungen auf Prioritäten und Gestaltung der EZ deutlich stärker geworden ist (Krempin 2017: 45–46).

Workshop „Ist EZ noch zeitgemäß?"

Der Frage, ob EZ noch zeitgemäß ist, diskutierten rund 20 Teilnehmende des Seminars „Die Entwicklungszusammenarbeit der Zukunft" in einem der Workshops. Ausgangspunkt dieses Workshops war die These, dass EZ zeitgemäß sei, wenn sie zur Lösung der wesentlichen globalen Herausforderungen des 21. Jahrhunderts einen Beitrag leistet. Daraufhin sammelten und kategorisierten die Teilnehmenden die für sie wesentlichen globalen Herausforderungen. Viele der Teilnehmenden nannten hierzu ökologische Probleme, wie den Erhalt der natürlichen Lebensgrundlagen oder die Eindämmung des Klimawandels und die Bekämpfung seiner Folgen. Eng damit in Verbindung standen Themen, wie die weltweite demographische Entwicklung und das Schwinden natürlicher Ressourcen, wie Trinkwasser oder Boden. Neben den ökologischen Herausforderungen nannten die Teilnehmenden zahlreiche ökonomische und politische Aspekte, wie die Gestaltung des Welthandels, nachhaltiges Wirtschaften, die Verteilung von Gütern, politische Teilhabe, verantwortungsvolle Regierungsführung, die weltweite Umsetzung der Menschenrechte oder der Umgang mit nationalen und internationalen Konflikten, autoritären Regimen und Extremismus. Auch die Wahrung der nationalen und persönlichen Sicherheit wurde von einigen Teilnehmenden als die wesentlichen Herausforderungen des 21. Jahrhunderts bezeichnet. Daneben wurden sehr gehäuft grundsätzliche soziale Aspekte genannt, wie der Umgang mit den Auswüchsen der Globalisierung, soziale Grundsicherung, Gerechtigkeit, Gleichberechtigung, Gleichheit, Dialog, Fairness, Zusammenhalt und Verantwortung.

Daran anschließend diskutierten die Teilnehmenden, welche der Herausforderungen im Fokus der deutschen EZ stehen. Es bestand weitgehend Konsens, dass die deutsche EZ viele der genannten Herausforderungen adressiert oder als Querschnittthema behandelt. Mitunter wurden der deutschen EZ auch wirkungsvolle Beiträge bescheinigt, bspw.

im Umweltschutz oder im Bereich der Bildung. Viele der Teilnehmenden kritisierten jedoch, dass die westlichen Gesellschaften und die Durchführungsorganisationen der EZ in weiten Teilen noch immer das alte Nord-Süd-Schema verinnerlicht hätten, die Verantwortung des globalen Nordens zu wenig anerkennten und die Agenda 2030 dort nicht konsequent umgesetzt werde. Auch im Rahmen der deutschen EZ seien Themen, wie eine gerechte und soziale Gestaltung des Welthandels und der Globalisierung, Aspekte von Gerechtigkeit, Gleichheit, Dialog, Fairness, Zusammenhalt und Verantwortung, zu wenig berücksichtigt.

Von dieser Kritik ausgehend, wurde eine kontroverse Diskussion geführt, welche Anpassungen notwendig sind, damit die EZ einen stärkeren Beitrag zur Lösung dieser Herausforderungen leistet. Die Teilnehmenden bewerteten es positiv, dass mit der Agenda 2030 und den Zielen für Nachhaltige Entwicklung ein universelles Regelwerk geschaffen wurde, welches die intergesellschaftliche Ungleichheit, den Dialog und die Verantwortung aller Länder stärker in den Mittelpunkt rückt. Von der EZ forderten sie, dass diese sich im Kontext der Agenda 2030 stärker auf die am wenigsten entwickelten Länder konzentrieren müsse, da gerade diese Ländergruppe ohne externe Unterstützung die SDGs nicht erreichen könne. Des Weiteren forderten sie, dass die Geberländer ihre ökonomischen oder politischen Eigeninteressen stärker zurückstellen sollten, die nach Meinung der Teilnehmenden in der jüngsten Vergangenheit vor dem Hintergrund der Migrations- und Fluchtströme nach Europa unter vielen westlichen Gebern an immenser Bedeutung gewonnen hätten. Die Umsetzung des in der Agenda 2030 geforderten Transformationsprozess hin zu einer nachhaltigen, vorsorgeorientierten und auf Suffizienz und Effizienz gerichteten Wirtschaftsweise sahen sie jedoch als nicht erfolgversprechend an, da viel zu wenig darauf hindeute, dass die westlichen Geber und viele der Schwellenländer den SDGs in allen Politikbereichen politische Priorität einräumen und ihre Verantwortung für eine nachhaltige Entwicklung wahrnehmen.

EZ muss ihre Gestaltungsmöglichkeiten und -grenzen verdeutlichen

Vor dem Hintergrund der häufigen Kritik an vermeintlich fehlenden oder unzureichenden Belegen für Wirkung und Nutzen von EZ verwundert es, dass von der EZ dennoch immer wieder gefordert wird, entscheidende Beiträge zur Überwindung wesentlicher Entwicklungsengpässe in vielen

Teilen der Welt und zur Bewältigung globaler Herausforderungen zu leisten. Dabei wird jedoch vergessen, dass Einfluss- und Wirkungsmöglichkeiten von EZ begrenzt sind. Zudem muss Entwicklungspolitik neben und mit der Außen-, Handels-, Finanz-, Agrar- oder Umweltpolitik agieren. Mit den unterschiedlichen und bisweilen konkurrierenden Interessen dieser Politikfelder steht Entwicklungspolitik gegebenenfalls nicht nur in Konflikt, sondern die Wirkungen der EZ werden mitunter von den intendierten und nicht-intendierten Wirkungen der anderen Politikfelder konterkariert. Zum anderen sind die finanziellen Ressourcen begrenzt, die für EZ bereitgestellt werden. Im Vergleich zu den meisten anderen Politikfeldern ist die Höhe der Mittel um ein Vielfaches geringer, die weltweit in Form von ODA aufgewendet werden. Die meisten OECD-DAC-Geber, darunter auch Deutschland, verfehlen das seit 1972 geltende Ziel, 0,7 Prozent des Bruttonationaleinkommens (BNE) für ODA einzusetzen.[2] Ohnehin werden zu den *donor efforts*, den ODA-Mitteln eines Landes, beispielsweise auch Kosten für die Unterbringung von Geflüchteten oder die Studienplatzkosten für Studierende aus Entwicklungsländern hinzugerechnet; bei solchen Aufwendungen ist es aber durchaus fraglich, inwieweit sie einen Beitrag zu dem ODA-Ziel leisten, die wirtschaftliche oder soziale Entwicklung der Partnerländer zu fördern. Allerdings sagt die Höhe der ODA-Quote eines Landes nichts darüber aus, wie effektiv und effizient die EZ-Mittel eingesetzt wurden. Nicht die Höhe der finanziellen Aufwendungen für EZ ist entscheidend, sondern maßgeblich sind die positiven Wirkungen, die damit für die Zielgruppen der EZ-Programme und -Projekte erreicht wurden.

Kritische Überlegungen und berechtigte Einwände machen EZ nicht überflüssig. EZ muss mit ihren bewährten Instrumenten und evaluierten Wirkungsmechanismen auch nicht völlig neu erfunden werden (Easterly 2008). Selbst das traditionelle EZ-Modell – der Ressourcentransfer von Nord nach Süd mit dem expliziten Hauptziel der Armutsreduzierung – wird weiterhin Bestand haben müssen, auch wenn die Anzahl an Ländern sinkt, für die aufgrund ihrer Armut und Fragilität öffentliche Ressourcen von außen unverzichtbar sind. Im globalen Kontext ist die EZ gefordert, zu der Umsetzung der UN-Agenda 2030 beizutragen; denn mit der Agenda 2030 wurde ein Fahrplan für alle Staaten dieser Welt geschaffen, der

---

2   Mit Netto-ODA-Leistungen in Höhe von 24,7 Mrd. US-Dollar im Jahr 2017 erreichte die ODA-Quote Deutschlands 0,66 Prozent des BNE; Deutschland war damit der zweitgrößte ODA-Geber, nach den USA (35,3 Mrd. US-Dollar), deren ODA-Quote auf 0,18 Prozent des BNE sank. http://www.bmz.de/de/ministerium/zahlen_fakten/oda/geber/index.html. Zugriff: 30.09.2018.

das klassische Nord-Süd-Denken überwindet und das Ziel einer weltweit nachhaltigen Entwicklung in den Mittelpunkt rückt. Solange die EZ jedoch innenpolitischen Konjunkturen unterworfen wird, sie ihre Gestaltungsmöglichkeiten und -grenzen nicht transparent darstellt und kommuniziert sowie nicht verdeutlicht, dass ihre Maßnahmen überwiegend langfristig und auf nachhaltige Wirkungen angelegt sind, ist sie nicht zeitgemäß.

Literatur

BMZ [Bundesministerium für wirtschaftliche Zusammenarbeit und Entwicklung] (1995): BMZ-Aktuell, Nr. 54. Bonn: BMZ.

BMZ [Bundesministerium für wirtschaftliche Zusammenarbeit und Entwicklung] (2011): Chancen schaffen – Zukunft entwickeln. Bonn: BMZ.

Brandmeir, Kathrin et al. (2018): Allianz Global Wealth Report 2018. München: Allianz SE Economic Research.

Cassen, Robert & Associates (1986): Does Aid Work? Report to an Intergovernmental Task Force. Oxford: Clarendon Press.

Deutscher, Eckhard (2017): „Europäisierung der Entwicklungszusammenarbeit – Illusion oder Notwendigkeit?". In: Sangmeister, Hartmut/Wagner, Heike (Hrsg.), Verändert die europäische Flüchtlingskrise die Entwicklungszusammenarbeit? (= Weltwirtschaft und internationale Zusammenarbeit, 19). Baden-Baden: Nomos, S. 49–55.

Easterly, William (2006): The White Man's Burden: Why the West's Efforts to Aid the Rest Have Done so Much Ill and so Little Good. New York: NYU Development Research Institute.

Easterly, William (Hrsg.) (2008): Reinventing Foreign Aid. Cambridge/MA: MIT Press.

Erler, Brigitte (1985): Tödliche Hilfe. Bericht von meiner letzten Dienstreise in Sachen Entwicklungshilfe. Freiburg i. Br.: Dreisam-Verlag.

Ghose, Udoy M. (2013): „India as an Emerging Donor: Rhetoric and Reality". In: Öhlschläger, Rainer/Sangmeister, Hartmut (Hrsg.): Von der Entwicklungshilfe zur internationalen Zusammenarbeit (= Weltwirtschaft und internationale Zusammenarbeit, 12). Baden-Baden: Nomos, S. 63–73.

Grävingholt, Jörn (2016): „Entwicklungspolitik im Gefüge einer ‚neuen deutschen Außenpolitik'". In: Aus Politik und Zeitgeschichte (APuZ), B 28–29, S. 38–43.

Hancock, Graham (1989): The Lords of Poverty. The Free-wheeling Lifestyles. Power, Prestige and Corruption of the of the Multi-billion Dollar Aid Business. London: Macmillan.

Igoe, Michael (2018): In Trump's US aid review, can development principles prevail? Https://www.devex.com/news/in-trump-s-us-aid-review-can-development-principles-prevail-93530 (Letzter Zugriff: 28.09.2018).

Janus, Heiner/Klingebiel, Stephan/Paulo, Sebastian (2014): „Beyond Aid" und die Zukunft der Entwicklungszusammenarbeit (= Analysen und Stellungnahmen, 7). Bonn: Deutsches Institut für Entwicklungspolitik.

Krempin, Michael (2012): „Globale Entwicklungen im 21. Jahrhundert und ihre Auswirkungen auf die deutsche Technische Zusammenarbeit". In: Öhlschläger, Rainer/Sangmeister, Hartmut (Hrsg.): Neue Formen und Instrumente der Entwicklungszusammenarbeit. Baden-Baden: Nomos, S. 27–39.

Krempin, Michael (2013): „Von der Entwicklungshilfe zur internationalen Zusammenarbeit". In: Öhlschläger, Rainer/Sangmeister, Hartmut (Hrsg.): Von der Entwicklungshilfe zur internationalen Zusammenarbeit. Baden–Baden: Nomos, S. 35–48.

Krempin, Micheal (2017): „Verändert die europäische Flüchtlingskrise die Arbeit der GIZ?". In: Sangmeister, Hartmut/Wagner, Heike (Hrsg.): Verändert die europäische Flüchtlingskrise die Entwicklungszusammenarbeit. Baden-Baden: Nomos, S. 37–48.

Moyo, Dambisa (2009): Dead aid: why aid is no working and how there is another way for Africa. London: Pengiun Books.

Sangmeister, Hartmut (1997): „Ist Entwicklungshilfe noch zeitgemäß?". In: Aus Politik und Zeitgeschichte (APuZ), B 9, S. 3–11.

Sangmeister, Hartmut (2012): „Pekinger Package Deals: die Entwicklungszusammenarbeit der Volksrepublik China". In: Öhlschläger, Rainer/Sangmeister, Hartmut (Hrsg.): Neue Formen und Instrumente der Entwicklungszusammenarbeit (= Weltwirtschaft und internationale Zusammenarbeit, 11). Baden-Baden: Nomos, S. 171–185.

Sangmeister, Hartmut (2013): „Anpassen, ergänzen, verbessern: Entwicklungszusammenarbeit muss sich fortlaufend verändern". In: Öhlschläger, Rainer/Sangmeister, Hartmut (Hrsg.): Von der Entwicklungshilfe zur internationalen Zusammenarbeit (= Weltwirtschaft und internationale Zusammenarbeit, 12). Baden-Baden: Nomos, S. 17–22.

Sangmeister, Hartmut/Schönstedt, Alexa (2010): Entwicklungszusammenarbeit im 21. Jahrhundert. Ein Überblick (= Weltwirtschaft und internationale Zusammenarbeit, 8). Baden-Baden: Nomos.

Shikwati, James (2006). „Fehlentwicklungshilfe". In: Internationale Politik, 61 Jg., Nr. 4, S. 6–15.

Stockmann, Reinhard/Gaebe, Wolf (Hrsg.) (1993): Hilft die Entwicklungshilfe langfristig? Opladen: Westdeutscher Verlag.

Wälde, Heike (2013): „Überblick über neuere ‚innovative' Instrumente zur internationalen Entwicklungsfinanzierung". In: Öhlschläger, Rainer/Sangmeister, Hartmut (Hrsg.): Von der Entwicklungshilfe zur internationalen Zusammenarbeit (= Weltwirtschaft und internationale Zusammenarbeit, 12). Baden-Baden: Nomos, S. 187–200.

Wirtschaftliche Zusammenarbeit und Entwicklung: Herausforderungen der Zukunft

Michael Theurer

Wir befinden uns derzeit in einer weltgeschichtlichen Umbruchphase. In ganz Europa sind Demokraten unter Druck, die offene Gesellschaft und der liberale Rechtsstaat als Modell des Zusammenlebens nicht mehr unumstritten. In den USA leitet Präsident Donald J. Trump mit seiner America First Politik möglicherweise das Ende des Multilateralismus ein. Der russische Präsident führt kaum verhohlen Krieg an Europas Grenzen und unterstreicht, was er meinte, als er den Zusammenbruch des Sowjetimperiums als größte geopolitische Katastrophe des 20. Jahrhunderts bezeichnete. Präsident Xi Jinping in China hat die Doktrin der Zurückhaltung aufgegeben und setzt offensiv chinesische Interessen in Asien und Afrika um. Gleichzeitig wird den Menschen in Europa durch den zunehmenden Migrationsdruck zunehmend bewusst, dass uns die Probleme und Krisen der Menschen in den umliegenden Ländern durchaus etwas angehen.

Zunächst muss sich Politik ehrlich machen. Selbstverständlich geht es neben der sogenannten genuinen Entwicklungspolitik – also der wohltätigen Armutsbekämpfung – auch um legitime geopolitische und wirtschaftliche Interessen. Diese drei Ebenen können nicht völlig getrennt voneinander gedacht werden, sondern greifen ineinander. Im Idealfall greifen alle Ebenen ineinander: Durch gelungene Entwicklungszusammenarbeit wird Armut reduziert und gegenseitige Wohlstandssteigerung durch Handel befruchtet. Die Erfolge wiederum führen zu einer erhöhten Soft Power in Form von institutioneller Verzahnung, Austausch von Ideen und Kultur (Neye 1990).

In diesem Beitrag sollen Impulse gegeben werden, wie eine liberale deutsche und europäische Entwicklungspolitik im 21. Jahrhundert aussehen könnte und wie hierfür der weltweite Handel neu geordnet werden sollte. Dabei ist nicht anzunehmen, dass es den einen richtigen Ansatz oder das eine richtige Mittel gibt. Vielmehr wird auch in Zukunft ein Methodenmix sinnvoll und notwendig sein.

Entwicklungspolitik an den Zielen für nachhaltige Entwicklung ausrichten

Mit den 17 Zielen für nachhaltige Entwicklung (Sustainable Development Goals/SDG) haben die Vereinten Nationen unter dem offiziellen Titel „Transformation unserer Welt: die Agenda 2030 für nachhaltige Entwicklung" Industrie-, Schwellen- und Entwicklungsländern eine politische Agenda vorgegeben (Vereinte Nationen 2015).

Diese 17 Ziele – allen voran die Bekämpfung von Armut und Hunger – müssen weiterhin Maßstab und Leitlinie eines umfassenden Politikansatzes sein. Die Ziele und Indikatoren der SDGs bilden dabei den Rahmen für die deutsche und europäische Entwicklungszusammenarbeit.

Bei diesen Zielen sind seit 1990 bereits enorme Fortschritte zu verzeichnen. Der Anteil der Menschen in extremer Armut ist bis 2015 von 35,9 % auf 10,0 % gesunken, die absolute Anzahl von 1,895 Milliarden auf 736 Millionen. Die extreme Armut wird zunehmend zu einem Problem, das vor allem Subsahara-Afrika betrifft – hier hat die absolute Anzahl der Menschen in extremer Armut zuletzt sogar zugenommen (World Bank 2017, 2018, 2019).

Was den Hunger betrifft, sind die Fortschritte langsamer als bei der Armutsbekämpfung. Zentrale Herausforderung bleibt dabei die Ernährung im ländlichen Raum in Subsahara-Afrika (World Bank 2018; FAO 2017).

Interessant ist hier insbesondere die Debatte um die zerstörerische Wirkung von EU-Agrarexporten. Hierbei gibt es zwei zentrale Argumente: Auf der einen Seite wird von Vertretern der EU argumentiert, es gebe schon seit Jahren keine Exportsubventionen mehr, außerdem sehen schon jetzt die Wirtschaftspartnerschaftsabkommen vor, dass die afrikanischen Länder sensible Bereiche wie die Landwirtschaft durch Zölle schützen können (Malmström 2016). Auf der anderen Seite ist natürlich anzumerken, dass es reichlich egal ist, ob Exporte oder wie gegenwärtig in der EU die landwirtschaftliche Produktion allgemein subventioniert werden – die Auswirkungen sind ähnlich. Freilich sorgen niedrige Preise für importierte landwirtschaftliche Produkte auch für Zugang zu günstigen Lebensmitteln für die wachsende Stadtbevölkerung und können so dazu beitragen, den Hunger zu lindern. Bedenkt man jedoch, dass der Hunger vor allem die Landbevölkerung trifft, spricht dies in der Tendenz für eine eher negative Auswirkung der EU-Direktzahlungen auf die SDGs (Asche 2016). Nicht nur deshalb, sondern auch wegen der generellen Problematik eines solchen Markteingriffs sollten die EU-Agrarsubventionen schrittweise abgeschmolzen werden.

Ein anderer Aspekt des europäischen Zollregimes wird jedoch häufig vergessen: Während die meisten afrikanischen Staaten ihre Agrarprodukte problemlos zollfrei in die EU exportieren können, ist es bei weiterverarbeiteten Produkten wesentlich komplizierter. Wenn beispielsweise bei der Weiterverarbeitung einer westafrikanischen Kakaobohne zu Schokolade Zucker des weltweit größten Zuckerproduzenten Brasilien verwendet wird, führt das in der Regel dazu, dass die daraus resultierende Schokolade nicht mehr als Produkt des verarbeitenden Staates gewertet wird – und somit auch die Zollfreiheit entfällt. Daher wird sie unter der Hinnahme von entgangenen Entwicklungschancen in Afrika, Gesamtwohlstandsverlusten durch weniger wirksame Arbeitsteilung und teils unsinnige Lieferketten sowie höherer Verbraucherpreise andernorts produziert (Fritz 2015).

Um die Nachhaltigkeitsziele weltweit zu erreichen muss die Entwicklungszusammenarbeit wirksamer werden. Gleichzeitig sollte bei der Auswahl der Partnerländer stärker differenziert werden. Es gilt dabei, die am wenigsten entwickelten Länder in den Blick zu nehmen, vor allen Dingen auf dem Chancenkontinent Afrika. Damit in den jeweiligen Ländern die Erfolge einer Kooperation mit Deutschland spürbar werden, sollte sich die Entwicklungszusammenarbeit im Kern auf etwa 30 Partnerländer fokussieren. So kann auch der im Bundesministerium für wirtschaftliche Zusammenarbeit und Entwicklung herrschenden Projekt- und Themeninflation ein strategischer Rahmen gegeben werden. Die Länder werden in einem Dialog mit der Wirtschaft, Zivilgesellschaft und den Partnerländern ausgewählt. Die Kriterien dafür: Bedarf, Leistungsfähigkeit, Entwicklungsbereitschaft und Effizienz der Maßnahmen sowie gute Regierungsführung und Menschenrechte. Denn betrachtet man die historische Entwicklung verschiedener Wirtschaftsräume, so lässt sich feststellen, dass sowohl endogene als auch exogene Faktoren für Wachstum und Wohlstand maßgeblich sind. In den 1950er Jahren waren Kenia und Südkorea in etwa auf dem gleichen Wohlstandsniveau. Heute hingegen gehört Südkorea ganz selbstverständlich zu den Industrienationen. Neben durchsetzbaren – auch privaten – Eigentumsrechten dürfte hierfür die Beteiligung an der arbeitsteiligen Weltwirtschaft eine entscheidende Rolle gespielt haben.

In diesen 30 Partnerländern muss Deutschland dann mit einem wesentlich verstärkten finanziellen, wirtschaftlichen und diplomatischen Engagement auftreten. Je nach Größe und Wirtschaftskraft des Partnerlandes soll die deutsche Entwicklungszusammenarbeit einen landesweit messbaren Effekt auf Beschäftigung und Aufbau von Humankapital, wirtschaftliche Entwicklung und gute Regierungsführung haben. Gemeinsam mit der Zivilgesellschaft und der Wirtschaft sollen z. B. Außenhandelskammern aufgebaut werden, öffentlich-private Dialogforen entstehen und Investitionen von in- und ausländischen Unternehmen ermöglicht werden. Denn Entwicklung entsteht gerade durch den zwischenmenschlichen und den wirtschaftlichen Austausch und Dialog. In jedem Fall sollte daher der unter Bundesminister Dirk Niebel eingeschlagene Weg weitergegangen werden, Fokus auf wirtschaftliche Zusammenarbeit zu legen – und unter keinen Umständen auf Budgethilfen, welche Korruption begünstigen und nicht zielsicher wirken.

Dabei sollte jedoch eine engere Koordination der deutschen Entwicklungszusammenarbeit mit den europäischen Partnern organisiert werden. In der Vergangenheit haben die einzelnen Staaten viel zu stark ihr eigenes Süppchen gekocht – folglich gibt es aktuell in Europa effektiv 29 entwicklungspolitische Strategien. Denn neben jedem Mitgliedsstaat kommt noch die Strategie der EU hinzu. Perspektivisch sollten in diesem Bereich deutlich mehr Kompetenzen an die EU abgegeben werden. Zur anzustrebenden gemeinsamen Außen- und Sicherheitspolitik gesellt sich dann die gemeinsame Entwicklungspolitik. Die dann auf europäischer Ebene abgestimmte Außen-, Sicherheits-, Handels-, und Entwicklungspolitik wäre auch besser in der Lage, auf Krisenprävention und Konfliktbewältigung als wichtigstes Mittel zur Bekämpfung von Fluchtursachen zu achten.

Einen wesentlichen Anteil an der europäischen Entwicklungspolitik haben die öffentlichen Förderbanken wie etwa die Kreditanstalt für Wiederaufbau. Um hier effektiver wirksam zu werden, sollten die Investitionsprojekte der europäischen Förderbanken in einer gemeinsamen Europäischen Entwicklungsbank mit dem Schwerpunkt auf Afrika gebündelt werden. Hiervon ist eine verbesserte Koordinierung der Projekte ebenso zu erwarten wie Größenvorteile (Wolff 2017).

Nötig sind neue Kooperationen zur Integration der deutschen und lokalen Privatwirtschaft und Entwicklungspartnerschaften mit neuen Gebern. Die Kooperation von Politik und Wirtschaft muss endlich in einen systematischen Ansatz gefasst werden, der einen konkreten Nutzen für Unternehmen und für Entwicklungsländer erzielen kann. Freie Märkte und freier Handel verbessern auch die Chancen für KMU, sich weltweit am Welthandel zu beteiligen und führen so insgesamt zu faireren Wettbewerbsbedingungen. Deshalb sind der Dreh- und Angelpunkt liberaler Entwicklungspolitik kleine und mittelständische Unternehmen.

Neuordnung des Welthandels – Freien Handel und offene Märkte stärken

Wirtschaftliches Wachstum ist der Schlüssel für nachhaltiges Wirtschaftswachstum und damit Grundlage einer liberalen Handels- und Entwicklungspolitik. Das Ziel muss ein freier, regelbasierter und gerechter Welthandel sein, der nachhaltige Entwicklung ermöglicht.

Obwohl der internationale Handel in den vergangenen Jahrzehnten nachweislich zu Wirtschaftswachstum und verbesserten Lebensbedingungen sowohl in den Industrie- als auch Entwicklungsländern beigetragen haben, stagnieren Handelsreformen. Der Protektionismus nimmt zu. Das bestehende Misstrauen in der Bevölkerung gegenüber globalem Handel wird dabei offen von national-populistischen Parteien zur Festigung nationaler Interessen instrumentalisiert. Viele Menschen fühlen sich von der Globalisierung zurückgelassen. Zunächst muss man klarstellen: Volkswirtschaften, die sich für den internationalen Handelsverkehr geöffnet haben, weisen ein stärkeres Wirtschaftswachstum auf als jene, die eine protektionistischere Politik verfolgen. Die Öffnung führt zu erhöhter Produktivität und einem verbesserten Lebensstandard. Es ist unbestritten, dass Freihandel auch negative Auswirkungen auf Arbeitnehmerstrukturen haben kann, beispielsweise aufgrund einer wirtschaftlich bedingten Verlagerung von Produktionsstandorten. Es muss darum gehen, mögliche negative Folgen durch entsprechende Anpassungsmaßnahmen auszugleichen, so dass breite Bevölkerungsschichten von dem Aufschwung profitieren können.

Doch die Rolle der WTO als Schiedsrichterin des Welthandels gerät zunehmend unter Druck. Die USA blockiert die Benennung der Richter der WTO-Streitschlichtung und könnte damit Ende 2019 die Streitschlichtung komplett lahmlegen, obwohl sie selbst noch als Klägerin in aktuellen Fällen auftritt. Auch Indien – das ähnlich wie die USA eine relativ geringe Abhängigkeit vom Welthandel aufweist – spielt hier eine destruktive Rolle.

Damit eine gleichberechtigte Teilhabe aller Staaten am regionalen und internationalen Markt stattfinden kann, ist diese internationale Plattform jedoch weiterhin die beste Voraussetzung.

Dreh- und Angelpunkt einer neuen Handelsordnung sollte eine Stärkung des multilateralen Handelssystems und der Welthandelsorganisation (WTO) sein, weil global geltende Handelsregeln stabilisierend auf die globale Ordnung wirken und damit auch dazu beitragen, Frieden zu schaffen. Vor allem Entwicklungsländer profitieren von einem entsprechenden Ordnungsrahmen, denn ohne ein regelbasiertes, multilaterales Handelssystem, verbunden mit einem wirksamen Streitschlichtungsmechanismus, gilt im Zweifel das Recht des Stärkeren. Eine Eindämmung unfairer Handelspraktiken wie Subventionen, Dumping, Abschneiden von lebenswichtigen Lieferungen und Ausübung von Zwang sind ohne wirksame Regeln unmöglich. Die WTO als „Notar" der Übereinkünfte aller 163 Mitgliedstaaten ist Garant dafür, dass staatliche Subventionen und freihandelswidrige Praktiken begrenzt werden.

Die Erfahrung vieler Entwicklungsländer zeigt, dass Handel jedoch nur dann zur Armutsreduzierung beiträgt, wenn institutionelle Voraussetzungen, wie ein stabiler Finanzsektor, ein hohes Bildungsniveau sowie leistungsfähige, transparente und rechtsstaatliche Strukturen gegeben sind. Die Grundlagen einer liberalen Demokratie sind die Voraussetzung für wirtschaftlichen Wohlstand. Eine liberale Handels- und Entwicklungspolitik steht für eine klare und transparente Rechtsordnung, eine leistungsfähige öffentliche Verwaltung auf allen Ebenen, eine unabhängige Justiz und Maßnahmen zur Korruptionsbekämpfung.

Daher ist Gewaltenteilung, unter Einbeziehung der Bürger, Verbände und Gewerkschaften für die wirtschaftliche und kulturelle Entwicklung essentiell. Die Gewährleistung von Prinzipien der guten Regierungsführung wie Nicht-Diskriminierung, Transparenz, Rechenschaftslegung und Partizipation tragen dazu bei, dass auch arme Bevölkerungsgruppen von Handel und Wirtschaftswachstum profitieren.

Damit Entwicklungsländer ihre Handelskapazitäten stärken und wettbewerbsfähig werden können, ist der Aufbau von Humankapital essentiell. Nur so ist die Verlagerung wirtschaftlicher Aktivität hin zu weiterverarbeitenden Industrien mit höherer Produktivität möglich: Die Agenda 2030 stellt die zentrale Bedeutung von Produktivität für breitenwirksames Wachstum ins Zentrum, darüber gibt es einen globalen Konsens (Vereinte Nationen 2015). Deutschland kann hier insbesondere als Vorbild und Partner in der beruflichen Bildung stärker aktiv werden. In vielen Ländern besteht der Drang danach, bei Vorhandensein eines Bildungszugangs möglichst eine akademische Karriere einzuschlagen. Deutschland kann als Beispiel dienen, dass berufliche Bildung zu hervorragenden Karrierechancen und Verdienstmöglichkeiten führen kann. Das erfolgreiche duale System kann natürlich nicht überall eins zu eins kopiert werden, eine Orientierung daran bietet jedoch gute Chancen auch in weniger entwickelten Ländern (BMZ 2012).

Internationale Handelsstrukturen haben sich durch globale Wertschöpfungsketten und Digitalisierung grundlegend verändert. Die Ausweitung des globalen Handels und ein von Strukturwandel begleitetes Wirtschaftswachstum haben das Potenzial, Beschäftigung zu steigern und zu verbessern. Mehr produktive und menschenwürdige Beschäftigung in den

Entwicklungsländern ermöglicht gleichzeitig auch langfristige Bleibeperspektiven. Durch die Förderung von nachhaltigem und inklusivem Wirtschaftswachstum und Beschäftigung setzt Handel wichtige Voraussetzungen zur Reduzierung von Armut und der Bekämpfung von Fluchtursachen.

Viel zu wenig beachtet werden bisher die Chancen innovativer Technologien als Grundlage für inklusive, nachhaltige Entwicklung und Wachstum. Die neuen digitalen Technologien sind die treibende Kraft für eine weltweite soziale Transformation. Fehlende Internetanbindung, unzureichende informationstechnische Kenntnisse und uneinheitliche Rechtsrahmen erschweren vor allem Entwicklungsländern eine entsprechende Teilhabe. Die Möglichkeiten der Informations- und Kommunikationstechnologien für die Entwicklungspolitik – wie beispielsweise technologische Sprünge, Transparenz gegen Korruption oder digitaler Handel – werden bisher viel zu wenig beachtet.

Die Digitalisierung verändert zunehmend die Art, wie weltweit Handel betrieben wird. Die Möglichkeiten, die sich durch Innovationen, Digitalisierung und neue Technologien bieten, müssen wir für Entwicklungsländer stärker in den Fokus nehmen und fördern. Die Grundlage, damit Entwicklungsländer die Chancen dieser neuen Technologien verstärkt nutzen können und sich die digitale Kluft nicht weiter verbreitet, sind neue Partnerschaften mit der Wirtschaft. Wünschenswert wäre ein offener, barrierefreier Umgang mit innovativen Lösungen für Entwicklungsländer. In § 15 der Agenda 2030 der Vereinten Nationen wird bereits die Relevanz der Digitalisierung für die Nachhaltigkeitsziele hervorgehoben.

Deutschland sollte mit dem Ruf der Marke „Made in Germany" eine zentrale Rolle beim von vielen Entwicklungsländern geforderten Technologietransfer spielen. Dabei geht es nicht darum, historische Entwicklungen der Industrieländer nachzuvollziehen, sondern mittels „Leapfrogging" rasch Entwicklungsschritte zu überspringen und so gezielt in einigen Bereichen voll wettbewerbsfähig zu werden. Dazu ist die Förderung von Start-up-Firmen in Entwicklungsländern durch innovative Finanzierungsinstrumente nötig, ebenso wie Kooperationen zwischen Start-ups im Informations- und Kommunikationstechnik-Bereich (IKT). Wünschenswert wäre auch, bereits in der Schule Methodenkompetenz sowie technologisches und informationstechnisches Wissen zu vermitteln. Programme wie das G20-Projekt „eSkills for Girls" können hier wertvolle Unterstützung liefern.

Eine große Herausforderung ist regelmäßig die fehlende Rechtsstaatlichkeit, welche schon bei der Erfassung von Eigentumsrechten beispielsweise an Grundstücken anfängt. Dazu kommt die Unsicherheit lokaler

Währungen. Die Blockchain-Technologie ermöglicht hier neue Möglichkeiten zur Erfassung, Absicherung und Abwicklung von Transaktionen, beispielsweise für Mikrokredite oder Geldtransfers. Diese Möglichkeiten sollten in Kooperation mit neuen Partnern – etwa Fintechs oder Banken – gezielt in der Entwicklungspolitik erprobt und bei Erfolg dauerhaft eingesetzt werden.

Literatur:

Asche, Helmut (2016): Economic Partnership Agreements: Verhältnis EU – Afrika auf der Kippe, 22.11.2016, https://www.dandc.eu/de/article/die-eu-muss-die-politik-ihrer-wirtschaftspartnerschaften-mit-afrika-ueberdenken, zuletzt abgerufen 19.10.2018.

Bruns, Petra (Hrsg.) (2015): Die Post 2015-Agenda für nachhaltige Entwicklung: Eine kritisch-rationale Reflexion über ihre Auswirkungen auf die Entwicklungspolitik. Baden-Baden: Nomos.

BMZ: Bundesministerium für wirtschaftliche Zusammenarbeit und Entwicklung (2012): Berufliche Bildung in der Entwicklungszusammenarbeit, BMZ-Strategiepapier 8/2012. Berlin.

Debiel, Tobias (Hrsg.) (2018): Entwicklungspolitik in Zeiten der SDGs – Essays zum 80. Geburtstag von Franz Nuscheler. Duisburg.

FAO: Food and Agriculture Organization of the United Nations (2017): The future of food and agriculture – Trends and challenges. Rom.

Fritz, Thomas (2015): Marktzugangsprobleme für Entwicklungsländer im Agrarsektor, Forum Umwelt und Entwicklung. Bonn.

Malmström, Cecilia (2016): Food for thought: EU farming and the global opportunity, Https://ec.europa.eu/commission/commissioners/2014-2019/malmstrom/blog/food-thought-eu-farming-and-global-opportunity_en, zuletzt abgerufen 19.10.2018

Nye, Joseph (1990): „Soft Power". In: Foreign Policy, Nr. 80. Washington, D.C.

Safri: Subsahara Afrika Initiative (2017): Mehr Wirtschaft mit Afrika – Was die Politik beitragen kann! Http://www.deutsche-afrika-stiftung.de/files/safri-das_mehrwirtschaftmitafrika_2017.pdf, zuletzt abgerufen 19.10.2018.

Vereinte Nationen (2015): Transformation unserer Welt: die Agenda 2030 für nachhaltige Entwicklung. New York.

Wolff, Peter (2017): Warum wir eine europäische Entwicklungsbank brauchen, Deutsches Institut für Entwicklungspolitik (DIE). Https://www.die-gdi.de/die-aktuelle-kolumne/article/warum-wir-eine-europaeische-entwicklungsbank-brauchen/, zuletzt abgerufen 19.10.2018.

World Bank (2017): Enabling the Business of Agriculture 2017. Washington, D.C.

World Bank (2018): Poverty and Shared Prosperity 2018: Piecing Together the Poverty Puzzle. Washington, D.C.

World Bank (2019): World Development Report 2019: The Changing Nature of Work. Washington, D.C.

Herausforderungen für die zukünftige Entwicklungszusammenarbeit – eine zivilgesellschaftliche Betrachtung

Bernd Bornhorst

Die Weltlage ist Mitte der zweiten Dekade des 21. Jahrhunderts von sehr widersprüchlichen Trends und Entwicklungen geprägt. Fortschritten in der Verbesserung menschlicher Lebensverhältnisse steht die zunehmende Ungleichverteilung des Zugewinns an gesellschaftlichem Wohlstand gegenüber, verstärkte Bemühungen um eine konsistente Nachhaltigkeitspolitik gehen mit einem steigenden Druck auf die planetarischen Belastungsgrenzen einher und trotz der wachsenden Einsicht in die wechselseitige Abhängigkeit der Staaten erfahren Tendenzen zu einer engstirnigen Politik der Besitzstandswahrung und des Rückzugs auf nationale Eigeninteressen neuen Aufschwung. Die Forcierung nicht nachhaltiger Entwicklungspfade und die Beschleunigung von Fragmentierungs- und Renationalisierungsprozessen kann die Welt in eine humanitäre und ökologische Katastrophe katapultieren. Gleichzeitig nimmt die Gefahr zu, dass sich gewaltsame Konflikte in einer interdependenten Welt immer schneller zu unkontrollierbaren Flächenbränden ausweiten. Eine solche fragiler werdende Weltkonstellation erfordert mehr denn je die Stärkung und Qualifizierung der internationalen Zusammenarbeit für den Schutz der globalen Gemeinschaftsgüter und für die Überwindung von vermeidbarer menschlicher Not, von Armut, von Ausgrenzung und von Menschenrechtsverletzungen. Die zentralen Herausforderungen des 21. Jahrhunderts verlangen neben technologischen und ökonomischen Lösungen auch kulturelle und soziale Innovationen, die bei den grundlegenden Ursachen von Armut, Ausgrenzung und Diskriminierung ansetzen. Umso wichtiger wird es werden, Transformation als einen gesamtgesellschaftlichen Lern- und Verständigungsprozess zu gestalten. Und eine solche Transformation erfordert vor allem ein starkes und wirkungsvolles zivilgesellschaftliches Handeln, das für die Anliegen der grenzüberschreitenden Solidarität und des weltweiten Gemeinwohls eintritt.

1. Globale Trends

1.1 *Die soziale Kluft vertieft sich*

Die Bilanz der 2015 ausgelaufenen Millenniumsentwicklungsziele zeigt, dass die entwicklungspolitischen Anstrengungen der Staaten nicht vergeblich waren. Die Anteile der extrem Armen und der Hungernden an der Bevölkerung der Entwicklungsländer sind deutlich gesunken, der Zugang zu sozialen Basisdienstleistungen hat sich vielfach verbessert, Geschlechterparität konnte in manchen Bereichen, etwa bei der Primarbildung, annähernd erreicht werden. Diesen positiven Trends steht freilich entgegen, dass die generelle Wohlstandssteigerung in großen Teilen der Welt an den Ärmsten sowie an der Bevölkerung in den ländlichen Räumen weitgehend vorbeigegangen ist und sich damit die soziale Kluft vertieft hat. Die Verschärfung der sozialen Disparität geht nicht nur mit der wachsenden relativen Ungleichverteilung des gesellschaftlichen Wohlstands, sondern auch mit der zunehmenden Exklusion von marginalisierten Bevölkerungsgruppen einher. Diskriminierung und Ausgrenzung stellen maßgebliche Faktoren für Armut dar. Soziale Ungleichheit zwischen den Ländern und innerhalb der einzelnen Länder wird die politischen Auseinandersetzungen der nächsten Jahre bestimmen. Die strukturelle Diskriminierung und Benachteiligung von Frauen, Menschen mit Behinderungen, alten Menschen und Kindern ist nicht nur ein massiver Verstoß gegen die Menschenrechte, sondern untergräbt auch die Kohärenz und die Entwicklungspotenziale von Gesellschaften. Die Gerechtigkeit zwischen den Geschlechtern zählt ebenso wie die Inklusion aller Minderheiten und der Schutz und die Beteiligung von Kindern und Jugendlichen zum Kernbestand einer gerechten Gesellschaft.

Arme und marginalisierte Bevölkerungsgruppen sind überproportional von humanitären Krisen, Auswirkungen des Klimawandels und Umweltverschmutzung betroffen und in chronischer Weise multidimensionalen Risiken ausgesetzt. Zugleich haben sie oftmals keinen Zugang zu Hilfe und sind von den relevanten Entscheidungsprozessen meist ausgeschlossen.

1.2 *Geschlechtergerechtigkeit als Schlüssel für nachhaltige Entwicklung*

Die Gleichberechtigung von Frauen und Männern ist noch in keinem Land der Welt erreicht. Deutlicher Ausdruck dafür ist die weltweit auftretende sexualisierte und geschlechtsspezifische Gewalt. Patriarchalische Strukturen verhindern gleichberechtigte politische Teilhabe und zementieren diskriminierende Traditionen und schädliche soziale Normen. So werden Mädchen und Frauen daran gehindert, ihre Rechte wahrzunehmen und ein selbstbestimmtes Leben zu führen. International wird zunehmend anerkannt, dass Geschlechtergerechtigkeit einen wesentlichen Beitrag zur Realisierung der Menschenrechte leistet und eine grundlegende Voraussetzung für soziale Gerechtigkeit, nachhaltige ökonomische und politische Entwicklung sowie Frieden ist. Denn die strukturellen Ursachen von Armut liegen vielfach in der gezielten Diskriminierung, Ausgrenzung und Stigmatisierung von Mädchen und Frauen.

1.3 Stärkung von Global Governance zur Bewältigung der globalen Krise

Die Agenda 2030 und das Pariser Klimaabkommen haben wesentliche Grundlagen für die Stärkung des Multilateralismus gelegt, insofern die Staats- und Regierungschefs ihren politischen Willen bekundet haben, die drängendsten globalen Krisen gemeinsam anzugehen. Jedoch sind die *Global-Governance*-Strukturen, die bislang geschaffen wurden, um diese Willensbekundungen umzusetzen, noch viel zu schwach. Die Reform und Stärkung der Vereinten Nationen wird seit Jahren verschleppt, viele ihrer Programme und Sonderorganisationen sind chronisch unterfinanziert, der Einfluss der Privatwirtschaft nimmt auf intransparente Weise zu und in Bereichen wie Friedenssicherung, Handel, aber auch der globalen Gesundheit und Seuchenbekämpfung werden die Vereinten Nationen (UN) immer wieder durch neue Formen des selektiven Multilateralismus unterlaufen. Die Notwendigkeit kooperativer Ansätze wächst. Die Instrumente und Strukturen sowie deren Legitimation und Finanzierung sind jedoch weit davon entfernt, die Ansprüche einlösen zu können.

Die Schwäche der UN nutzen die Staaten, um wichtige Themen globaler Entwicklung in die „politischen Clubs" wie zum Beispiel G7 und G20 auszulagern. Als informellen und zudem kleinen Ländergruppen fehlt diesen aber die Legitimität, über die Anliegen der gesamten Staatengemeinschaft zu verhandeln. Nach wie vor haben die meisten Staaten der Welt keine Stimme und die ärmsten Entwicklungsländer sind überhaupt nicht vertreten. Deshalb müssen die Bemühungen wieder intensiviert werden, den Multilateralismus zu stärken und eine demokratisch legitimierte *Global-Governance*-Architektur unter dem Dach der UN zu schaffen.

Die Europäische Union (EU) hat bei den Verhandlungen zur Agenda 2030 eine konstruktive Rolle gespielt und mit Blick auf die globale nachhaltige Entwicklung durchaus positive Akzente gesetzt. Insgesamt wirken ihre jedoch in weiten Teilen nicht kohärenten Politiken, insbesondere die gravierenden Widersprüche zwischen Entwicklungs- und Außenwirtschafts-politik, dem übergeordneten Ziel nachhaltiger Entwicklung entgegen.

Deutschland sieht sich derzeit als Vorreiter globaler Nachhaltigkeit. Gleichzeitig behindern jedoch viele seiner Politiken die nachhaltige Entwicklung weltweit. So exportiert Deutschland weiterhin Waffen in Krisenregionen, wodurch lokale Eskalationsdynamiken angeheizt und Menschenrechte massiv verletzt werden.

Auf der Ebene vieler Nationalstaaten sowohl im globalen Norden als auch im globalen Süden erweist sich ein Mangel an „Good Governance" als ein zentrales Hindernis einer nachhaltigen Entwicklung. Unfaire Handelspraktiken, Korruption, undemokratische Strukturen, eine fehlende Entwicklungsorientierung staatlichen Handelns und gravierende Menschenrechtsverletzungen sind Ausdruck von „Bad Governance", die es zu überwinden gilt, wenn denn die globalen Ziele weltweit erreicht werden sollen.

1.4 Die planetarischen Belastungsgrenzen sind erreicht

Das Konzept einer wachstumsorientierten und ressourcenintensiven Industriezivilisation, das in Europa seinen Ausgang nahm, hat die globale Entwicklung in eine Sackgasse geführt. Dieses Entwicklungsmodell war in gewisser Hinsicht durchaus erfolgreich – letztlich aber nur für eine Minderheit der Weltbevölkerung. Da es auf der Externalisierung von Folgekosten in Raum und Zeit basiert, muss es in dem Moment an seine Grenzen stoßen, da es sich anschickt, sich zu globalisieren. Die ökologischen Belastungsgrenzen des Planeten werden überstrapaziert, in manchen Bereichen sind sie bereits unumkehrbar überschritten. Gleichzeitig hat die „nachholende Entwicklung", die viele Schwellenländer nach dem Muster der auf fossilen Ressourcen basierenden Industrialisierung vollziehen, das Versprechen, die Armut zu überwinden, nur teilweise einlösen können. Die früh industrialisierten Länder stehen vor der Herausforderung, Ressourcenverbrauch und Konsumniveau auf ein international verträgliches Maß zu reduzieren; Entwicklungs- und Schwellenländer stehen vor der Aufgabe, alternative Entwicklungspfade einzuschlagen, die die Überwindung der Armut unter Respektierung der planetarischen Grenzen ermöglichen.

Für Weltwirtschaft und Weltgesellschaft insgesamt gilt es, eine sozialökologische Transformation in die Wege zu leiten, mit dem Ziel, eine karbonisierte Ökonomie aufzubauen, die ein gutes Leben für alle ermöglicht,

ohne die natürlichen Lebensgrundlagen zukünftiger Generationen zu gefährden. Die deutsche Energiewende ist dafür ein gutes Modell, nur muss
sie konsequent umgesetzt werden.

1.5 Migration und Flucht verändern das Gesicht der Kontinente

Die weltweiten Migrationsbewegungen haben in den vergangenen Jahren
deutlich zugenommen. Weltweit leben heute mehr als 240 Millionen Menschen in einem Land, das nicht ihre ursprüngliche Heimat ist. Vor allem ist
die Zahl der Geflüchteten deutlich gestiegen und hat nunmehr mit 68,5
Millionen Menschen (Ende 2017) den höchsten Stand seit dem Zweiten
Weltkrieg erreicht. Beim größten Teil der Menschen, die auf der Flucht
sind (rund 40 Millionen), handelt es sich jedoch um Binnenvertriebene.
Sie fliehen innerhalb ihres eigenen Landes, ohne dabei internationale Landesgrenzen zu überschreiten. Neun von zehn Flüchtlingen leben in Entwicklungsländern.

Europa sieht sich derzeit durch die wachsende Zahl von Geflüchteten,
die in den Ländern der EU Zuflucht vor Gewalt, Krieg, Verfolgung und
Not suchen, in neuer Weise herausgefordert. Doch was als „Flüchtlingskrise" bezeichnet wird, ist letztlich weniger eine Krise der Zahl als vielmehr Ausdruck der Ratlosigkeit und des Versagens der europäischen Gesellschaften und ihrer PolitikerInnen, sich auf eine veränderte Weltlage
einzustellen. Der Impuls, den Zuzug von Geflüchteten und MigrantInnen
nach Europa kontrollieren und begrenzen zu wollen, dominiert das politische Handeln und die öffentliche Stimmungslage. Für dieses Anliegen
wird zunehmend auch die Entwicklungszusammenarbeit in die Pflicht genommen.

In der gegenwärtigen Debatte gerät aus dem Blick, dass Migration in
der Menschheitsgeschichte der Normalfall ist. Die Zunahme von Flucht-
und Migrationsbewegungen wird gerade in einer globalisierten Welt kein
vorübergehendes Phänomen sein, sondern die nächsten Jahrzehnte wesentlich bestimmen. Migration kann für die gesellschaftliche Entwicklung sowohl der Herkunfts- als auch der Zielländer förderlich sein, sofern dafür
adäquate gesetzliche Rahmenbedingungen vorliegen und die Menschenrechte der MigrantInnen und der Geflüchteten geschützt werden. Dabei
zeigt sich allerdings auch, dass über die in der Genfer Flüchtlingskonven-
tion hinaus benannten Fluchtgründe, die eine Schutzpflicht der Staaten
gegenüber Geflüchteten konstituieren, weitere „neue" Gründe (wie insbesondere klimabedingte Umweltveränderungen, Vertreibung aufgrund von
Infrastrukturprojekten etc.) für erzwungene Migration hinzutreten, die die

Debatte um „legitime" und „nicht legitime" Fluchtgründe als zunehmend fragwürdig erscheinen lassen. Dergleichen Unterscheidungen werden in Zukunft wohl eher in den Hintergrund treten.

Die Flüchtlingsfrage hat vielen Menschen vor Augen geführt, dass sich Europa nicht länger ignorant gegenüber den humanitären Krisen vor unseren Grenzen und in anderen Teilen der Welt verhalten kann. Gleichzeitig macht sie deutlich, auf wessen Kosten vielfach unser Lebensstil und Wirtschaftsmodell ermöglicht wird und wer die Verlierer dieser ungerecht gestalteten Globalisierung sind. Aktuelle Krisen und strukturelle Armut werden, egal wo sie sich ereignen, über kurz oder lang auch zu unserem Problem. Dessen ungeachtet gewinnen auch in unserer Gesellschaft Positionen wachsenden Zuspruch, die auf Abschottung und Besitzstandswahrung setzen. Die Flüchtlingsfrage wird zur Belastungsprobe für den Zusammenhalt und die Weltoffenheit unserer Gesellschaft sowie der Zukunft der Europäischen Union – eine Belastungsprobe, deren Ausgang letztlich auch für die zukünftigen Spielräume und den Rückhalt für eine engagierte Entwicklungs- und Außenpolitik entscheidend sein dürfte.

1.6 Die Weltwirtschaft befindet sich im Umbruch

Der wirtschaftliche Aufstieg der Schwellenländer hat zu einer erheblichen Verschiebung der Wachstumsdynamik und der Gewichte in der Weltwirtschaft geführt. Die Wachstumserfolge der Schwellenländer gründen allerdings auf einem Modell nachholender Entwicklung, das weder ökologisch noch sozial zukunftsfähig ist. Die aktuellen wirtschaftlichen Probleme führender Schwellenländer, einhergehend mit einer dramatisch ansteigenden Verschuldung vieler Schwellen- und Entwicklungsländer, erhöhen das Risiko einer neuen Weltwirtschafts- und Verschuldungskrise.

Auf der anderen Seite haben die wirtschaftlichen Tendenzen der vergangenen Jahre nicht nur zu einer Verschiebung der globalen Gewichte geführt, sondern auch die Konzentration von Geld, und damit auch Macht, in den Händen von immer weniger Menschen vorangetrieben. Weniger als 100 Privatpersonen besitzen heute genauso viel wie die ärmere Hälfte der Weltbevölkerung. Dass wir auch in Deutschland einer steigenden Kluft zwischen Arm und Reich begegnen, macht deutlich, dass Armut nicht nur ein Phänomen des globalen Südens ist, sondern quer durch die Gesellschaften geht und damit auch auf ähnliche grenzüberschreitende Ursachen zurückzuführen ist. Die Verschärfung der sozialen Kluft hat unter anderem auch mit unzureichenden Regelungen in der (internationalen) Steuer- und Finanzpolitik zu tun. Eine Begleiterscheinung dieser Tendenzen ist der wachsende Einfluss der Privatwirtschaft und privater Stiftungen auf die Agenda und auf die Gestaltung der nationalen wie der internationalen Politik. Verstärkt werden private Mittel auch für die Finanzierung öffentlicher Aufgaben, insbesondere auch der Entwicklungszusammenarbeit und der Umsetzung der Ziele für nachhaltige Entwicklung (SDGs) aufgebracht. Da sich viele Staaten durch Deregulierung der Märkte Standortvorteile erhoffen, ist die Bereitschaft, das wirtschaftliche Handeln auf soziale und ökologische Standards zu verpflichten, nach wie vor sehr schwach ausgeprägt. Entsprechend im Sande verlaufen die Bemühungen, soziale und ökologische Standards in der Welthandelsorganisation (WTO) oder in bilateralen Handelsverträgen zu verankern. Die UN-Leitprinzipien für Wirtschaft und Menschenrechte könnten ebenso wie die SDGs für einen Trendwechsel auf diesem Gebiet einen wichtigen Referenzrahmen bieten.

1.7 Gewalt und Fragilität

PolitikerInnen und Medien äußern immer wieder die Einschätzung, die Welt sei völlig aus den Fugen geraten. So unsicher wie heute sei sie nie gewesen. Hinzu kommt die Wahrnehmung, neue Konflikte könnten nicht vorhergesehen und verhindert werden. Krisenprävention sei zwar wichtig, aber selten erfolgreich. Der grenzüberschreitende Terrorismus und die Beteiligung junger Menschen aus europäischen Ländern an Anschlägen auf die eigene offene Gesellschaft verschärfen das Gefühl der Unsicherheit. Diese Verunsicherung schürt Misstrauen gegenüber Geflüchteten oder Gruppen mit anderer Religionszugehörigkeit in Deutschland. Neu ist die Intensität, mit der lokale Konflikte untereinander vernetzt sind und ganze Regionen destabilisieren. Der humanitäre Bedarf steigt objektiv: 125 Millionen Menschen sind heute auf humanitäre Hilfe angewiesen, so viele weit seit dem Ende des Zweiten Weltkriegs nicht mehr. 80 Prozent der humanitären Hilfe werden zurzeit in lang anhaltenden oder sich wiederholenden und zunehmend komplexen gewalttätigen Krisen geleistet. Die Schwächung und der Zerfall von Staaten haben sehr unterschiedliche Ursachen, interne wie externe, viele wirken langfristig. Sie führen dazu, dass selbst grundlegende Dienstleistungen nicht mehr zur Verfügung gestellt werden, Zugang zu Justiz und Schutz von Menschenrechten nicht annähernd besteht und Korruption nicht geahndet wird. In fragilen Staaten ist organisierte Zivilgesellschaft häufig bedroht und fragmentiert.

2. Neuverortung der Entwicklungspolitik

Diese globalen Herausforderungen verändern die Aufgaben und den Zuschnitt der staatlichen und multilateralen Entwicklungspolitik ebenso wie die Rolle und Strategien entwicklungspolitischer Nichtregierungsorganisationen (NRO). Es zeichnet sich eine Neuordnung der Entwicklungsarchitektur ab, die sich in einer Diversifizierung der Akteure ausdrückt. Neuen Geberstaaten wird im Zuge des Aufstiegs der Schwellenländer ebenso eine wichtige Rolle beigemessen wie Wirtschaft, Stiftungen, Wissenschaft und auch der Zivilgesellschaft.

Auch das bisherige Selbstverständnis der Entwicklungspolitik, das über fünf Entwicklungsdekaden hinweg leitend war, wird einer grundlegenden Revision unterzogen („Beyond Aid"). In den Mittelpunkt zukünftiger staatlicher Entwicklungspolitik rückt die Zusammenarbeit mit Partnerstaaten bei der gemeinsamen Lösung globaler Fragen. Die Entwicklungszusammenarbeit klassischer Prägung im Sinne eines Instruments zur Überwindung der Entwicklungsdisparitäten zwischen Nord und Süd verliert an Bedeutung, bedingt einerseits durch die Ausdifferenzierung des Südens (insbesondere den Aufstieg der Schwellenländer), zum anderen durch die Tatsache, dass neue Entwicklungsproblemlagen in den Blick genommen werden müssen. Armutsbekämpfung und die Transformation zu einer gerechteren und nachhaltigen Weltgesellschaft umfassen die gesamte Bandbreite der internationalen Zusammenarbeit.

Die veränderte Akteurslandschaft und das umfassendere Konzept von Entwicklung verändern auch das Selbstverständnis der zivilgesellschaftlichen Kooperation und die Aufgaben entwicklungspolitischer NRO. Um gemeinsam an der großen Transformation zu arbeiten, müssen sektorübergreifende Lösungsansätze verfolgt, national und international Verbündete gesucht und die lokale Zivilgesellschaft gestärkt werden. Die Erarbeitung der Agenda 2030 oder auch der Abschluss des Pariser Abkommens zeigen, dass die Bedeutung und der Einfluss der Zivilgesellschaft auf internationaler Ebene in den letzten Jahren erheblich gestiegen sind. Damit wachsen aber auch die Erwartungen. Auf nationaler Ebene zeigt sich, dass in vielen Ländern zivilgesellschaftliche Akteure durch die Projektarbeit, Lobbyarbeit und durch den Dialog mit ihren Regierungen wichtige konstruktiv-kritische Beiträge in gesamtgesellschaftlichen Entscheidungsprozessen leisten, die sehr geschätzt werden. In zahlreichen anderen Ländern lässt sich aber auch eine dramatische Gegenbewegung zum zivilgesellschaftlichen Aufbruch der vergangenen Jahrzehnte beobachten. Die Zivilgesell-

schaft gerät vielfach unter Druck, die Handlungsspielräume zivilgesellschaftlicher Organisationen werden systematisch eingeschränkt.

Hinsichtlich des internationalen Mittelzuwachses insgesamt gibt es ein
gemischtes Bild. Zwar ist die öffentliche Entwicklungszusammenarbeit
(ODA) in den letzten 15 Jahren massiv gestiegen, der Mittelaufwuchs hält
jedoch mit dem wachsenden Finanzierungsbedarf nicht Schritt. Im Zuge
der Agenda 2030 wurde die Ziellinie des seit 1970 uneingelösten Verspre-
chens, 0,7 Prozent des Bruttonationaleinkommens für ODA bereitzustel-
len, auf das Jahr 2030 verschoben. Mit der zunehmenden Praxis der Mitgliedstaaten im OECD-Ausschuss für Entwicklungshilfe (DAC), Ausgaben wie die Unterhaltskosten für Geflüchtete im Inland oder sicherheitspolitische Maßnahmen auf die ODA-Quote anzurechnen, wird diese in unzu-
lässiger Weise aufgebläht. Auch deshalb bleibt die Finanzierung weit hinter den Erfordernissen zurück. Der Finanzierungsbedarf für die weltweite
Umsetzung der SDGs wird auf fünf bis sechs Billionen US-Dollar im Jahr
geschätzt.

3.   Anforderungen an entwicklungspolitische
      Nichtregierungsorganisationen

Die dargestellten politischen Herausforderungen zeigen, wie komplex das
Umfeld ist, in dem sich NRO mit ihrer Arbeit bewegen. Während sich
NRO in der Vergangenheit auf einige Aspekte dieser Komplexität fokussieren konnten, wird zunehmend von ihnen erwartet, sich zu den vielfältigen Themen zu positionieren und ihre Arbeit daran auszurichten. Damit
steigt die Komplexität ihrer Arbeit erheblich und die Zahl der Themen, zu
denen sie aussagefähig sein müssen.

Globale Themen werden zunehmend international angegangen und die
Zivilgesellschaft wird verstärkt als wichtiger Akteur in globalen Prozessen
wahrgenommen. Die Bereitschaft vom Bundesministerium für wirtschaftliche Zusammenarbeit und Entwicklung (BMZ), EU und Vereinten Nationen, zivilgesellschaftliche Organisationen einzubinden, steigt und ist Herausforderung zugleich. Politische Entscheidungsträger in Deutschland erkennen die wichtige Funktion und Rolle der Zivilgesellschaft an. Die intensive Partizipation zivilgesellschaftlicher Akteure in Dialogprozessen,
die von staatlichen Stellen zunehmend ermöglicht wird und die im Zuge
der vielfältigen Multistakeholderprozesse steigt, birgt jedoch auch die Gefahr der Vereinnahmung. Die Agenda 2030 und die ihr zu Grunde liegende
sozialökologische Transformation sind nur weltweit und nur mit Beteili-

gung der Zivilgesellschaft realisierbar. NRO, die dazu beitragen wollen, müssen sich entsprechend verstärkt international informieren, vernetzen und agieren. Viele NRO haben jedoch nicht ausreichend Ressourcen, um sich entsprechend global zu vernetzen und sich in diese Prozesse so einzubringen, wie es notwendig wäre. Dies macht eine verstärkte Kooperation zwischen den verschiedenen NRO und ihren Dachverbänden wichtiger denn je. Gleichzeitig macht der Anspruch, die Agenda 2030 universell, und damit auch in Deutschland, umzusetzen, es zwingend erforderlich, sich mit anderen zivilgesellschaftlichen Akteuren abzusprechen und zu kooperieren. Dies stellt viele NRO in Deutschland vor die große Herausforderung, Positionen und Arbeitsansätze zu überdenken. Einerseits verlangt die Kooperation mit dem BMZ eine fachspezifische Zusammenarbeit, deren Ansprüche ständig steigen. Andererseits ist den NRO bewusst, dass kohärente Herangehensweisen danach verlangen, auch andere Politikbereiche viel stärker miteinzubeziehen, um strukturellen Ursachen von Armut sinnvoll zu begegnen. Ohne Ressourcenkonflikte ist das allerdings nicht möglich. Viele Förderer und Spender wünschen sich oft möglichst konkrete Kooperationsangebote sowie Belege über die Wirksamkeit ihrer Spenden. Das ist allerdings bei langfristigen politischen Ansätzen schwerer zu erbringen, als bei konkreter Projektarbeit. Entwicklungspolitische Notwendigkeiten, wie zum Beispiel die Verfolgung komplexer internationaler Ansätze, treffen hier auf die Methodik vieler NRO, sich bei der Finanzierung auf projektbezogene Arbeitsansätze zu stützen.

Insgesamt zeigen sich also zusehends neue Akteure und komplexere Rahmenbedingungen, die nicht nur das Umfeld sondern auch die Struktur zivilgesellschaftlicher Arbeit beeinflussen. Gleichzeitig gibt es immer mehr Möglichkeiten sich einzubringen und den internationalen Entwicklungsdiskurs zu prägen, die unbedingt genutzt werden müssen. Dementsprechend werden sich NRO in diesen Spannungsfeldern positionieren und den Anforderungen organisatorisch begegnen müssen, um weiterhin wichtige Antworten auf die entwicklungspolitischen Fragestellungen der heutigen Zeit finden zu können.

Machtstrukturen durch Partnerschaften überwinden

Philipp Keil

„Alle denken nur darüber nach, wie man die Menschheit ändern könnte, doch niemand denkt daran, sich selbst zu ändern." Leo Tolstoi (1828–1910)

Vorbemerkung

Im September 2015 wurde von den Vereinten Nationen die Agenda 2030 verabschiedet. Sie trägt den Untertitel „Die Agenda zur Transformation der Welt" und bekräftigt die Notwendigkeit eines „anderen", auf qualitative Werte ausgerichteten Wachstums und einer neuen globalen *Partnerschaft*.

Wie kann so eine globale Partnerschaft aussehen? Wie kann eine sozio-ökologische Transformation gelingen?

In der Entwicklungszusammenarbeit (EZ) spricht man in der Partnerschaftsarbeit schon seit Jahrzehnten von Begriffen wie Hilfe zur Selbsthilfe oder Partnerschaft auf Augenhöhe. Aus meiner Sicht ist die Frage der qualitativen und ehrlichen Ausgestaltung einer „echten" Partnerschaft auf Augenhöhe ein wesentlicher Schlüssel für eine zukunftsfähige Entwicklungszusammenarbeit.

Die Stiftung Entwicklungs-Zusammenarbeit Baden-Württemberg (SEZ) legt schon seit geraumer Zeit einen inhaltlichen Schwerpunkt auf die Partnerschaftsarbeit. Im Mittelpunkt stehen dabei insbesondere Partnerschaften zwischen Institutionen aus Baden-Württemberg und Institutionen aus dem globalen Süden.

Auf der Suche nach der „Transformation der Welt" muss eine echte Partnerschaft auf Augenhöhe entstehen. Dies und die Zusammenhänge rund um herrschende Machtstrukturen sollen im Folgenden aus einem ethischen Blickwinkel reflektiert und betrachtet werden.

1. Die neoliberalen Grundlagen der westlichen Welt und die deutsche Kolonialgeschichte

1.1 Die Neoliberalen Grundlagen der westlichen Welt

Im Mittelpunkt dieses Kapitels stehen die Kernannahmen des heutigen wirtschaftlichen Handelns der westlichen Welt. Ich bezeichne sie als die „Mainstreamökonomie der westlichen Welt".

Adam Smith und „the invisible hand". Adam Smith ist ein schottischer Moralphilosoph und ein Begründer der klassischen Nationalökonomie. Er wurde am 16. Juni 1723 geboren. Adam Smith ist heute insbesondere bekannt durch die Einführung des Begriffs der *„invisible hand".* Wir verstehen darunter eine gleichsam unsichtbare Hand, die im Sinne eines Naturgesetzes den Markt optimal regelt, das heißt, dass durch einen unsichtbaren Automatismus die Ressourcen in einer Volkswirtschaft optimal allokiert werden. Dieser Automatismus wird heute oft als die Begründung für die Überlegenheit einer freien Marktwirtschaft angeführt. Das Credo, „Der Markt regelt alles", wird daraus abgeleitet und so wenig Einmischung wie möglich propagiert. Überraschend erscheint dabei, dass Adam Smith die Formulierung *„invisible hand"* in einem ganz anderen Kontext gewählt hat und seine Interpretation der heutigen diametral entgegensteht. *„The invisible hand"* war zu seiner Zeit eine übliche Redensart, die ein böses Vorhaben eines Individuums beschreibt, das in der Gesellschaft zu einem gemeinsamen Guten führt. Adam Smith verwendete *„the invisible hand"* nur dreimal in seinen Schriften. Unter anderem beschreibt er damit die Neigung von Wohlhabenden, von einer unsichtbaren Hand geleitet, ihren Reichtum mit den Armen zu teilen. Also paradoxerweise ein im Vergleich zu heute völlig gegensätzliches Verständnis der Bedeutung dieses Begriffs. Als bekanntester Vertreter der klassischen Nationalökonomie steht Adam Smith heute wie kein anderer für die Überlegenheit der Märkte. Umso überraschender ist, dass er als Moralphilosoph auch als ein Mitbegründer der Wirtschaftsethik gilt.

Max Weber sowie Johannes Calvin und der Calvinismus. Max Weber gibt eine prominente Antwort auf die Frage „Woher kommt der Geist des Kapitalismus?". Weber beschreibt den Menschen als ein Geschöpf, das nicht von Natur aus Geld verdienen möchte, sondern einfach leben und genauso viel erwerben möchte, wie zu diesem einfachen Leben erforderlich ist. Diese Lebensform hat sich aber irgendwann in Europa verändert. Weber entdeckte den Zusammenhang zwischen Calvinismus und Puritanismus und positiver wirtschaftlicher Entwicklung. Als Kernelement sieht er die Prädestinationslehre des Calvinismus. Prädestination ist ein theologisches Konzept, das von einer Vorbestimmung des menschlichen Schicksals durch Gott ausgeht. In der Zeit von Johannes Calvin (1509–1564) wurde die Vermögenslage einer Person immer mehr zum Indikator, zum Maßstab göttlicher Erwählung. Es setzte sich das Verständnis durch, dass es reichen Menschen vorbestimmt ist, in den Himmel zu kommen. Einen weiteren Grund für den positiven Zusammenhang zwischen Calvinismus und Wirtschaftswachstum sieht Weber in dem asketischen Element des Calvinismus. Eine aufgeschobene Bedürfnisbefriedigung kann im calvinistischen Sinne zur positiven Investition werden. Weber liefert empirische Belege für den Zusammenhang von Calvinismus und wirtschaftlichem Erfolg. Die Theorie von Max Weber wird oft als Erklärung für die Entkopplung der Arbeit von einem „höheren Zweck" genommen.

Friedrich August von Hayek gilt als Vordenker des Neoliberalismus. Hayek (1899–1992) war ein Verfechter des freien Marktes und ein scharfer Kritiker des Sozialismus. Er prägte die Wirtschaftspolitik von Margaret Thatcher und Ronald Reagan in den siebziger und achtziger Jahren des vergangenen Jahrhunderts. Friedrich August von Hayek hat sich zentral mit Marktmechanismen auseinandergesetzt. In seinen Schriften arbeitet er immer wieder die Überlegenheit der freien Marktwirtschaft gegenüber der Planwirtschaft heraus. Als ein Hauptargument kann das Beispiel für einen Architekturwettbewerb gegenüber einer zentralen Vergabe an einen Akteur zur Erschaffung eines Gebäudes benannt werden. Es ist plausibel, dass das Ergebnis aus dem Wettbewerb „besser" ist als ein zentral vorgegebenes Ergebnis.

Milton Friedmann ist mit John Maynard Keynes wohl der einflussreichste Ökonom des zwanzigsten Jahrhunderts gewesen. Friedmann (1912–2006) gehört zu den klassischen Vertretern des Wirtschaftsliberalismus; er hob insbesondere die Vorteile des freien Marktes hervor. Eines seiner bekanntesten Zitate ist: „*The social responsibility of business is business.*" Die Interpretation dieses Satzes ist klar. Wie kaum ein anderer glaubte Milton Friedmann an die Selbstregulierungkraft des Marktes und die Mehrung des Gemeinwohls durch Wirtschaftswachstum in freien Märkten.

Diese Persönlichkeiten haben die Ökonomie im vergangenen Jahrhundert maßgeblich geprägt. Man könnte sie auch als Väter der Mainstreamökonomie bezeichnen. Mit Mainstreamökonomie meine ich die explizit oder implizit akzeptierte Wirtschaftsform mit der Konzentration auf freie Märkte und quantitatives Wirtschaftswachstum. Während meines wirtschaftswissenschaftlichen Studiums habe ich durch den Lehrplan sehr einseitig Kontakt zu diesen Ökonomen gehabt. Alternative Perspektiven oder andere Lösungsansätze wurden und werden auch heute kaum gelehrt. Beispielsweise werden die Kolonialzeit sowie postkoloniale Strukturen als Ursache für die heutige Situation geradezu vollständig ausgeblendet.

1.2 Die deutsche Kolonialgeschichte

Mit den kapitalistischen Weltsystemen in Europa entstand ab dem 16. Jahrhundert der Wille, fremde Länder für den Handel zu erschließen.

Wobei diese Erschließung und später auch die Inbesitznahme riesiger Gebiete zunächst einmal nicht staatlich geplant war. Entdecker, Abenteurer, Kaufleute, Missionare, Forscher – sie alle hatten ihre Gründe, weswegen sie den Weg in fremde Kontinente antraten. Allen voran waren es wirtschaftliche Interessen, die Gier nach Gold und Gewürzen. Die frühen Kolonialisten arbeiteten auf eigenes Risiko, steckten den Gewinn in die eigene Tasche. Die europäischen Monarchen sprangen erst auf den Zug auf, nachdem sich die Kolonialisierung als gewinnbringendes Geschäftsmodell entpuppt hatte. Briten, Franzosen, Spanier, Portugiesen und Niederländer teilten die Kontinente untereinander auf und beuteten ihre Gebiete und Einwohner rücksichtslos aus. Im Verlaufe der Jahrzehnte und Jahrhunderte entwickelte sich ein Wirtschaftsmodell, das bis heute Bestand hat. Die Kolonien, zum großen Teil identisch mit den heutigen Entwicklungsländern, lieferten wertvolle Rohstoffe für die europäische (Industrie) Produktion. Im Gegenzug exportierten die europäischen Länder ihre fertigen Waren in die Kolonien und zementierten so Strukturen, die auch im 21. Jahrhundert noch existieren.

Begleitet wurde die Kolonialisierung von zahlreichen Verbrechen gegen die Menschlichkeit, von Raub, Mord, Krieg, Vertreibung und Ausrottung ganzer Völker. Immer verbrämt mit einem „guten Grund": Den Heiden das Christentum bringen, den rückständigen Einheimischen die Technik, den Wilden die Zivilisation. Bei ihrem Tun hatten die europäischen Kolonialherren immer auch Helfer vor Ort, wie die neuere Forschung zur europäischen Kolonialgeschichte zeigt. In den unterworfenen oder eroberten Gebieten gab es einheimische Eliten, die mit den Europäern gegen das eigene Volk zusammenarbeiteten. Erst diese forcierte Kollaboration machte beispielsweise den Sklavenhandel in den bekannten Dimensionen möglich. Dieses Muster der Zusammenarbeit finden wir auch heute noch, beispielsweise wenn es um den Verkauf oder die langfristige Verpachtung riesiger Landflächen an andere Staaten geht, das sogenannte *landgrabbing*, oder um die Ausbeutung wertvoller Rohstoffvorkommen.

Übersicht 1: Die deutsche Kolonialgeschichte

– Deutsche waren seit Beginn der europäischen Expansion als Missionare, "Entdecker" und Wissenschaftler an der Kolonialisierung beteiligt

– 15.11.1884 – 26.2.1885 Kongokonferenz (auch Westafrika-Konferenz oder Berliner Konferenz) auf Einladung des deutschen Reichskanzlers Bismarck in Berlin ➜ Aufteilung des afrikanischen Kontinents

Ab 1884/85
- Deutsch-Südwestafrika (heute: Namibia)
- Kamerun, Togo
- Deutsch-Ostafrika (heute: Tansania, Burundi und Ruanda)
- Neuguinea (heute: nördliche Teil Papua-Neuguineas)
- Marshall-Inseln

Ab 1897/98
- Kiautschou (heute: Teil Chinas)

Ab 1899
- Karolinen, Palau und Marianeninseln (heute: Mikronesien)

Bis 1918/19
- Samoa-Inseln (heute: Westsamoa)

– 1943 Auflösung des Kolonialpolitischen Amtes (Jan.); Kapitulation der deutschen Truppen in Nordafrika (Mai)

Quelle: WWF

Deutschland trat erst relativ spät als Kolonialmacht auf der Geschichtsbühne auf, wirkliche Bedeutung als Kolonialmacht erlangte es nie. Erst die Vereinigung der zahlreichen Territorialstaaten innerhalb der deutschen Grenzen zu einem einheitlichen Reich im Jahr 1871 schuf die Voraussetzung für das Ausleben weltmachtpolitischer Ambitionen der deutschen Politik. In der Folge kam es zu – nicht nur aus heutiger Sicht – größtenteils widerrechtlichen Aneignungen von Gebieten hauptsächlich in Afrika.

Die Gründe für die deutsche Kolonialpolitik waren vielfältig. Ganz oben stand die Sicherung von Rohstoffen und Absatzmärkten für die eigene Industrie. Gründe, die auch für unsere heutige Entwicklungszusammenarbeit noch maßgeblich sind, wie kritische Stimmen sagen. Ein weiterer wichtiger Grund war, Siedlungsgebiete und Lebensraum für die rasch wachsende deutsche Bevölkerung zu gewinnen. Allerdings zeigte sich schnell, dass die Kolonien für auswanderungswillige Deutsche aus verschiedenen Gründen nicht attraktiv waren. Auch wirtschaftlich betrachtet war die kurze Kolonialgeschichte Deutschlands ein Verlustgeschäft für den Staat. Den Profit machten die privaten Unternehmer, die bis heute davon profitieren.

Während des Ersten Weltkriegs verlor Deutschland seine Kolonien. Allerdings begruben die ideologischen Verfechter der Kolonialisierung ihre Träume noch lange nicht, erst mit dem Ende des Zweiten Weltkriegs waren sie endgültig ausgeträumt.

Bis heute tun wir uns schwer mit unserer kolonialen Vergangenheit. Die in Deutschland lebende burundische Journalistin Arlette-Louise Ndakoze fragt denn auch:

> Warum ist er [der deutsche Kolonialismus] bis heute nicht Teil der deutschen Erinnerungskultur? Weil er Deutschlands politische, ökonomische und kulturelle Stellung infrage stellt. Weil der deutsche Kolonialismus auf den rassistischen Theorien deutscher Denker wie Hegel und Kant aufbaut. Weil im deutschen Kolonialismus sogenannte „Rassenforschung" betrieben wurde. Weil der deutsche Kolonialismus den Nationalsozialismus vorbereitete. (Ndakoze 2018)

Rassistisches Herrendenken der Deutschen in den Kolonialgebieten und der unerschütterliche Glaube an die eigene Überlegenheit waren die Basis für rücksichtslose Landnahme, Ausbeutung und Unterdrückung der indigenen Bevölkerung. Diese Haltung führte letztendlich auch zum ersten Genozid im 20. Jahrhundert – dem Völkermord an den Herero und Nama in Deutsch-Südwestafrika im Jahr 1904. Rund 75.000 Menschen starben. Die etwa 16.000 Überlebenden wurden in Konzentrationslagern interniert, viele von ihnen fanden hier den Tod. Ein Jahr später kam es in Deutsch-Ostafrika zum Krieg. Dieser als Maji-Maji-Aufstand bekannte Krieg forderte schätzungsweise bis zu 300.000 Todesopfer, viele von ihnen verhungerten.

2. Ungleiche Voraussetzungen – Machtstrukturen in der EZ

Die kurze Darstellung der Geschichte der Kolonialisierung im wirtschaftlichen Kontext lässt erahnen, wie Ausbeutung und Innovation, Wachstum und Ungleichheit, Wohlstand und Gewalt zusammenhängen – auch heute noch. In diesem Zusammenhang spricht man oft von Eurozentrismus, das heißt, eine einseitig geprägte Weltsicht, die bestimmte gesellschaftliche und wirtschaftliche Ausprägungen und Vorgaben – beispielsweise Kapitalismus, Wachstum, Christentum oder Weiß-Sein, als Norm betrachtet und mit dieser Brille dann auch Entwicklung definiert. Diesem Zusammenhang ist es geschuldet, dass „Entwicklungsprobleme" des Nordens, wie übermäßiger Ressourcenverbrauch oder Umweltverschmutzung, lange Zeit nicht thematisiert wurden.

In der Entwicklungszusammenarbeit sprechen wir immer wieder von Partnerschaft auf Augenhöhe. Doch zumeist ist dieser Begriff eine Worthülse, denn in Wirklichkeit existieren strukturell und somit auch in zwischenmenschlichen Beziehungen ungleiche Machtverhältnisse.

Als Resultat der Kolonialzeit bestehen auch heute noch ungleiche Voraussetzungen in den Entscheidungsstrukturen, den wirtschaftlichen Strukturen sowie in den Denkstrukturen.

Aus meiner Sicht kann Partnerschaft auf Augenhöhe nur erreicht werden, wenn politische und ökonomische Ungleichgewichte sowie rassistische Denkstrukturen und Bilder erkannt und abgebaut werden.

2.1 Ungleiche Voraussetzungen in den Entscheidungsstrukturen

Der Entwicklung steht ein Machtgefälle gegenüber. Wer die Regeln diktieren kann, hat Macht – und wer Macht hat, diktiert die Regeln. Nach diesem politischen Regelkreis sind vielfach auch die internationalen wirtschaftlichen Einrichtungen gebaut: die Weltbank, der IWF und vor allem die WTO, die weitgehend den Ordnungsrahmen der globalen Ökonomie festlegt. (Wolfgang Sachs)

Betrachtet man wichtige internationale Institutionen wie die Vereinten Nationen, die Welthandelsorganisation (*World Trade Organization*/WTO), den Internationalen Währungsfonds (IWF), die Organisation für wirtschaftliche Zusammenarbeit und Entwicklung (*Organization for Economic Co-operation and Development*/OECD), die G7 oder auch die G20 und konzentriert man sich dabei auf die Entscheidungsmechanismen, sind die Machtungleichgewichte sofort offensichtlich.

Beispielsweise repräsentieren die Mitgliedsstaaten der G20 85 Prozent der weltweiten Wirtschaftsleistung, 80 Prozent des Welthandels und 60 Prozent der Weltbevölkerung. Die G20-Mitglieder produzieren 80 Prozent der weltweiten CO_2-Emissionen und gehören zu den 33 Staaten mit dem höchsten Bruttoinlandsprodukt (BIP) der Welt. Die G20 ist zu keiner Rechenschaft gegenüber Institutionen mit weltumspannender Mitgliedschaft verpflichtet, beispielsweise den Vereinten Nationen. Die G20 ist damit ein exklusiver „Klub" der 20 wirtschaftlich stärksten Länder. Im Umkehrschluss bedeutet dies, dass die G20 gleichzeitig 173 Länder der Welt von der direkten Mitarbeit ausschließt.

Entsprechend diesem Beispiel kann man alle internationalen Organisationen analysieren. Schnell werden wiederkehrende Muster erkennbar, die insbesondere westliche Großmächte bevorteilen.

2.2 Ungleiche Vorausetzungen in der Wirtschaft

Die öffentliche Entwicklungshilfe oder Official Development Assistance (ODA) – die sogenannten ODA-Gelder – macht weniger als ein Drittel dessen aus, was an jährlichem Schuldendienst vom Süden in den Norden fließt.

Ironisch könnte man sich in diesem Zusammenhang die Frage stellen: Wer entwickelt hier eigentlich wen?

Zur Relativierung der Höhe der klassischen Entwicklungshilfe hilft auch der Vergleich der ODA-Gelder mit den sogenannten Remittances, das sind die Rücküberweisungen der afrikanischen Diaspora in ihre Heimatländer. Diese Rücküberweisungen machen etwa das Vierfache der ODA-Gelder aus (siehe Grafik 1). Diese Tatsache lässt auch auf die bedeutsame Rolle schließen, die Rücküberweisungen im Rahmen der Entwicklungszusammenarbeit spielen.

Grafik 1: Rücküberweisungen in Entwicklungsländer, öffentliche
Entwicklungshilfe und private Investitionen

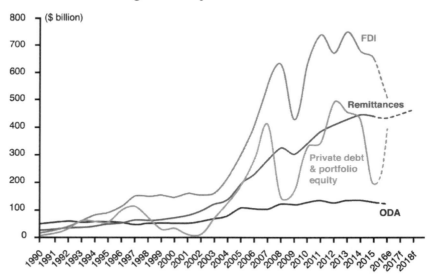

Quelle: World Bank staff estimates; World Development Indicators. See annex A for data and forecast methods. Note: FDI = foreign direct investment; ODA = official development assistance.

Seit den Zeiten des Kolonialismus besteht ein Handelssystem, das auf Ressourcenexport aus dem globalen Süden aufbaut. Industriestaaten profitieren dabei oft von alten Handelsbeziehungen und -verträgen. In den letzten 20 Jahren hat der Export von Rohstoffen (*fuels, ores and metals*) aus Subsahara-Afrika zu- und der Export „wertschöpfender" Industrieprodukte (*manufactured goods*) abgenommen, wie Grafik 2 zeigt.

Grafik 2: Entwicklung der Exporte von Rohstoffen und Fertigwaren aus Subsahara-Afrika (1995–2014)

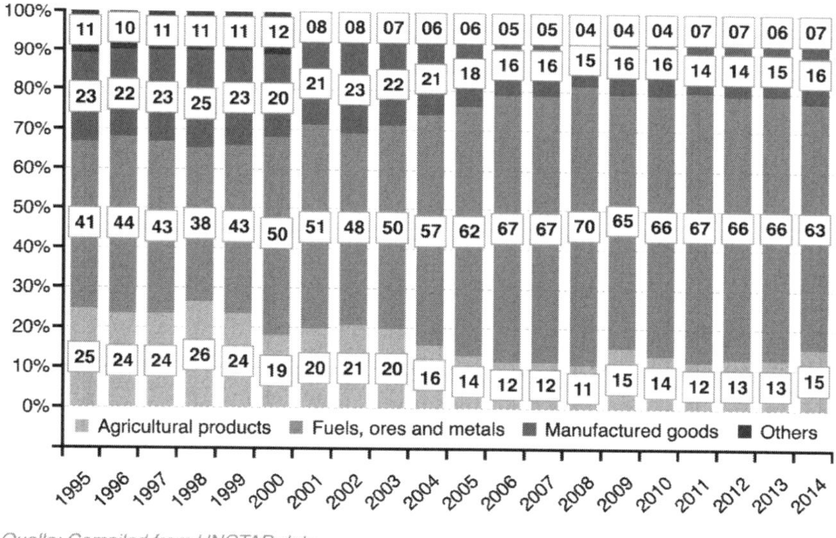

Quelle: Compiled from UNCTAD data.

Allgemein bekannt sind die Statistiken zur Vermögensverteilung von Einzelpersonen weltweit. Im Januar 2017 ergab eine aktuelle Oxfam-Studie, dass der Unterschied zwischen Arm und Reich sogar noch größer ist als bisher angenommen.

> „Acht Milliardäre besitzen so viel Vermögen, wie die ärmere Hälfte der Weltbevölkerung." (Oxfam)

Übersicht 2: Die reichsten Personen der Welt

Rang	Person	Konzern	Nettovermögen
1	Bill Gates	Microsoft	75,0 Milliarden US$
2	Amancio Ortega	Inditex	67,0 Milliarden US$
3	Warren Buffet	Berkshire Hathaway	60,8 Milliarden US$
4	Carlos Slim Helu	Grupo Carso	50,0 Milliarden US$
5	Jeff Bezos	Amazon	45,2 Milliarden US$
6	Mark Zuckerberg	Facebook	44,6 Milliarden US$
7	Larry Ellison	Oracle	43,6 Milliarden US$
8	Michael Bloomberg	Bloomberg LP	40,0 Milliarden US$
Summe reichste 8 Personen			**426,2 Milliarden US$**
Ärmste 50 % der Weltbevölkerung			**409,1 Milliarden US$**

Quelle: https://www.oxfam.de/ueber-uns/aktuelles/2017-01-16-8-maenner-besitzen-so-viel-aermere-haelfte-weltbevoelkerung (04.10.2018)

Eklatante Unterschiede ergeben sich auch beim Vergleich der Wirtschaftsleistung des „globalen Südens" zum Rest der Welt, welche eindrücklich in nachstehender Grafik illustriert werden.

Grafik 3: Die Welt unterteilt in vier Regionen mit ähnlicher Wirtschaftsleistung

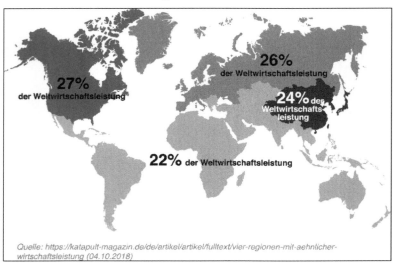

Quelle: https://katapult-magazin.de/de/artikel/artikel/fulltext/vier-regionen-mit-aehnlicher-wirtschaftsleistung (04.10.2018)

Die Erfolge der Entwicklungshilfe sind sehr schwierig zu messen und werden auch immer wieder angezweifelt. Eindeutig erscheint jedoch, dass die wirtschaftliche Entwicklung auf dem Kontinent Afrika vom Rest der Welt abgehängt ist.

Daher fordern immer mehr afrikanische Ökonomen, aus der Opferrolle rauszugehen. Es verbreitet sich immer mehr die Meinung, dass milliardenschwere Hilfsprogramme die afrikanische Bevölkerung in die Abhängigkeit statt in Selbstständigkeit gebracht haben.

So hat beispielsweise schon vor einigen Jahren der kenianische Ökonom James Shikwati gefordert: „Lasst die Entwicklungshilfe sein." Shikwati wünscht sich ein faires Weltsystem für alle Marktteilnehmenden. Er prangert die postkolonialen Strukturen an, die es den afrikanischen Ländern nicht erlauben, fair am Weltmarkt teilzunehmen. „*With trade, Africa simply needs to take action instead of calling out for help.*"(James Shikwati) und appelliert an die EZ-Industrie „*you cannot aid someone to stay insignificant.*"

2.3 Ungleiche Vorrausetzungen in den Denkstrukturen

Die Geschichte der Entwicklungszusammenarbeit ist eine europäische Geschichte und ihre Institutionen und Mitarbeitenden sind zum allergrößten Teil europäisch und weiß. So ist die EZ geprägt von Eurozentrismus. Nur bestimmte Bilder und Inhalte sind sichtbar und in unserem Kulturkreis bekannt. Denken wir beispielsweise an Afrika, haben wir vor allem Bilder von Armut, Hunger und Trostlosigkeit vor Augen.

Dies prägt unser Verständnis von Entwicklungsländern maßgeblich. Es wird ein dichotomes Verständnis zwischen den entwickelten und unterentwickelten Ländern kreiert, Entwicklung und Unterentwicklung werden einander als „anders" gegenübergestellt. Im Zuge dieser Fremdzuschreibung von „Unterentwicklung" nehmen sich die Menschen aus dem globalen Süden oft selbst als unterentwickelt wahr, eine simple Einteilung in Opfer und Täter oder Geber und Nehmer entsteht. Man spricht in diesem Zusammenhang von Strategien der Homogenisierung, Verallgemeinerung, Defizitorientierung, in denen beispielsweise Afrikaner und Afrikanerinnen als „faule" Menschen in Abgrenzung zu den „fleißigen" Deutschen klassifiziert werden. War es anfänglich der binäre Gegensatz zwischen Christen und Heiden, der Landnahme und Ausbeutung rechtfertigte, so folgten später biologisch-rassistische Argumente. Gerade postkoloniale Autorinnen und Autoren sehen in Stereotypisierungen wie „Wilde" und „Zivilisierte" sowie in Diskursen über Chaos und Schmutz, Entwicklung und Modernität, Rationalität und Natürlichkeit die epistemologischen Voraussetzungen des kolonialen Projektes Europas. Zugleich sind diese diskursiven Binarisierungen und die Aufladung ursprünglich geografisch verstandener Begriffe mit stereotypisierten Werten die langwierigsten Folgen des Kolonialismus.

– Wer spricht über die Verhältnisse und Probleme im globalen Süden?
– Wer legt Definitionen und Wertmaßstäbe fest?
– Was bedeutet für uns Entwicklung?

Reden wir nicht drum herum. In der grundsätzlichen Tendenz ist es die westliche Welt – zumeist die weiße, die sogenannten entwickelten Länder. Sie legen die Wertmaßstäbe und Definitionen fest.

3. Von der Problemanalyse zu Lösungen – Partnerschaften statt Entwicklungszusammenarbeit

Den großen politischen Rahmen für unsere Arbeit bildet die Agenda 2030.

Abbildung 1: Die Piktogramme der 17 Nachhaltigkeitsziele (UN 2016)

Im September 2015 verabschiedeten die Vereinten Nationen die Agenda 2030 mit ihren 17 Nachhaltigkeitszielen (*Sustainable Development Goals/* SDGs) als Folgevertrag und Weiterführung der Millennium-Entwicklungsziele (*Millennium Development Goals*/MDGs). Die SDGs traten am 1. Januar 2016 mit einer Laufzeit von 15 Jahren – bis 2030 – in Kraft. Die 17 Nachhaltigkeitsziele gelten für alle Staaten und nehmen erstmals explizit auch die Industrieländer in die Pflicht.

Zwei wichtige Kernaspekte sind aus meiner Sicht bei der Agenda 2030 hervorzuheben:

1. Die westliche Welt muss sich entwickeln! Das bedeutet, dass wir Lösungen für die Herausforderungen unserer Zeit nur in der Analyse der Produktions- und Konsummuster sowie auch der Machtstrukturen der westlichen Welt finden werden.
2. Wir können die Herausforderungen nur gemeinsam und kooperativ lösen! Es gibt keinen einfachen Weg, sondern nur komplexe Lösungen, welche nur durch die Kooperation vieler Akteure funktionieren, sogenannte Multistakeholder-Ansätze.

Aufbauend auf diesen Kernaspekten versuchen wir bei der SEZ, die eigene Rolle im Kontext der Machtstrukturen ernsthaft zu hinterfragen sowie Strukturen infrage zu stellen und zu verändern.

Dafür ist das aus der angewandten Psychologie bekannte Eisbergmodell sehr hilfreich.

Grafik 4: Das Eisberg-Modell unserer Denkstrukturen

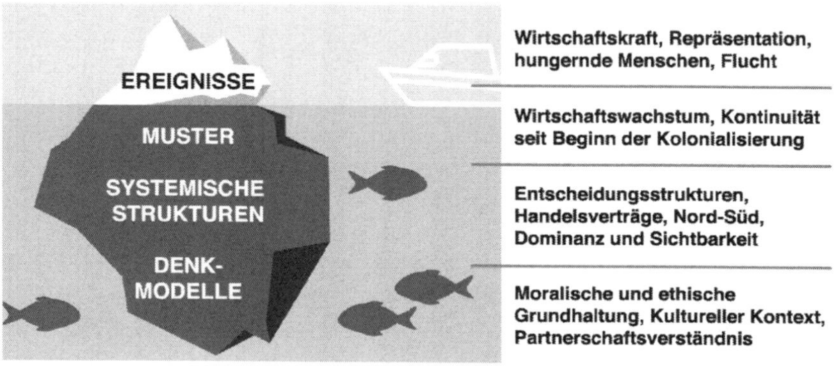

EREIGNISSE — Wirtschaftskraft, Repräsentation, hungernde Menschen, Flucht

MUSTER — Wirtschaftswachstum, Kontinuität seit Beginn der Kolonialisierung

SYSTEMISCHE STRUKTUREN — Entscheidungsstrukturen, Handelsverträge, Nord-Süd, Dominanz und Sichtbarkeit

DENK-MODELLE — Moralische und ethische Grundhaltung, Kultureller Kontext, Partnerschaftsverständnis

Quelle: WWF

Die Ebenen des Eisbergs:

1. *Ereignisse*: Was passiert? Was sehe ich?
2. *Muster*: Welche Verhaltensmuster gibt es? Welche Trends entstehen über einen Zeitraum?
3. *Systemische Strukturen*: Wie passen die Teile zusammen? Was beeinflusst die Verhaltensmuster und Trends?
4. *Denkmodelle*: Welche Werte, Glaubenssätze und Annahmen prägen das System?

Wie bei einem Eisberg beschäftigen wir uns in der EZ zumeist mit den sichtbaren Ereignissen beziehungsweise Symptomen, wie zum Beispiel Hunger, Armut oder Migration. Dies ist insbesondere bei der Bearbeitung des Themas „Fluchtursachenbekämpfung" zu beobachten. Man bekommt mehr und mehr den Eindruck, dass es am wenigsten um die wahren Ursachen von Flucht geht, sondern vielmehr oberflächlich darum, dass die illegale Migration gestoppt werden soll; somit wird letztlich nur Symptombearbeitung betrieben. Die Ursachen sind aber unter der Oberfläche in den Mustern, systemischen Strukturen und Denkstrukturen zu finden.

Um auf diesen Ebenen Veränderung zu erzeugen, ist ein hohes Maß an Bewusstsein und Ehrlichkeit in der eigenen Reflexion notwendig. Diesen Weg muss zunächst jeder und jede Einzelne allein und gleichzeitig gemeinsam gehen.

Als Team der SEZ versuchen wir, diesen Weg im Rahmen unserer Partnerschaftsarbeit zu gehen. Die Partnerschaftsarbeit ist der Rahmen für alle unsere Aktivitäten. Der Reflexionsprozess wird unterstützt durch externe Trainerinnen und Trainer zum Thema Critical Whiteness, die nicht der deutschen Mehrheitsgesellschaft angehören und so – auch hier vor Ort – andere Perspektiven, Sichtweisen und Maßnahmen einbringen können. Innerhalb dieses Prozesses ist auch unser Partnerschaftsverständnis entstanden, das wir stetig weiterentwickeln.

Wir fördern Partnerschaften, weil wir glauben, dass Beziehungen zwischen Menschen Horizonte erweitern. Sie bedingen gegenseitiges Lernen, schaffen Verständnis füreinander, Verbundenheit miteinander und Verantwortung für andere und sich selbst. Bei Partnerschaften wirken Kopf, Herz und Hand zusammen. Dadurch entstehen gemeinsame Lösungen für ein nachhaltiges Miteinander.

Die SEZ unterstützt Baden-Württembergerinnen und Baden-Württemberger und deren Partnerinnen und Partner im globalen Süden auf ihrem Weg zu einer interkulturell sensiblen, respektvollen, gleichberechtigten,

vertrauensvollen und transparenten Partnerschaft. Eine solche Partnerschaft verfolgt ein gemeinsames und nachhaltiges Ziel, von dem beide
Seiten einen Gewinn haben.

Ein wesentliches Ziel der SEZ-Arbeit ist, dass vorhandene und neue
Partnerschaften baden-württembergischer Träger aktiv und engagiert gelebt werden. Wir versuchen dabei immer, die Augenhöhe im Blick zu haben und dies auch bei unserer Förderung bestmöglich umzusetzen.

Was kann aber jede und jeder Einzelne von uns zur Lösung der Problematik der ungleichen Voraussetzungen beitragen?

1. *Räume und Orte zur Verfügung stellen*, hier und heute: Wer spricht
   auf Konferenzen? Sich der Diskussion öffnen und sich nicht in eine
   politische Ecke schieben lassen, sondern sich den Herausforderungen
   und Fragen stellen. Räume und Orte denjenigen zur Verfügung stellen, die auch Anteil an der EZ haben, aus unterschiedlichen Gründen
   aber keinen Zugang zu Institutionen. Stichwort: Vielfaltskompetenz
   in Institutionen.

2. *Gemeinsame Wissensproduktion*: Wissen und die Entwicklung von
   Strategien radikal internationalisieren. Weniger deutsches Personal in
   der Entwicklungszusammenarbeit! Bessere und umfassendere Einbindung und Teilnahme sowie *Leadership* aus dem globalen Süden.

3. Prozesse und Strukturen bewusst öffnen: Wen um Antwort bitten und
   wen entscheiden lassen? Wo ausschreiben? Macht und Privilegien
   abgeben.

4. Fazit

Zusammenfassend ist aus meiner Sicht festzustellen, dass die Erfolgsge-
schichte der westlichen Wirtschaft zu wesentlichen Teilen auf der Kolonialisierung beruht. In der westlichen Selbstwahrnehmung sowie in der
Mainstreamlehre der Wirtschaftswissenschaften erscheinen die Entwicklungen der westlichen Industriestaaten und des ärmeren globalen Südens
aber allzu häufig als logisches Ergebnis des überlegenen Erfinder- und
Unternehmergeistes und der Überlegenheit des Marktes. Dabei wird zumeist übersehen, dass die europäische Industrialisierung keineswegs allein
auf technologischen Neuerungen beruhte. Vielmehr arbeiteten weltweit
Millionen Menschen versklavt, unter Zwang oder für einen Tagelohn um
den Aufschwung der westlichen Mächte zu ermöglichen. Nicht zuletzt
mussten sie billige Rohstoffe für deren Industrien liefern. Daran änderte

auch die offizielle Abschaffung der Sklaverei wenig. Allen „kolonialen Situationen" gemeinsam ist die Dichotomie zwischen Kolonisierenden und Kolonisierten, oftmals zwischen Europäern und Nicht-Europäern. Dieser geografische und herrschaftstechnische Gegensatz war von Anfang an ideengeschichtlich und ideologisch begleitet. Diese kolonialen Strukturen sind heute immer noch vorherrschend.

Allgemein kann man sagen, dass die Ressourcen für Mitbestimmung heute weltweit sehr ungleich verteilt sind. Den ärmeren und kleineren Staaten stehen weniger Finanzmittel, Personal und politischer Einfluss zur Verfügung, um auf Augenhöhe mit den reichen Staaten über Regeln zu verhandeln, die alle zufriedenstellen. In der Entwicklungszusammenarbeit hat der Norden die moralische, gesellschaftliche und politische Macht gegenüber dem globalen Süden.

Aus meiner Sicht ist es deshalb zwingend notwendig, die faktischen Machtstrukturen anzuerkennen, um eine wirksame Entwicklungszusammenarbeit zu ermöglichen. Erst dann wird die in der Agenda 2030 geforderte Transformation entstehen. Dabei müssen die EZ-Geber Offenheit und Bereitschaft für verantwortungsvolle Zusammenarbeit zeigen und insbesondere die Bereitschaft, eigene Privilegien zu hinterfragen, die aus der gegenwärtigen Machtstruktur resultieren. In umgekehrter Weise gilt der Appell an Teilnehmerinnen und Teilnehmer aus dem Globalen Süden, selbst Macht und Privilegien einzufordern und aus der Opferrolle herauszutreten.

Wir müssen uns bewusst sein, dass wir selbst diejenigen sind, die einen entscheidenden Beitrag leisten können, dass Machtstrukturen, die Ungerechtigkeit fördern, abgebaut werden.

Genau wie Geschichte ist Zukunft das Ergebnis menschlicher Handlungen, Auseinandersetzungen und Diskussionen. Sie wird gemacht. Von uns. (Auf Kosten Anderer / I.L.A. Kollektiv 2017)

Literatur

Ferro, Marc (2005): Colonization: A Global History. London/New York: Routledge.

Freie Universität Berlin: Sklaverei. In: https://www.lai.fu-berlin.de/e-learning/projekte/caminos/lexikon/sklaverei.html (04.10.2018).

Friemel, Kerstin: Ungleichgewicht, das allen schadet. In: https://www.brandeins.de/corporate-publishing/das-buch-der-fragen/ungleichgewicht-das-allen-schadet (04.10.2018).

Glokal e.V.: Das Märchen von der Augenhöhe. Berlin.

Grimm, Klaus (2013): Theorien der Unterentwicklung und Entwicklungsstrategien: Eine Einführung. Wiesbaden: VS Verlag für Sozialwissenschaften.

Heinrich-Böll-Stiftung e. V. (2017): Die G20 Am Scheideweg. Böll Thema, Ausgabe 1, 2017. In: https://www.boell.de/sites/default/files/20170613_boell_thema_1-2017_die_g20_am_scheideweg.pdf (04.10.2018).

I.L.A. Kollektiv (2017): Auf Kosten Anderer. München: oekom verlag. In: https://auf kostenanderer.org/ (04.10.2018).

Krüger, Paul-Anton (2016): Was die Öl-Einigung bedeutet. In: https://www.sueddeut sche.de/wirtschaft/treffen-in-algier-was-die-oel-einigung-bedeutet-1.3184374 (04.10.2018).

Leusch, Peter (2016): Als Europa die Welt beherrschte. In: https://www.deutschland funk.de/kolonialismus-als-europa-die-welt-beherrschte.1148.de.html?dram:article_id = 347911 (04.10.2018).

Ndakoze, Arlette-Louise (2018): Koloniale Verantwortung Deutschlands. Das Erinnern an Kolonialismus-Verbrechen wirkt allmählich. In: https://www.deutschlandfunkkul tur.de/koloniale-verantwortung-deutschlands-das-erinnern-an.1005.de.html?dram:ar ticle_id=414128 (04.10.2018).

Pelz, Daniel (2017): Deutscher Kolonialforscher: „Namibia hat Präzedenzcharakter". In: https://www.dw.com/de/deutscher-kolonialforscher-namibia-hat-pr%C3%A4zed enzcharakter/a-39911019 (04.10.2018).

Reed-Anderson, Paulette (Bundeszentrale für politische Bildung) (2004): Chronologie zur deutschen Kolonialgeschichte. In: http://www.bpb.de/gesellschaft/migration/afri kanische-diaspora/59376/chronologie (04.10.2018).

van Laak, Dirk/Engel, Ulf/Kappel, Robert/Schmidt, Siegmar/Kaußen, Stephan/Khala-falla, Khalid Y. (Bundeszentrale für politische Bildung) (2005): APuZ – Aus Politik und Zeitgeschichte, 4/2005. In: http://www.bpb.de/system/files/ pdf/HL1Y10.pdf (04.10.2018)

World Bank Group/KNOMAD (2017): Migration and Remittances, Migration and De-velopment Brief 27. In: http://pubdocs.worldbank.org/en/992371492706371662/ MigrationandDevelopmentBrief27.pdf (04.10.2018)

Demokratieförderung – Basis nachhaltiger Entwicklung: Der Beitrag Politischer Stiftungen zur Entwicklungszusammenarbeit im 21. Jahrhundert

Frank Priess

„Wir, die Deutschen, werden uns darauf einzustellen haben, Politik in einer Welt machen zu müssen, in der Autokraten nicht nur in marginalen Ecken, sondern auch in ökonomisch wie geopolitisch zentralen Bereichen das Sagen haben", schreibt der Berliner Historiker Herfried Münkler (Münkler 2016) und der langjährige Präsident des Deutschen Bundestages, Norbert Lammert, analysiert: „Wir müssen uns von der Vorstellung verabschieden, dass auf dem Boden der europäischen Zivilisation über Jahrhunderte gewachsene Orientierungen ganz selbstverständlich universale Geltung hätten." (Lammert 2017). Anlass genug auch für eine Institution wie die Konrad Adenauer Stiftung, die sich weltweit der Demokratieförderung verschrieben hat, über diese und die internationalen Rahmenbedingungen dafür intensiv nachzudenken.

Wer auf diesem Feld schon länger unterwegs ist weiß, dass gerade diese Rahmenbedingungen einem Wandel unterliegen und keineswegs linear dazu beitragen, dass sich Demokratie langsam aber stetig weltweit ausbreitet. Während des Kalten Krieges waren viele Länder westlicher Demokratieförderung vor Ort grundsätzlich verschlossen, wobei es durchaus Möglichkeiten gab, Demokratiebewegung von außen zu unterstützen und nicht zuletzt Demokratieaktivisten auch immer wieder konkret gegen staatliche Repression zu helfen. Vor allem war es weitgehender Konsens in Deutschland, ihr Schicksal immer wieder zu benennen, Solidarität einzufordern und Repressoren an die Pflichten zu erinnern, die die Unterschrift unter der Menschenrechtscharta der Vereinten Nationen und ähnliche Dokumente mit sich bringt. Dies mindestens hat sich auch im aktuellen Umfeld gegenüber autoritären Regimen nicht geändert.

Mit dem Fall der Berliner Mauer, dem Zusammenbruch der Sowjetunion, der Ausbreitung der Freiheit in ihrem ehemaligen Machtbereich und der Transformationen zum Beispiel asiatischer Entwicklungsdiktaturen begann für die Demokratieförderung ein gewisser „honey moon". Anzeichen mehrten sich zudem, dass die Modernisierungstheorie mit der Annahme nicht falsch lag, dass wirtschaftlicher Fortschritt, Marktwirtschaft und eine wachsende Mittelschicht über kurz oder lang auch demokratische Entwicklungen in Gang setzen. Inzwischen allerdings lernt man erneut, mit Rückschlägen zu leben: Die Organisation *Freedom House* etwa stellte 2017 fest, dass zum zwölften Mal in Folge mehr Staaten demokratische Rück- statt Fortschritte gemacht hatten (The Economist 2018), die Pressefreiheit auf den tiefsten Stand seit 13 Jahren gesunken war (Mijnssen 2017), überhaupt leben nach der gleichen Quelle nur noch 31 Prozent der Weltbevölkerung in Ländern mit freier Presse. Andere Indices wie zum Beispiel der *Bertelsmann Transformationsindex* kommen zu ähnlichen Resultaten. „Ziemlich abrupt, während der ersten Dekade des neuen Jahrhunderts, hat die Demokratie aufgehört, in der Welt voranzukommen", bilanzierten Thomas Carothers und Oren Samet-Marram (2015). Allerdings, auch das weisen die Daten aus: die öffentliche Unterstützung für Demokratie als Regierungsform bleibt fast überall auf der Welt hoch, unzufrieden ist man allerdings oft mit der Art, wie Demokratie funktioniert.

Das Gefühl von „shrinking spaces"

Die Gründe für Rückschritte sind vielfältig. Da ist sicher ganz traditionell das Interesse autoritärer Herrscher, auch kleinste Anzeichen demokratischen Engagements zu ersticken. Länder wie Nordkorea waren noch nie wirklich zugänglich, in Kuba gehen schüchterne Wirtschaftsreformen eher mit größerer politischer Repression Hand in Hand. Ein-Parteisysteme reglementierten Zusammenarbeit so eng und auf limitierte Tätigkeitsfelder, dass von freier Kooperation mit der einheimischen Zivilbevölkerung kaum gesprochen werden kann. In Ländern am Golf ist eine Arbeit für Politische Stiftungen ebenfalls kaum möglich, Ägypten blieb es vorbehalten, unter fadenscheinigen Begründungen Gefängnisstrafen gegen zwei Mitarbeiter der Konrad Adenauer Stiftung zu verhängen. Ein Signal, das Stephan Roll und Lars Brozus so in die Zukunft verlängern: „Autoritäre Regime beobachten genau, wo Demokratien die Grenzen der Zusammenarbeit ziehen. Angesichts der weltweit zu beobachtenden Einschränkungen für zivilgesellschaftliche Akteure ist zu befürchten, dass der ägyptische Fall schnell Schule macht." (Roll/Brozus 2017) Immerhin sind die Urteile inzwischen aufgehoben.

Vielerorts schießen NGO-Gesetze aus dem Boden, die mit dem Begriff Anti-NGO-Gesetze deutlich besser beschrieben sind – schon 2015 vermeldeten Katja Drinhausen und Günter Schucher, dass in rund 50 Ländern entsprechende Restriktionen beobachtet werden konnten (Drinhausen/Schucher

2015): Russland spielte hier den Vorreiter, der Begriff der „ausländischen Agenten", als die sich Empfänger entsprechender internationaler Unterstützung deklarieren müssen, hat unrühmliche Verbreitung gefunden. Die Zahl der Nachahmer wächst. Andernorts – auch in als Demokratien gelisteten Staaten – ist die Motivlage unklar, wenn das Engagement ausländischer NGOs administrativ so organisiert wird, dass bei Einhaltung aller Regeln und Normen eine normale Arbeit zum Erliegen kommen müsste. Neue Erfolgsbeispiele hingegen finden sich wenige, eher schon ist die Konsolidierung positiver Trends als Erfolg zu verbuchen, nicht zuletzt in einigen Ländern Afrikas.

Treffen kann man diese Zivilgesellschaft eben auch, wenn man internationale Organisationen behindert, unterdrückt oder außer Landes drängt, auf deren Unterstützung sie oft angewiesen ist. In einem Klima von Angst und Einschüchterung lassen sich national kaum Mittel akquirieren, die man selbst für ein stark ehrenamtlich gestütztes Engagement braucht. Dazu ist internationale Sichtbarkeit oft sowohl ein gewisser Schutz als auch ein Druckmittel – was für die Internationalen oft auch eine Motivation ist, selbst unter schwierigsten Umständen in einem Land zu bleiben.

Die Bandbreite der Maßnahmen ist vielfältig: dies beginnt mit komplizierten Registrierungs- und Akkreditierungsprozeduren – politische Obstruktion lässt sich da leicht zum puren Verwaltungsakt umdeklarieren –, einer engmaschigen Kontrolle und gegebenenfalls Behinderung von Projektfinanzierungen, ausgeweiteten Genehmigungsverfahren, exzessiven Berichterstattungspflichten, Anhörungen, letztlich sogar Büroschließungen und Ausweisungen von Mitarbeiterinnen und Mitarbeitern. Einheimische Partner werden mit schwammigen Spionage- und Sabotageparagraphen verunsichert, bei denen sie nie wissen, wie ihnen eine Kooperation mit ausländischen NGOs von einer meist nicht unabhängigen Justiz ausgelegt wird – da ist es nur konsequent, wenn sie sich schon vorab als „ausländische Agenten" anmelden müssen. Große und einflussreichere Staaten gehen voran, in ihrem Windschatten folgen andere.

Da es aber leider nicht nur autoritäre Staaten sind, die verstärkt Druck ausüben, sondern sich auch teils langjährige Demokratien in die Reihen der Misstrauischen gegenüber in- und ausländischen NGOs einreihen, lohnt ein etwas tieferer Blick auf die Motivlage. Dabei hat das Verlangen nach „Nichteinmischung in innere Angelegenheiten" Tradition, wenn es um ausländische Akteure geht. Ihnen wird Beeinflussung zu Gunsten fremder Interessen vorgeworfen, ein missionarischer Eifer ohnehin. Dass diese meist nur tätig werden, wenn nationale Partner – etwa Parteien, Verbände, NGOs – von ihrem Recht Gebrauch machen, sich international mit denen zu vernetzten, die sie sich aussuchen, wird geflissentlich übersehen. Ebenso übrigens wie die Tatsache, dass oft in den gleichen Ländern parallel Win-Win Situationen existieren, bei denen etwa Politische Stiftungen bei übereinstimmenden thematischen Interessen auch mit Regierungsinstitutionen wichtige Kontakte und Kooperationen unterhalten, die sehr geschätzt werden.

Der „Westen" – allen voran natürlich die westliche Vormacht USA – wird undifferenziert als Gegenüber aufgebaut, mindestens unterschwellig findet sich in vielen Gesellschaften dann Sympathie dafür, dass man sich von diesem nicht mehr schulmeistern lassen will. Schnell sind da Argumente von doppelten Standards zur Hand und eine koloniale Vergangenheit, in der die „westlichen Werte" mindestens für Nicht-Westler nicht allzu viel galten. Nationales Selbstwertgefühl und ein enger Souveränitätsbegriff tun ein Übriges. Wenn dann noch unsensibles oder mindestens als arrogant empfundenes Auftreten des internationalen Personals hinzukommt, das Erfahrungen und Wertvorstellungen moderner westlicher Gesellschaften eins zu eins auf das Einsatzland zu übertragen versucht, ist das Feindbild schnell fertig. Nicht selten stößt sich die in modernen Gesellschaften weiterentwickelte Vorstellung von Menschenrechte mit Glaubenstraditionen und noch vergleichsweise archaischen Traditionen, wo deren traditionale Autoritäten ganz selbstverständlich Legitimation für sich in Anspruch nehmen und Individualrechte dem Zusammenhalt der Gruppe deutlich untergeordnet werden.

Dem eng verbunden sind ein neues Selbstbewusstsein und größere eigene finanzielle Spielräume gerade aufstrebender Staaten: Vielleicht wurde deren Bereitschaft in den vergangenen Jahrzehnten, Maßnahmen der Demokratieförderung durch westliche Akteure zuzulassen, für Akzeptanz genommen, während es in Wirklichkeit die utilitaristische Hinnahme westlicher Wünsche war, ohne die etwa eine intensive Entwicklungsfinanzierung nicht geflossen wäre. In Zeiten zurückgehender Bedeutung staatlicher Entwicklungshilfe und steigender Möglichkeiten vieler Länder, sich am internationalen Kapitalmarkt oder über „new donors" auch ohne lästige Auflagen zu finanzieren, sinkt die Kompromissbereitschaft. Dass neues Selbstbewusstsein und eine größere internationale Rolle mit kleinlicher Kontrolle und Unterdrückung nach innen eigentlich nicht gut harmonieren, wird als Widerspruch offenbar nicht hinreichend wahrgenommen.

Dabei ist das legitime Bedürfnis nationaler Stellen, von ausländischen Akteuren wissen zu wollen, was diese auf dem jeweiligen Staatsgebiet tun, von repressiven und undemokratischen Praktiken deutlich zu unterschieden. Auch ist nicht gleich jede Verweigerung steuerlicher Vorteile für solche Aktivitäten ein feindlicher Akt. Und natürlich kann von internationalen Gästen erwartet werden, dass sie sich an die Landesgesetze halten. Auch ist es nicht zuvörderst die Aufgabe von entsandten Kräften, selbst aktiv und in vorderster Reihe an politischen Aktivitäten im jeweiligen Einsatzland teilzunehmen und dabei als politische Lautsprecher zu fungieren. Hier sind Organisationen, die kontinuierlich und transparent mit eigenem Personal vor Ort sind, möglicherweise sensibler als solche, die nur zu singulären Maßnahmen einfliegen und eher ein Publikum in ihren Heimatländern im Blick haben.

„Shrinking spaces" entstehen zunehmend auch dort, wo aus Sicherheitsgründen ein ungehindertes Arbeiten unmöglich ist und sich Aktivitäten auf die Hauptstadt und einige ausgewählte andere Plätze beschränken. Zivilgesellschaftliches Engagement lebt auch von Sichtbarkeit, Partizipation und öffentlicher Darstellung, genau diese aber stellt vielerorts ein besonderes Sicherheitsrisiko dar. Auch hier gilt: die Gefahren sind für die einheimischen Partner meist viel größer, als für die internationale *community*. Verhaftungen und Gewalt gegen Aktivisten, existenzbedrohende Klagen, Verfolgung und Übergriffe aller Art, das kennen zu allererst und unmittelbar die Bürgerinnen und Bürger der betroffenen Länder.

Eine neue Systemkonkurrenz

Zudem zeigen sich neue Systemkonkurrenzen von Ländern, die mindestens autoritär verfasst und trotzdem wirtschaftlich ungemein erfolgreich sind, allen voran die Volksrepublik China. Nachahmer dieses Modells beweisen allerdings momentan oft, dass sie zwar die autoritäre Grundorientierung übernehmen, von wirtschaftlichem Erfolg aber weit entfernt sind. Auch zeigt der Blick auf die wohlhabenden Nationen der Welt nach wie vor, dass es sich dabei mit der Ausnahme von Rohstoffökonomien etwa am Persischen Golf durchweg um solche handelt, die westliche Vorstellungen von Demokratie leben.

Zunehmend ist eine „autoritäre Internationale" zu beobachten, die sich nicht zuletzt in internationalen Organisationen gegenseitig stützt und hilft. Die Konrad Adenauer Stiftung hat damit jüngst ihre eigenen Erfahrungen gemacht, als es darum ging, bei der Vereinten Nationen als Beobachter registriert zu werden: zweimal scheiterte der Versuch im entsprechenden Komitee an einer entsprechenden Staatenkoalition, erst die „Eskalation" in die Vollversammlung von ECOSOC brachte den Durchbruch. „Der Einfluss autoritär regierter Staaten nimmt in der Weltorganisation immer weiter zu", beobachtet auch der Direktor der *Gesellschaft für bedrohte Völker*, Ulrich Delius (FAZ, 02.06.2018), dessen Organisation sich nicht zuletzt für die Rechte von Minderheiten einsetzt. André Bank und Maria Josua ergänzen: „Netzwerke autoritärer Staaten und damit die Option alternativer Verbündeter begrenzen die Möglichkeiten demokratischer Staaten, über Konditionalität die Einhaltung von Menschen- und Bürgerrechten einzufordern." (Bank/Josua 2017) Unter Legitimationsaspekten entsende man zum Beispiel gegenseitig gern Wahlbeobachter. Deren Analysen sind dann meist auch entsprechend.

Bemerkenswert ist das Selbstbewusstsein, mit dem mittlerweile agiert wird, auch beim Aufbau eigener *soft power*: Die Volksrepublik China etwa baut international ihr Netz von Konfuzius-Instituten ebenso auf wie die Präsenz chinesischer Staatsmedien, die nicht zuletzt die heimischen Erfolge feiern und den chinesischen Weg zur Nachahmung empfehlen. Russland hat nicht nur über *Russia today* mittlerweile ebenfalls ein weltweites Netz etabliert, das deutlich in den Dienst der Regierungspropaganda gestellt ist und – ähnlich wie im chinesischen Fall – nicht zuletzt die eigene Diaspora in anderen Ländern bedient und in ihrer Verbundenheit stärkt. „Autoritäre Einflussnahme", so Thorsten Benner (2017: 40), „spielt sich vor allem in drei Bereichen ab: der öffentlichen Meinung, den politischen Parteien und der Wirtschaft." Dazu passt, dass die internationale Szene gern auch mit sogenannten GONGOs geflutet wird: Sie sehen wie Nichtregierungsorganisationen (NGOs) aus, sind aber *government organized*, ein Widerspruch, den man nicht immer auf den ersten Blick erkennt.

Zunehmend ist zu beobachten, wie eine direkte Unterstützung von Parteien oder die Einflussnahme auf einzelne Politikerinnen und Politiker erfolgt, von denen man sich die Beförderung der eigenen Ziele verspricht. Nicht nur in den USA und Europa, auch in Ländern wie Australien und Neuseeland ist man hochgradig alarmiert. Im russischen Fall zeigt sich eindeutig, dass die Spaltung der Europäischen Union und eine Schwächung der europäischen Integrationsbemühungen ganz oben auf der Tagesordnung stehen. Indizien deuten klar darauf hin, dass man auch vor dem Versuch, Wahlen direkt zu manipulieren, nicht zurückschreckt. Beliebt ist die Verbreitung von *fake news*, um die Glaubwürdigkeit demokratischer Akteure zu unterminieren. Man erreicht nicht, dass man selbst zu erhöhter Glaubwürdigkeit kommt, man schafft es aber, Vertrauen generell zu zerstören und damit westliche Gesellschaften und demokratisches Zusammenleben empfindlich zu stören.

Die Lobbyarbeit der Autokraten ist massiv spürbar, egal ob in Berlin oder Brüssel oder beim Europarat in Straßburg, auch direkte Korruption spielt als Einflussinstrument eine Rolle. Länder, die die Ausübung anderer Religionen auf ihrem Staatsgebiet rigoros unterbinden, missionieren anderswo in überaus aggressiver Form, selbst die Finanzierung religiös motivierten Terrors durch eigene Staatsbürger wird so lange geduldet, bis die Welle aufs eigene Territorium zurückschwappt. Und sogar überholte linksextreme Ideologien wurden, gestützt etwa auf die Ölmilliarden Venezuelas, mancherorts erneut zum Exportartikel.

Die Angst vor „Farbenrevolutionen"

Mittlerweile ist auch die klassische Großmachtpolitik auf die Weltbühne zurückgekehrt, sollte sie denn überhaupt je verschwunden gewesen sein. Besonders China und Russland spielen auf dieser Klaviatur und reklamieren ganz selbstverständlich Einflusszonen, aus denen sich andere bitte herauszuhalten haben, inklusive jeglichen Verzichts auf eine Einmischung in die sogenannten inneren Angelegenheiten. Damit unterscheiden sie sich allerdings nicht vom Verhalten der Vereinigten Staaten im 19. Jahrhundert, wo auf der Basis der Monroe-Doktrin nicht nur die Karibik als eigener „Hinterhof" konsolidiert wurde. Ganz offen formuliert dies etwa der Programmleiter des Kreml-nahen Gesprächsforums *Waldai-Club,* Dimitri Suslow: „Die Beziehungen zur EU werden von Problemen geprägt bleiben und stagnieren, bis die EU ihr Ziel aufgibt, die westlichen postsowjetischen Staaten und Russland zu europäisieren." (Suslow 2018). Dass dabei auch das Selbstbestimmungsrecht von Ländern auf der Strecke bleibt, die über ihr Schicksal lieber selbst entscheiden möchten, inklusive der Frage, welchen Bündnissen und Organisationen sie angehören wollen, das ignoriert eine Großmacht geflissentlich und reagiert – wie gesehen – gern auch mit gewaltsamen Interventionen.

Derzeit wird – gerade von Ländern, mit denen sich „der Westen" im Systemwettbewerb befindet – versucht, ein Zerrbild zu verankern. Da seht ihr, heißt es mit Blick auf Syrien, Libyen und andere Staaten, wohin ihr mit „euren" *regime change*-Versuchen und „eurem" *arabischen Frühling* gekommen seid – hättet ihr mal lieber die Herrscher unangetastet gelassen und auf „Farbenrevolutionen" verzichtet. Diese Denke, die mittels massiver Propagandainstrumente der eigenen Bevölkerung und dem Ausland vermittelt wird, verkennt: der Ausgangspunkt des bürgerlichen Aufbegehrens lag in den Ländern selbst, im Wunsch nach Freiheit, Würde, Selbstbestimmung, darin, dass man Unterdrückung, Korruption und Nepotismus satt hatte. Und in der Tat verdient dieser Wunsch solidarische Hilfe derer, denen eine solche Unterstützung möglich ist.

Allerdings lässt sich beobachten, dass einmal erreichte Demokratieniveaus leicht auf frühere Stadien zurückfallen. Wenn Institutionalisierung misslingt und gerade eine junge demokratische Transitionsgesellschaft die Erwartungen der Menschen enttäuscht, sind demokratische Systeme keineswegs vor Zusammenbruch gefeit, eine Delegitimierung der Demokratie als Modell und Lebensform kann die Folge sein.

Umgekehrt gilt aber auch: viele autoritäre Regime sehen sich zu umfassenden Maßnahmen gegenüber den eigenen Bürgern veranlasst, gerade weil diese wacher, aktiver und vernetzter geworden ist. Und es ist diese einheimische Zivilgesellschaft, die in allererster Linie getroffen werden soll. Ihre Vertreter zahlen den höchsten Preis, wenn sie Opfer von Repressionen werden, plötzlich Schwierigkeiten am Arbeitsplatz haben, für minimale Äußerungen ihrer Meinung zu absurd hohen Strafen verurteilt, eingesperrt oder sogar ermordet werden.

Das Beispiel Konrad Adenauer Stiftung (KAS)

Dass der Wind der Zivilgesellschaft heftig ins Gesicht wehen kann, diese Erfahrung begleitet die Konrad Adenauer Stiftung seit Beginn ihres internationalen Engagements. 1962 als *Institut für Internationale Solidarität* startend war Lateinamerika der Ausgangspunkt. Die Präsenz von „geborenen Partnern" aus dem Bereich christlich-demokratischer Parteien oder Gewerkschaften machte diesen Start naheliegend, Persönlichkeiten wie der chilenische Präsident Eduardo Frei, mit Konrad Adenauer selbst noch gut bekannt, standen Pate. Als Teil der in diesen Jahren institutionalisierten deutschen Entwicklungszusammenarbeit konsolidierten die deutschen Politischen Stiftungen ihre Arbeit auch in den Jahren des Kalten Krieges und fanden Mittel und Wege, auch im feindlichen Umfeld der lateinamerikanischen Militärdiktaturen das Pflänzchen der Demokratie zu begießen und Demokraten zu unterstützen. Stipendienprogramme erwiesen sich dabei als besonders erfolgreich und viele damals angeknüpfte Kontakte trugen zum tragfähigen Aufbau von Vertrauen bei. Direkte Akkreditierungen waren zum Teil gar nicht möglich, mühsam erhielt man die Zusammenarbeit über Partnerorganisationen vor Ort aufrecht, und diese waren oft nicht einmal auf den Kernkompetenzfeldern der Stiftungen unterwegs: Sozialstrukturhilfe auch als Basis und Eintrittskarte für Demokratieförderung. Nachlesen lässt sich dies alles besonders eindrucksvoll bei Peter Molt (2017), der prägenden Einfluss auf die Stiftungsarbeit genommen hat.

Als eine von mittlerweile sechs politischen Stiftungen widmet sich die KAS ganz besonders der Förderung von Demokratie und Rechtsstaat weltweit. In rund 100 Ländern unterhält sie dazu Länder- und Regionalprogramme, welche die nationale Arbeit in den Bereichen Medien, Rechtsstaat, Klima-Umwelt, Soziale Marktwirtschaft, Förderung der Partizipation Indigener und Sicherheit flankieren. Zum Budget aus dem *Bundesministerium für wirtschaftliche Zusammenarbeit und Entwicklung* sind über die Jahre auch Mittel aus dem Auswärtigen Amt und den Töpfen der Europäischen Union getreten. Eng verschränkt ist die Auslandsarbeit zudem zunehmend mit der Bewusstseinsbildung für die Relevanz globaler Fragen im Inland und der praktischen Politikberatung für deutsche Akteure. Das Bewusstsein für die deutsche Verantwortung in der Welt – das lässt sich leider nach wie vor konstatieren – bleibt allerdings hinter den Bedürfnissen und den Erwartungen von Partnern in aller Welt zurück. Die jährlichen Umfragen der Körber-Stiftung sind dafür ein beredtes Zeugnis und in der Tat sähen viele Mitbürgerinnen und Mitbürger Deutschland am liebsten als eine große Schweiz.

Gab es – wie erwähnt – in früheren Zeiten durchaus auch ein Engagement in der sogenannten „Sozialstrukturhilfe" über Projektarbeit wie im Bereich von Genossenschaften, dem informellen Sektor, der ländlichen Entwicklung oder der Kleinunternehmerförderung, hat sich der Fokus bei der Konrad Adenauer Stiftung nach und nach auf die unmittelbare Demokratieförderung verschoben: die Arbeit mit politischen Parteien und Parlamenten, die Rechtsstaatsarbeit, die Förderung unabhängiger Medien, aber auch die Schnittstellen im Bereich der „vernetzten Entwicklung" inklusive Sicherheitsfragen sind nach vorn gerückt. Dabei wird nach wie vor auf die Arbeit mit einheimischen Partnern gesetzt, statt sich selbst unentbehrlich zu machen, die Bildung und Stärkung von Institutionen ist im Sinne von Nachhaltigkeit sicher der Königsweg. „Interventionen durch externe Akteure haben die demokratische Entwicklung in Subsahara-Afrika insgesamt positiv geprägt" – diese Einschätzung einer GIGA-Studie würde die Konrad Adenauer Stiftung sicher auch jenseits der genannten Region auf die eigenen Anstrengungen beziehen (von Soest/Bohnenberger 2016).

Gleichzeitig zeigt das Instrument der Politischen Stiftungen mit seiner pluralistischen Anlage auch im Ausland, wie demokratisches Miteinander funktionieren kann: Die Überraschung, dass es auf die Finanzierung keinen Einfluss hat, ob man einer Regierungs- oder einer Oppositionspartei nahesteht, sorgt nicht selten für Aha-Erlebnisse und erhöht die Glaubwürdigkeit. Die Parteienförderung – wo möglich – mit Partnerparteien aus der eigenen Parteienfamilie garantiert Zugänge und Vertrauen, die der soge-nannte *multi-party-Ansatz* sicher nicht gleichwertig liefern kann. Hier hilft auch das Faktum, dass Politische Stiftungen in der Regel eben nicht nur „konjunkturell" tätig sind, sondern ihre Partner in guten und in schlechten Zeiten begleiten. Zudem sind sie auch in Regionen permanent präsent, die nicht unbedingt zu den Top-Prioritäten deutschen Außenhandels gehören. Deutschen politischen Akteuren wiederum hilft das enge Kontaktnetz der Stiftungen, realistische Einschätzungen von politischen Situationen auch jenseits staatlicher diplomatischer Kanäle zu gewinnen oder diese zu kom-plettieren.

International hat das Modell der deutschen Politischen Stiftungen dabei durchaus Nachahmer gefunden, am prominentesten sicherlich schon früh im Falle der USA zu Zeiten von Präsident Ronald Reagan mit den Institu-ten der Republikanischen und der Demokratischen Partei. In Europa zeigt das wachsende Netzwerk ENoP am Standort Brüssel, dass der Wert der Stiftungen und ihre spezielle Kompetenz gerade mit dem Alleinstellungs-merkmal Parteienzusammenarbeit zunehmend anerkannt wird: Interessan-terweise leuchtet ja die Bedeutung freier Wahlen gerade in Transitionspha-sen unmittelbar ein, dass es aber doch in der Regel politische Parteien sind, die sich daran beteiligen und entsprechend zentrale Akteure im Sys-tem einer repräsentativen Demokratie sind, dafür und für deren Unterstüt-zung muss man bemerkenswerterweise werben. Parteien und Politik haben vielerorts ein Imageproblem, der Sex-Appeal der sogenannten Zivilgesell-schaft scheint dagegen größer – eine wirkliche Alternative zu Parteien aber ist durch Nichtregierungsorganisationen (NGOs) eben nicht zu erwarten.

Mit NGOs können viele Akteure der Entwicklungszusammenarbeit glaubwürdig zusammenarbeiten, mit politischen Parteien aber am besten parteinahe Politische Stiftungen. Dazu gehört auch der berühmte „Aus-tausch auf Augenhöhe" mit den unmittelbaren parteipolitischen Akteuren in Deutschland, die die Stiftungen immer wieder in ihre Auslandarbeit ein-beziehen können. Viele nachhaltige Verbindungen entstehen schon zu Zei-ten von Mitgliedschaften in den Jugendorganisationen der Parteien – poli-tische Nachwuchsförderung ist ein Kernelement der Auslandsarbeit. Auch geht es keineswegs immer um die nationale Ebene: ganz oft ist der unmit-telbare Kontakt von Kommunalpolitikern, das gegenseitige Erleben loka-ler Strukturen, der Eindruck lebendiger Gemeindeparlamente ein ganz be-sonders nachhaltiger. Die Politischen Stiftungen exportieren nicht das deutsche Modell, als „Folie" für den Vergleich ist es gleichwohl immer wieder ein eindrucksvoller Bezugspunkt.

Der Westen „schwächelt"

Da rührte es an das eigene Selbstverständnis, wenn Demokratieförderung bei uns, in der deutschen und europäischen Auslandsarbeit, nicht mehr den Stellenwert hätte wie bisher, wenn vordergründige Stabilitätsdefinitionen dazu in Gegensatz gebracht würden. Das, was heute auf den ersten Blick, durch brutale Unterdrückung und unter hohen Kosten aller Art stabil aussieht, kann sich ganz schnell als Scheinstabilität entpuppen und trägt das nächste Scheitern in sich. Um es ganz deutlich zu sagen: Kanäle für bürgerschaftliches Engagement, für demokratische Beteiligung, politische Alternativen durch Oppositionsparteien, Artikulation von Kritik durch eine freie Presse, all das destabilisiert nicht, sondern sorgt gerade für langfristige Stabilität, nicht zuletzt, weil Ventile bestehen, durch die Unmut gewaltfrei entweichen kann.

Dazu gehört durchaus auch, als Deutschland und Europa mit Selbstbewusstsein und robust aufzutreten, Missstände anzuprangern, Reziprozität in der Behandlung anzumahnen: Gerade wer erwartet, dass eigene Staatsbürger, Organisationen und Medien in westlichen Gesellschaften alle Vorteile und Freiheiten genießen, muss dies auch umgekehrt gewähren. Bisher ist das leider nicht so. Die Demokratien dieser Welt und speziell Europa müssen sich nicht verstecken, aber sie müssen auf Sorgen und Ängste der eigenen Bevölkerung angemessen reagieren, zumal deren Artikulation – etwa durch die Wahl populistischer und extremistischer Parteien – anderswo als Beweis für den Niedergang herangezogen werden. Es wird eben besonders genau beobachtet, wie in diesen Ländern Wahlprozesse stattfinden, wie Probleme gelöst werden, wie politische Akteure miteinander umgehen, welche Diskussionskultur in der Gesellschaft herrscht. „Bis zur Weltfinanzkrise hielt der Nimbus des Westens", so der ehemalige Verfassungsrichter Udo Di Fabio (2015), der damit durchaus eine Wegmarke beschreibt, nach der das Selbstbewusstsein erschüttert und das Vertrauen in die eigenen Eliten weiter erodiert war.

Selbstkritik ist ein Zeichen von Stärke, auch wenn wirklich kein Anlass besteht, in die Schwanengesänge über westliche Dekadenz einzustimmen und das eigene Licht unter den Scheffel zu stellen, wie man es etwa bei Richard Herzinger (2015) beschrieben sieht:

> „Die weltpolitische Desorientierung des Westens ist nicht allein mit seiner nachlassenden Bedeutung in Relation zu anderen, aufstrebenden Mächten in der viel beschworenen multipolaren Weltordnung zu erklären. Sie ist auch Ausdruck einer tiefen Krise seines Selbstwertgefühls, eines immer weiter um sich greifenden tiefen Zweifels daran, ob die universalen Werte, für die er steht, auf ‚fremde Kulturen' überhaupt anwendbar seien."

Eines allerdings stimmt: Europa und der Westen werden in aller Welt „wertemäßig" nur dann erfolgreich agieren können, wenn das eigene Modell nicht zuletzt wirtschaftlich strahlt, wenn es attraktiv ist, wenn westliche Gesellschaften als lebenswert und als Vorbild gesehen werden:

> „It is impossible to understand the story of the democratic century without taking seriously the role that economic power played in spreading the ideas of liberal democracy around the world. This also means that it is impossible to make informed predictions about the future of liberal democracy without reflecting on the effects that the decline in the relative economic clout of the democratic alliance might have in the years and decades to come." (Mounk/Foa 2018: 32).

Mindestens für die Teilnehmer an Migrationsströmen Richtung Norden, sei es nach Europa oder nach Nordamerika, scheint die Frage der Attraktivität eindeutig beantwortet und man stellt sich die Frage, warum eigentlich kaum jemand reiche autoritäre Staaten am Golf als begehrtes Migrationsziel auserkoren hat – fehlende Willkommenskultur dort ist vielleicht nicht der einzige Grund. Auch die ungebrochene Wertschätzung für amerikanische Eliteuniversitäten gerade unter den zu Wohlstand gelangten neuen Mittelschichten auch in Ländern wie China scheint in diese Richtung zu deuten.

Es ist daher ein Alarmsignal, wenn Autoren wie David Brooks (2017) Reihen wie die nachfolgende aufmachen: „We have entered the age of strong men. We are leaving the age of Obama, Cameron and Merkel and entering the age of Putin, Erdogan, el-Sisi, Xi Jinping, Kim Jong-un and Donald Trump." Das Vordringen populistisch bis extremistisch orientierter Parteien in die Parlamente und Regierungen von EU-Staaten ist ebenfalls besonders kritisch zu sehen, wie dies etwa Dieter Senghaas unter dem Begriff „clash within civilisation" (Senghaas 2017) mindestens für Osteuropa schon tut. Nicht zuletzt durch seinen Stil hat der amerikanische Präsident für Verwerfungen gesorgt. Es ist besonders fatal, wenn sich die USA von einem regelbasierten Weltsystem zu verabschieden scheinen, das sie selbst ganz wesentlich gestaltet und hervorgebracht haben.

Bei der Trump-Kritik wird allerdings auch schnell übersehen, wie die *checks and balances* in den USA nach wie vor funktionieren, inklusive einer sehr wachen Zivilgesellschaft, einer freien Presse, einer unabhängigen Justiz und selbstbewussten Akteuren auf allen Ebenen des politischen Systems. Gleichwohl konstatieren Autoren wie John Ikenberry mit resignierendem Unterton: „The world's most powerful state has begun to sabotage the order it created." (Ikenberry 2017). Interessanterweise gehört auch er zu denen, die in der deutschen Kanzlerin Angela Merkel die Person als „uniquely positioned" sehen, „to speak as the moral voice of the liberal democratic world." (Ikenberry, ebd.)

Einmal mehr trauen andere Deutschland offenbar mehr zu als Deutschland sich selbst. „Ob es uns gefällt oder nicht", folgert entsprechend die Vorstandsvorsitzende der *Gesellschaft für Internationale Zusammenarbeit* Tanja Gönner (2014: 172), „Deutschland spielt als Mittelmacht eine wichtige Rolle in den internationalen Beziehungen. Es ist Mittler in der eigenen Region und Makler zwischen globalen Machtzentren. Dieser Verantwortung sollten wir uns in Zukunft noch stärker stellen" Ein Mittel dabei: eine Besinnung auf die eigenen *Soft Power*-Eigenschaften.

Eine Frage der Glaubwürdigkeit

Vor Herausforderungen mindestens im übertragenen Sinne sieht sich die Demokratieförderung momentan nicht zuletzt durch das Thema Migration und die damit verbundenen aktuellen Probleme in vielen Staaten Europas gestellt. Fatal ist der Eindruck, nun würde jede Kooperation unter das Oberziel gestellt, wirklich alles zu tun, um solche Migration zu unterbinden. Das ist verständlich, bleibt aber nicht ohne Konsequenzen auf die eigene Glaubwürdigkeit, nicht zuletzt in Afrika. Autokraten etwa dabei zu helfen, ihre Grenzen möglichst gegen Ausreisewillige zu sichern, weckt ungute Erinnerungen. Deren Verhalten ist ja eben nicht gerade selten einer der wesentlichen Beweggründe für Migrationsbereitschaft. „Ensuring a nations survival sometimes leaves tragically little room for private morality", schreibt mit Robert D. Kaplan (2018: 146) ein klassischer Vertreter der realistischen Politikschule, macht mit dem Rückblick auf den Kalten Krieg aber auch Veränderungswilligen Mut: Manchmal kann es sich schon lohnen, die eigenen Positionen zu halten, bis bessere Zeiten kommen. Und im genannten Fall kamen sie ja.

Liberale Werte allerdings, auch das lässt sich bei ihm nachlesen, machen ohne Macht, sie auch durchzusetzen, nirgendwo wirklich Eindruck. Auch dabei wird es auf den Zusammenhalt des demokratischen Lagers ankommen, das insbesondere, wenn man in diesen Sammelbegriff auch Staaten wie Japan und Südkorea, aber auch Länder Lateinamerikas und Indien subsummiert, mit dem Begriff „Westen" natürlich unzureichend charakterisiert ist. Ohne ein Mitwirken der USA aber, das wusste schon Kaplans Vorbild Henry Kissinger, wird es schwierig: „Um die Herausforderungen unserer Zeit zu bewältigen, ist auf philosophischer wie geopolitischer Ebene eine angemessene Führungsrolle Amerikas unverzichtbar." (Kissinger 2014: 424). Davon sind wir leider derzeit weit entfernt, denn

Selbstzweifel gibt es auch jenseits des Atlantik: „Americans are losing faith in their system." (Luce 2017: 14).

„Lukrativ, aber autoritär" übertitelt Frederic Spohr (2018) einen Kommentar im *Handelsblatt* über Südostasien und bringt damit ein weiteres Dilemma bei der Zusammenarbeit mit demokratisch fragwürdigen Partnern auf den Punkt: Die Befürchtung nach Verlust von Einfluss einerseits, sollte man zu sehr auf menschenrechtliche Standards dringen, andererseits aber die damit möglicherweise verbundenen Wettbewerbsnachteile und Auswirkungen auf die eigene Wirtschaft. Machten westliche Staaten Geschäfte nur unter ihresgleichen, ihre Wirtschaftsentwicklung wäre eine andere.

Auch lassen sich westliche Staaten oft vergleichsweise problemlos gegeneinander ausspielen, wie dies gerade Saudi-Arabien bei der mehr als berechtigten kanadischen Menschenrechtskritik praktiziert. Entsprechend kommentiert Daniel Gerlach, Chefredakteur des Nahost-Magazins ‚Zenith' und Direktor des Thinktanks *Candid-Foundation*: „Auffällig ist, das nicht viele andere Länder den Kanadiern beispringen. Ihre harte Haltung, so glauben die Saudis, wird sich auszahlen." (zitiert nach: Böhmer/Kogel 2018). Und möglicherweise haben sie damit nicht einmal Unrecht. Nicht nur für Saudi-Arabien gilt allerdings auch, dass die Gründe für Repression nicht selten in Angst und Unsicherheit liegen: Regime, die sich wirklich stark fühlen, könnten deutlich selbstbewusster sein und würden sich nicht sofort von jedem *blogger* daheim oder *tweet* von auswärts bedroht fühlen. Andererseits – das ist vom Einklagen adäquater Menschenrechtsstandards unberührt – wäre es naiv, Bedrohungslagen von Ländern in ihrem unmittelbaren geostrategischen Umfeld ignorieren zu wollen und einer Destabilisierung tatenlos zuzusehen. Nicht immer entsprechen Partner – darauf wurde schon ausführlich hingewiesen – vollständig den eigenen Standards, der Begriff des „kleineres Übels" prägt auch die internationalen Positionsentscheidungen der Bundesrepublik Deutschland. Das Bemühen um „friedliche Koexistenz" mit dem höchsten Ziel der Kriegsvermeidung schloss schon im Kalten Krieg das intensive Austragen von „ideologischen" Differenzen bekanntlich nicht aus.

Was tun?

Demokratie, so lässt sich lernen, festigt sich nicht zuletzt über leistungsfähige Strukturen, Institutionalisierung und die wirksame Befriedigung unmittelbarer Bedürfnisse der Menschen. Hier ist, neben der direkten Förderung demokratischer Akteure, anzusetzen. Örtliche Zivilgesellschaften sind dabei allemal die entscheidenden Verbündeten. Es macht Hoffnung, dass bei allen autoritären Tendenzen, die derzeit zu beobachten sind, der Wunsch nach echter Teilhabe, nach Mitsprache, Bürgerrechten und unabhängiger Organisation vielerorts ungebrochen ist. Nicht zuletzt die Frauen werden in vielen Gesellschaften aktiver und artikulieren ihre Interessen. Immer weniger ist man bereit, Korruption zu akzeptieren, laut werden Zukunftschancen gerade von jungen Menschen eingefordert.

Nun ist es für demokratische Staaten seit jeher schwierig, mit den Behinderungen demokratischer Bewegungen anderswo angemessen umzugehen. Und das Problem ist: die Autokraten wissen das ganz genau! Sie kennen die Spannungsverhältnisse gut, unter denen das Außenhandeln in Demokratien steht. Da ist der bereits erwähnte Respekt vor den „inneren Angelegenheiten", der für ein zivilisiertes Zusammenleben von Staaten nicht ganz unbedeutend ist, zumindest im Regelfall: wenn selbst Völkermord und massivste Menschenrechtsverletzungen oft ungesühnt bleiben, welchen Druck wollte man da gegenüber Beeinträchtigungen der Zivilgesellschaft unterhalb der Schwelle brutaler Aggression ergreifen? Sanktionen etwa entfalten Wirkung, sind aber kein Allheilmittel, wie sich immer wieder zeigt.

Schwierig heißt aber keineswegs: ausgeschlossen. Auch für Autokraten ist es keineswegs angenehm, an die eigenen demokratischen Defizite immer und überall erinnert zu werden und international am Pranger zu stehen. Immer wieder erlebt man, dass auch für sie Image nicht nur zu Hause zählt. Vor wichtigen Staatsbesuchen gibt es da zum Teil Bewegungen, mit denen zuvor niemand rechnen konnte. Auch autoritär regierte Staaten haben Interessen, die von ihrem internationalen Ansehen tangiert werden: Wenn etwa internationale Investitionen daran scheitern, dass kein internationales Fachpersonal zu einem dauerhaften Aufenthalt vor Ort motiviert werden kann, ist das heutzutage wichtig, Standortentscheidungen enthalten bekanntlich auch „weiche" Faktoren.

Wissenschaftler wie der schon erwähnte Thomas Carothers und Saskia Brechenmacher (2014) schlagen deshalb vor, diplomatischen Druck gegenüber anti-liberaler NGO-Gesetzgebung aufrecht zu erhalten, aus Fehlern zu lernen und besser zu koordinieren. Nach Meinung der langjährigen Beobachter der Demokratieförderung weltweit sollten Regierungen auch weiterhin versuchen, die Vereinten Nationen, regionale Zusammenschlüsse und die Post-2015-Entwicklungsagenda für eine Stärkung der Zivilgesellschaft zu nutzen – ob sich gerade letzteres im Konsens vereinbaren lässt, dürfte mindestens fraglich sein. Besonders im Bereich der Koordination scheint es aber besonders viel Spielraum zu geben: gemeinsam sind demokratische Staaten stärker, als sie vielleicht glauben und auch neue demokratische Akteure könnten hier mehr Gewicht entwickeln, als sie es bisher tun. Thorsten Benner (2017: 43) schlussfolgert: „Demokratien sollten die Kanäle und Mechanismen autoritärer Einflussnahme direkt angehen. Dazu brauchen sie neue Regeln für mehr Transparenz, vor allem für Parteien, Think Tanks, Universitäten, Anwaltskanzleien, PR- und Lobbyfirmen sowie Finanzdienstleister. NGOs sollten Kampagnen gegen die Steigbügelhalter autoritärer Einflussnahme lancieren. […] Das Ziel", und hier kann man ihm nur zustimmen, „sollte sein, einige Kanäle der autoritären Einflussnahme zu schließen, zugleich aber die Offenheit von Demokratien zu bewahren."

Für Politische Stiftungen ist die Situation – wie dargestellt – insgesamt keineswegs neu, Erfahrungen im Umgang mit autoritären Regimen konnten in den über fünfzig Jahren Auslandsengagement in vielfältiger Form gesammelt werden. Immer wieder konnten Wege gefunden werden, bedrängten Partnern vor Ort zu helfen, Kontaktnetze intensiv zu pflegen und Arbeitsbedingungen aufrecht zu erhalten. Und nicht immer geht es ja konfrontativ zu: es gibt zahlreiche Felder, auf denen intensive und für beide Seiten fruchtbringende Dialoge auch mit und in Staaten möglich sind, mit denen die gemeinsame Wertebasis eher schwach entwickelt ist. Interessen decken sich vielfach, wenn es etwa um Fragen von Sicherheit, Klima- und Ressourcenschutz oder erfolgreiche wirtschaftliche Entwicklung geht. Vertrauen kann wachsen, um auch bei heikleren Themen einen größeren Spielraum zu haben. Alles in allem: „Reports of the death of democracy are greatly exaggerated. But the least-bad system of government ever devised is in trouble. It needs defenders." (The Economist 2018)

Literatur

Bank, André/Josua, Maria (2017): „Gemeinsam stabiler: wie autoritäre Regime zusammenarbeiten". In: GIGA Focus Global, 2. Juni 2017.

Benner, Thorsten (2017): „Autokraten auf dem Vormarsch". In: Internationale Politik, November/Dezember 2017, S. 38–47

Böhmer, Daniel-Dylan/Kogel Eva Marie (2018): „Selbstbewusste Eskalation". In: Die Welt, 8. August 2018.

Brooks, David (2017): „The crisis of western div". In: The New York Times, April 21,2017.

Carothers, Thomas/Brechenmacher, Saskia (2014): Closing space – Democracy and Human rights Support under Fire. Washington DC: Carnegie Endowment for International Peace.

Carothers, Thomas/Samet-Marram, Oren (2015): The New Global Marketplace of Political Change. Washington DC: Carnegie Endowment for International Peace.

Diamond, Larry/Plattner, Marc F./Walker, Christopher (2016): Authoritarianism Goes Global – The Challenge to Democracy. Baltimore: Johns Hopkins University Press and The National Endowment for Democracy.

Di Fabio, Udo (2015): Schwankender Westen – Wie sich ein Gesellschaftsmodell neu erfinden muss. München: C.H.Beck.

Drinhausen, Katja/Schucher, Günter (2015): „Zivilgesellschaft unter Druck: Globaler Widerstand gegen Demokratie wächst". In: GIGA Focus Nr. 3/2015.

Gönner, Tanja (2014): Zieht die größeren Schuhe an! – Was Deutschland in der Welt erwartet. Hamburg: Murmann Verlag GmbH.

Herzinger, Richard (2015): „Überrumpelt, zögerlich, lethargisch – der Westen leidet unter einer tiefen Krise seines Selbstwertgefühls". In: Internationale Politik, März/April 2015.

Ikenberry, G. John (2017): „The Plot Against American Foreign Policy – Can the liberal order survive?". In: Foreign Affairs 96 (3).

Inglehart, Ronald (2018): „The Age of Insecurity – Can Democracy Save Itself?". In: Foreign Affairs, 97 (3), S. 20–28.

Kaplan, Robert D. (2018): The Return of Marco Polo's Wolrd – War, Strategy and American Interest in the Twenty-First Century. New York: Random House.

Kissinger, Henry (2014): Weltordnung. München: C. Bertelsmann.

Lammert, Norbert (2017): „Visionen in der Politik, Interview". In: Die Politische Meinung Nr. 547/November/Dezember, S 24–30.

Luce, Edward (2017): The Retreat of Western Liberalism. London: Little Brown.

Mijnssen, Ivo (2017): „Wie ein Versprechen zum Kampfbegriff wurde". In: NZZ, 12. Mai 2017.

Molt, Peter (2017): Die Anfänge der Entwicklungspolitik der Bundesrepublik Deutschland in der Ära Adenauer. Düsseldorf: Droste Verlag.

Mounk, Yascha/Foa, Roberto Stefan (2018): „The End of the Democratic Century – Autocracy's Global Ascendance". In: Foreign Affairs, 97 (3), S. 29–36

Münkler, Herfried (2016): „Wiedergeburt des Autokraten". In: Handelsblatt, 16. Dezember 2016.

Roll, Stephan/Brozus, Lars (2017): „Überwintern' am Nil – Das Abkommen über die Arbeit der deutschen politischen Stiftungen in Ägypten". In: SWP-Aktuell, 26, April 2017.

Schöllgen, Gregor (2018): „Abendland? Ist abgebrannt". In: FAZ, 16. Juni 2018.

Senghaas, Dieter (2017): „Von Donald Trump bis Xi Jinping: Der neue Kampf innerhalb der Kulturen". In: Blätter für deutsche und internationale Politik 12/2017, S. 35–44.

Spohr, Frederic (2018): „Lukrativ, aber autoritär". In: Handelsblatt, 18. Juli 2018.

Suslow, Dimitri (2018): „Jetzt gestalten mal wir die Welt". In: Die Zeit, 1. Februar 2018.

The Economist (2018): „How democracy dies". In: The Economist, June 16th 2018.

Von Soest, Christian/Bohnenberger, Fabian (2016): „Externe Unterstützung stärkt die Demokratie in Afrika". In: GIGA Focus Afrika, Nummer 4/Oktober 2016.

Walker, Christopher (2016): „Dealing with the Authoritarian Resurgence". In: Diamond et. al. (Hrsg.) (2016): Authoritarianism Goes Global – The Challenge to Democracy. Baltimore: Johns Hopkins University Press and The National Endowment for Democracy, S. 215–234.

Stärken ausbauen und neue Herausforderungen meistern: Die Zukunft der Technischen Zusammenarbeit der GIZ

Michael Krempin

Einleitung

Zwei Entwicklungen in den vergangenen Jahren haben die Ausrichtung der deutschen Entwicklungszusammenarbeit (EZ) entscheidend geprägt: die Verabschiedung der Agenda 2030 für nachhaltige Entwicklung sowie des Pariser Klimaabkommens und die Zunahme von Fragilität, gewaltsamen Konflikten und Flucht. Für beide Weichenstellungen war das Jahr 2015 entscheidend, denn in diesem Jahr wurden zum einen die Agenda 2030 und das Pariser Klimaabkommen im Rahmen der Vereinten Nationen (UN) verabschiedet und zum anderen von der deutschen und europäischen Politik auf die starke Zunahme der Flucht- und Migrationsbewegungen nach Deutschland und Europa reagiert.

Das Bundesministerium für wirtschaftliche Zusammenarbeit und Entwicklung (BMZ) hat sich vor allem in zwei Dokumenten zu dieser Entwicklung positioniert: 2017 im Vorausschau-Kapitel des 15. Entwicklungspolitischen Berichtes der Bundesregierung und 2018 im Strategiepapier Entwicklungspolitik 2030. Während im 15. Entwicklungspolitischen Bericht der Bundesregierung der Akzent noch klar auf der Umsetzung der Agenda 2030 als neuem Orientierungsrahmen für die Entwicklungspolitik lag, fokussiert das Strategiepapier Entwicklungspolitik 2030 auf die Arbeit in fragilen Kontexten und den Ausbau der Zusammenarbeit mit Afrika.

Für die Debatte über die Verstärkung und Neuausrichtung der Kooperation mit Afrika war die Zunahme der Flucht- und Migrationsbewegungen ein wichtiger Treiber, denn neben Syrien und Afghanistan sind vor allem eine Reihe von afrikanischen Staaten Herkunfts- und/oder Transitländer. Da in dieser Diskussion deutsche Bundesressorts wie das Bundesministerium der Finanzen (BMF) und das Bundesministerium für Wirtschaft und Energie (BMWi) durchaus Anleihen beim chinesischen und japanischen Modell machen (z. B. beim *„Compact with Africa"*) und afrikanische Staaten wie Ruanda und Äthiopien sich am chinesischen Entwicklungsweg orientieren, gibt es gute Gründe, auch die EZ-Ansätze Chinas und Japans vertieft zu analysieren und von ihren Erfahrungen zu lernen.

Der hohe Stellenwert des Themas Flucht und Migration in der Politik und Öffentlichkeit hat dazu geführt, dass der Einfluss von innen-, sicherheits- und außenpolitischen Interessen auf die EZ deutlich zugenommen hat. In diesem Kontext stellt sich auch die Frage, welche Rolle das Politikfeld EZ zukünftig in einem „Whole of Government Approach" spielen kann.

Die Zukunft der EZ wird auch durch das Thema ODA-Graduierung (ODA/Official Development Assistance) mitgeprägt, da in den nächsten 10–15 Jahren eine Reihe von wichtigen Schwellenländern ihre ODA-Fähigkeit verlieren wird und dadurch ein Bedeutungsverlust der EZ droht. Derzeit ist unklar, ob und ggf. welche anderen Bundesministerien das BMZ in der internationalen Zusammenarbeit (IZ) mit graduierten Schwellenländern ablösen können.

Darüber hinaus ist die Technische Zusammenarbeit (TZ) der GIZ gefordert, bei der Umsetzung der Agenda 2030 und des Pariser Klimaabkommens sowie der Minderung der Fluchtursachen und der Unterstützung von Flüchtlingen ihren Platz zwischen der Unterstützung von *Global Governance* und der Kooperation mit Schwellenländern auf der einen und der Arbeit in fragilen Kontexten auf der anderen Seite zu finden. Auf jeden Fall wird die zukünftige TZ durch eine große Heterogenität der Maßnahmen gekennzeichnet sein.

1.   Die Weichenstellungen des Jahres 2015

Mit der Agenda 2030 und dem Pariser Klimaabkommen hat die internationale Staatengemeinschaft 2015 auf die drängenden globalen Herausforderungen reagiert: die Schaffung nachhaltiger Lebensperspektiven für eine wachsende Weltbevölkerung und den Erhalt der globalen öffentlichen Güter.

Die Schaffung von nachhaltigen Lebensperspektiven schließt die Reduzierung von Hunger, Armut und sozialer Ungerechtigkeit, den Ausbau der sozialen und technischen Infrastruktur (Gesundheit, Bildung, Energie, Wasser etc.) sowie die nachhaltige Wirtschaftsentwicklung und Schaffung von Beschäftigungsmöglichkeiten ebenso ein wie Rechtsstaatlichkeit, gute Regierungsführung und Partizipationsmöglichkeiten. Der Schutz und Erhalt der globalen öffentlichen Güter umfasst u. a. Umwelt- und Klimaschutz, Erhalt der Biodiversität, verantwortlicher Umgang mit knapper werdenden Ressourcen, Pandemievorsorge sowie Sicherung von Stabilität und Frieden.

Die Agenda 2030 hat mit ihrer universellen Gültigkeit, ihrem integrierten und transformativen Ansatz nachhaltiger Entwicklung und ihrem umfassenden Zielsystem einen neuen Rahmen nicht nur für die EZ, sondern für die gesamte IZ geschaffen. Sie trägt deshalb auch zu einer verstärkten internationalen Aufstellung vieler Ministerien nicht nur in Deutschland bei. Im 15. Entwicklungspolitischen Bericht der Bundesregierung werden die Agenda 2030 und das Pariser Klimaabkommen als Ausgangspunkt ihrer entwicklungspolitischen Strategie für die nächsten 15 Jahre dargestellt (BMZ 2017b).

Die TZ der GIZ leistet im Auftrag des BMZ und anderer Bundesressorts einen Beitrag zur Umsetzung der Agenda 2030. Da die Agenda 2030 mehr ist als die Summe der einzelnen *Sustainable Development Goals* (SDGs), orientiert sich die GIZ in ihrer Arbeit an fünf Umsetzungsprinzipien, die den transformativen Charakter der Agenda 2030 betonen: Universalität, integrierter Ansatz, niemanden zurücklassen (*leave no one behind*), gemeinsame Verantwortung und Rechenschaftspflicht.

Gleichzeitig haben die großen Flucht- und Migrationsbewegungen seit 2015 die internationale Staatengemeinschaft vor große Herausforderungen gestellt. Laut dem UNHCR waren 2017 68,5 Mio. Menschen auf der Flucht, so viele wie seit dem Ende des 2. Weltkrieges nicht mehr: 40,0 Mio. Binnenvertriebene, 25,4 Mio. Flüchtlinge und 3,1 Mio. Asylsuchende. 85 % von ihnen fanden Zuflucht in Entwicklungsländern (UNHCR 2018).

Die starken Flucht- und Migrationsbewegungen, auch nach Deutschland und Europa, haben den Stellenwert der EZ in der Wahrnehmung der deutschen Politik und Öffentlichkeit deutlich erhöht. Der große Mittelaufwuchs für die deutsche EZ, insbesondere auch für die Übergangshilfe (Krisenbewältigung und Wiederaufbau, Infrastruktur) und die Sonderinitiative „Fluchtursachen bekämpfen, Flüchtlinge reintegrieren", hat 2018 zum höchsten Haushalt des BMZ in seiner Geschichte geführt. Außerdem gab es auch deutlich mehr Mittel für die humanitäre Hilfe des Auswärtigen Amtes (AA).

Mit der starken Zunahme von Fragilität, bewaffneten Konflikten und Flucht rückten Stabilisierung und Sicherheit bei den OECD-DAC-Gebern immer mehr in den Mittelpunkt der entwicklungspolitischen Debatte, neben globaler Nachhaltigkeit als dem zentralen Paradigma der Agenda 2030 und des Klimaabkommens. Die Zunahme von Fragilität und gewaltsamen Konflikten sowie daraus resultierenden Fluchtbewegungen haben vor diesem Hintergrund zu einem starken Ausbau des Engagements der EZ in fragilen Kontexten geführt.

Mit Stabilisierung und Sicherheit als neuem Paradigma für die EZ neben globaler nachhaltiger Entwicklung wuchs auch der Einfluss von innen-, außen- und sicherheitspolitischen Erwägungen auf die EZ. Außerdem ist der Mittelaufwuchs für das Thema Flucht und Migration mit der

Erwartung an die EZ verbunden, dass Flucht und irreguläre Migration zu-
rückgehen. Eine Entwicklung, die die Ursachen von Flucht und Migrationsdruck vermindert, braucht aber ihre Zeit, wenn sie nicht ohnehin, wie
z. B. im Falle von Bürgerkriegen und bewaffneten Konflikten, durch EZ
nur wenig beeinflusst werden kann. Die TZ der GIZ steht vor der Herausforderung, kurzfristige sichtbare Erfolge bei der Unterstützung der Flüchtlinge und der Aufnahmeregionen sowie der Verbesserung der Lebensbedingungen mit langfristig nachhaltigen Entwicklungswirkungen in den
Partnerländern zu verbinden.

2.   Strategie des BMZ zur zukünftigen Ausgestaltung der deutschen
     Entwicklungspolitik

Das BMZ hat in zwei Dokumenten seine Strategie zur zukünftigen Ausgestaltung der deutschen Entwicklungspolitik dargelegt: 2017 im Vorausschau-Kapitel des 15. Entwicklungspolitischen Berichtes der Bundesregierung und 2018 im Strategiepapier Entwicklungspolitik 2030.
    Der 15. Entwicklungspolitische Bericht der Bundesregierung gliedert
sich in zwei Teile: den Bericht über die Aktivitäten in der Legislaturperiode 2013–2017 und den Ausblick auf die zukünftigen Weichenstellungen
der deutschen Entwicklungspolitik (BMZ 2017b). Dieses Vorausschau-
Kapitel des Berichtes stellt zunächst die Ausgangslage für die Umsetzung
der Agenda 2030 für nachhaltige Entwicklung dar. Es weist auf die be-
achtlichen Entwicklungserfolge hin, die in den letzten 25 Jahren weltweit
erreicht wurden und die Lebenssituation in vielen Entwicklungs- und
Schwellenländern deutlich verbessert haben, benennt aber auch die unge-
lösten Entwicklungsprobleme und die wachsenden globalen Herausforderungen.
    Der Kern des Vorausschau-Kapitels sind die Ausführungen zu den fünf
Weichenstellungen für die deutsche Entwicklungspolitik bis 2030. Diese
Weichenstellungen orientieren sich sehr eng an den Kernbotschaften der
Agenda 2030: People, Planet, Peace, Prosperity und Partnership. Damit
machte das BMZ im 15. Entwicklungspolitischen Bericht der Bundesregierung die Agenda 2030 zum Ausgangspunkt seiner entwicklungspolitischen Strategie für die nächsten 15 Jahre. Dagegen spielen der Ausbau der
Zusammenarbeit mit Afrika, die Konzentration auf Reformpartnerschaften
und die stärkere Einbindung der Privatwirtschaft keine prominente Rolle
im Vorausschau-Kapitel. Der Marshallplan mit Afrika wird beispielsweise
nur am Rande erwähnt.

Während im 15. Entwicklungspolitischen Bericht der Bundesregierung der Akzent also noch klar auf der Umsetzung der Agenda 2030 als neuem Orientierungsrahmen für die Entwicklungspolitik lag, fokussiert das Strategiepapier Entwicklungspolitik 2030 von Oktober 2018 auf die Arbeit in fragilen Kontexten und den Ausbau der Zusammenarbeit mit Afrika (BMZ 2018). Die Agenda 2030 und das Pariser Klimaabkommen finden zwar als wichtigen Weichenstellungen durch die internationale Staatengemeinschaft Erwähnung, stehen aber nicht im Mittelpunkt des Strategiepapiers.

Das Strategiepapier Entwicklungspolitik 2030 hat drei Schwerpunkte: die Arbeit in Krisen- und Kriegsgebieten, die Umsetzung des Marshallplans mit Afrika und die gerechte Gestaltung der Globalisierung.

Die Maßnahmen des BMZ in fragilen Kontexten sollen dazu dienen, Bleibe- und Zukunftsperspektiven in den Krisen- und Fluchtländern zu schaffen. Dieser als „Perspektive Heimat" (BMZ 2108: 9) bezeichnete Ansatz soll vor allem durch die vier Sonderinitiativen Flucht, MENA, EINEWELT ohne Hunger und Ausbildung und Beschäftigung, die Übergangshilfe sowie die Zusammenarbeit mit der Wirtschaft und Kommunen umgesetzt werden.

Aus Sicht des BMZ haben der Marshallplan mit Afrika und der *Compact with Africa* „einen Paradigmenwechsel eingeleitet. Es stehen nicht mehr kleinteilige Einzelprogramme im Vordergrund, sondern integrierte Gesamtkonzepte für eine nachhaltige Entwicklung aller Politikfelder" (BMZ 2018: 11). Schwerpunkte bilden dabei die Reformpartnerschaften mit ausgewählten afrikanischen Staaten.

Die gerechte Gestaltung der Globalisierung als dritter Schwerpunkt des neuen Strategiepapiers Entwicklungspolitik 2030 beinhaltet viele Themen, die dem BMZ über die Arbeit in fragilen Kontexten und den Ausbau der Zusammenarbeit mit Afrika hinaus auch noch wichtig sind: Armutsbekämpfung und Ernährungssicherung, Bildung, Gesundheit, Umwelt- und Klimaschutz, erneuerbare Energien, fairer Handel und Digitalisierung, Wirtschaft und Beschäftigung, Good Governance, Menschenrechte und Frauenförderung.

3. Auseinandersetzung mit anderen EZ-Ansätzen und Rückschlüsse für die Neuausrichtung der Zusammenarbeit mit Afrika

Die öffentliche Debatte über das Thema Flucht und Migration hat gezeigt, dass die Frage der Wirksamkeit für die Legitimation und Zukunft der EZ von zentraler Bedeutung ist. Warum sind 68,5 Mio. Menschen auf der

Flucht, trotz der Mittel, die seit Jahrzehnten für die EZ bereitgestellt werden? In der Diskussion über die EZ, gerade auch über die Entwicklung in Afrika und die Kooperation mit den Ländern dieses Kontinents, werden vor diesem Hintergrund die Entwicklungserfolge in den Partnerländern und die Ergebnisse der EZ oft skeptisch beurteilt: Entweder werden kaum Entwicklungsfortschritte gesehen oder der Beitrag der EZ zu diesen Fortschritten wird als marginal eingestuft.

Die Frage, welche EZ-Ansätze sich in der Praxis bewährt haben, ist deshalb zentral für die Zukunft der EZ und war der Grund für die GIZ, eine interne Studie zur Analyse unterschiedlicher EZ-Ansätze in Auftrag zu geben (Hilser/Schönstedt-Maschke 2017).

In dieser Studie werden nicht nur der *Capacity Development*-Ansatz der EZ Deutschlands und anderer OECD-DAC-Länder und der Ansatz zur Stärkung von Demokratie und Zivilgesellschaft vieler NGOs und politischer Stiftungen, sondern auch der chinesische Ansatz der Infrastrukturförderung („infrastructure-led development") und der japanische Ansatz der Flankierung von Direktinvestitionen analysiert.

Chinas Auslandshilfe („Foreign Aid") soll die Entwicklung Chinas und seiner Partnerländer zum gegenseitigen Nutzen fördern („win-win") und ist nur z. T. mit der EZ der OECD-DAC-Länder vergleichbar. Den größten Teil der Auslandshilfe machen konzessionäre Darlehen aus, insbesondere zur Finanzierung von Infrastrukturprojekten, deren Schenkungselement oft nicht den ODA-Kriterien des OECD-DAC (Schenkungselement von mindestens 25 %) entspricht. Daneben gibt es in der chinesischen Auslandshilfe nicht rückzahlbare Zuschüsse und in geringerem Maße zinsfreie Darlehen.

Anders als in westlichen Ländern oft angenommen, vergibt China seine Auslandshilfe nach den Studien im Rahmen von *AidData* nicht vorrangig an Länder, die über wichtige Rohstoffe verfügen, auch wenn Infrastrukturprojekte teilweise nach dem „Angola-Mode" finanziert werden. Dabei werden natürliche Ressourcen des Partnerlandes als Sicherheiten für Darlehen der chinesischen ExIm-Bank verpfändet oder Infrastrukturbauten mit der Lieferung von Rohstoffen bezahlt.

Kennzeichnend für die chinesische Auslandshilfe sind die „complete projects", deren effiziente und schnelle Umsetzung durch chinesisches Personal in den Partnerländern geschätzt wird, aber auch die Schattenseite hat, dass lokale Unternehmen und Arbeitskräfte nicht oder nur in geringem Umfang beteiligt sind.

Die Erfahrungen der Infrastrukturförderung Chinas zeigen, dass diese Investitionen in die technische und soziale Infrastruktur in vielen Fällen positive Auswirkungen auf die Entwicklung der Partnerländer haben und als förderliche Beiträge zu deren Entwicklungsstrategie wahrgenommen werden. Allerdings muss eine solche Förderung noch beschäftigungswirksamer gestaltet werden, als dies derzeit beim chinesischen Ansatz der Fall ist.

Die EZ Japans war zunächst dadurch gekennzeichnet, dass in den ost- und südostasiatischen Partnerländern verstärkt technische Infrastruktur (z. B. Häfen, Schienennetz und Energieversorgung) aufgebaut wurde, die den flankierenden japanischen FDI gute Exportbedingungen schaffen sollte. Auch hier stand – ähnlich wie bei der chinesischen EZ – der gegenseitige Nutzen im Vordergrund.

Auch heute konzentrieren sich ca. 70 % der japanischen ODA-Mittel auf die fünf asiatischen Länder Indonesien, Indien, China, Vietnam und die Philippinen. Allerdings gewannen Sektoren wie z. B. Gesundheit oder Friedenssicherung mit der Zeit an Bedeutung und *Capacity Development* ergänzte die Vergabe von Krediten, die aber mit über 74 % immer noch den überwiegenden Teil der japanischen EZ ausmacht.

Der Ansatz der japanischen EZ, in den ost- und südostasiatischen Partnerländern den Aufbau der technischen Infrastruktur zu unterstützen und damit die japanischen Direktinvestitionen zu flankieren, war durchaus erfolgreich und hatte beiderseitigen Nutzen sowohl für die Partnerländer als auch für Japan. Allerdings bieten die Länder Ost- und Südostasiens weitaus bessere Voraussetzungen für den Erfolg des japanischen Ansatzes als die meisten afrikanischen Länder, wo die schwierigeren Rahmenbedingungen und die mangelnde Investitionsbereitschaft der japanischen Wirtschaft einige der Probleme darstellen.

Die Erkenntnis, dass eine nachhaltige Entwicklung ohne die kontinuierliche Qualifikation von Menschen, den langfristigen Aufbau von Institutionen und die erfolgreiche Organisation von gesellschaftlichen Prozessen nicht gelingen kann, führte in den 1990er Jahren zu einer starken Ausrichtung der EZ Deutschlands und anderen OECD-DAC-Staaten auf den *Capacity Development*-Ansatz mit seinen drei Ebenen (Menschen, Institutionen und Rahmenbedingungen).

Der *Capacity Development*-Ansatz, den die deutsche EZ und speziell der GIZ verfolgt, geht von einem endogenen Entwicklungsverständnis aus. Auch dieser Ansatz war ganz überwiegend erfolgreich; seine Stärken liegen in dem Anknüpfen an bereits vorhandene Potentiale und Strukturen, dem Suchen nach gemeinsamen Innovationen und Lösungen und der Förderung eigenverantwortlicher Entwicklungsprozesse in den Partnerländern. Diese Prozesse brauchen zwar oft ihre Zeit, aber ohne *Capacity Development* droht die Gefahr, dass die Infrastrukturförderung „weiße Elefanten" hinterlässt, FDIs keine sozioökonomischen Fortschritte in den Partnerländern bewirken oder Investoren ganz fernbleiben, weil die Rahmenbedingungen nicht stimmen.

Die Stärkung von Demokratie, Rechtsstaatlichkeit und Zivilgesellschaft ist ein Schwerpunkt der Arbeit vieler NGOs und politischer Stiftungen, aber grundsätzlich auch der staatlichen EZ vieler OECD-DAC-Geber. NGOs und politische Stiftungen arbeiten allerdings stärker direkt mit der Zivilgesellschaft, die staatliche EZ berät vor allem die Partnerregierungen.

Die Erfahrung, dass das Fehlen von Demokratie und Rechtsstaatlichkeit, von Partizipation der Zivilgesellschaft und Mechanismen der zivilen Konfliktprävention zu Staatszerfall, Terrorismus und Bürgerkrieg führen kann, wurde immer wieder gemacht, gerade auch in Ländern wie Syrien und Afghanistan, aus denen weltweit die meisten Flüchtlinge kommen.

Eine wichtige Erkenntnis aus der Studie ist, dass keiner der analysierten EZ-Ansätze für sich reklamieren kann, den einzig erfolgreichen Weg zur Unterstützung der nachhaltigen Entwicklung der Partnerländer aufzuzeigen. Dies legt nahe, die Komplementarität der Ansätze zu nutzen und ihre Stärken zu kombinieren, um die EZ weiterzuentwickeln.

Um den aktuellen Herausforderungen zu begegnen, muss die EZ zukünftig auf eine stärkere Verbindung von Elementen unterschiedlicher Ansätze setzen, wie dies gegenwärtig auch für die zukünftige Zusammenarbeit mit Afrika im Kontext des von Deutschland initiierten und von der G20 unterstützten „*Compact with Africa*" diskutiert wird. Gerade in Afrika wird deutlich, dass es ohne massive Investitionen in technische und soziale Infrastruktur und Förderung privater Investoren keinen Schub in der nachhaltigen ökonomischen und sozialen Entwicklung des Kontinents geben wird.

Die zukünftige TZ der GIZ muss deshalb die Unterstützung der Qualifizierung von Fachkräften und des Aufbaus leistungsfähiger Institutionen sowie die Förderung von Demokratie, Rechtsstaatlichkeit und guter Regierungsführung mit der Unterstützung bei der Verbesserung der Rahmenbedingungen für private Investitionen und den Infrastrukturausbau sowie der verstärkten Kooperation mit der Wirtschaft verbinden.

Die GIZ unterstützt seit langem die Partnerländer bei der Verbesserung der institutionellen, rechtlichen und politischen Rahmenbedingungen für ein positives Geschäfts- und Investitionsklima, z. B. beim Auf- und Ausbau des öffentlichen Finanz- und Steuersystems. Außerdem kann sie Unterstützung bei der Entwicklung investitionsreifer Projekte und ihrer Vermittlung an potentielle Investoren leisten.

Die GIZ kann auch dazu beitragen, den Ausbau der Infrastruktur beschäftigungswirksam zu gestalten, indem wie z. B. beim *University Capa-*

city Building Programme (UCBP) in Äthiopien der Aufbau von lokalen Unternehmen und die Qualifizierung ihrer Mitarbeiter gefördert wird. Im Rahmen dieses Programms wurden beim Bau von 13 neuen Universitäten für knapp 150.000 Studenten mehr als 750 lokale kleine und mittlere Unternehmen beteiligt und 560 Handwerksbetriebe neu gegründet. Die lokalen Beschäftigungseffekte des Programms betrugen insgesamt 2,15 Mio. Mannmonate (GIZ 2018a).

Außerdem wurde die Kooperation mit der Wirtschaft von der GIZ beständig ausgebaut. Seit 1999 hat die GIZ 872 Entwicklungspartnerschaften mit der Wirtschaft mit einem Gesamtvolumen von 548 Mio. € gefördert. Darüber hinaus hat sie neue Ansätze entwickelt, um deutsche Unternehmen bei ihren Investitionen in vielversprechenden, aber noch schwierigen und wenig entwickelten Märkten zu begleiten, z. B. im Bereich der erneuerbaren Energien in Subsahara-Afrika.

Für die zukünftige Zusammenarbeit mit den Ländern Afrikas schärft die GIZ ihre Ansätze zur kurz-, mittel- und langfristigen Förderung von Wirtschaftswachstum und Beschäftigung und entwickelt auch ihre Ansätze zur Kooperation mit der Wirtschaft weiter. Im Mittelpunkt stehen dabei die Entwicklung von regionalen Wirtschaftsclustern (z. B. Industrieparks), die Förderung von Investitionen und Verbesserung der Rahmenbedingungen für europäische und afrikanische Unternehmen sowie breitenwirksame Beschäftigungsprogramme unter Einbeziehung des Mittelstandes und des informellen Sektors. Dabei müssen Beratung und Finanzierung Hand in Hand gehen. Das bedeutet zum einen eine Weiterentwicklung der Ansätze und Instrumente der GIZ, zum anderen eine noch engere Verzahnung zwischen der TZ der GIZ und der FZ der KfW.

Nachhaltige Wirkungen der Wirtschafts- und Beschäftigungsförderungsansätze der EZ brauchen ihre Zeit, in Afrika sicherlich noch stärker als z. B. in Ostasien, da in vielen Ländern Afrikas die Entwicklungsorientierung des Staates fehlt, die ostasiatische Staaten wie z. B. Südkorea und China auszeichnet. Da der Staat von den herrschenden Regimen in Afrika oft als Beute begriffen wird, Fragilität und Staatszerfall das Funktionieren der Gesellschaft erschweren und (Bürger-) Kriege bzw. bewaffnete Konflikte nicht selten bereits erreichte Fortschritte zunichtemachen, sind Erfolge viel schwerer und vor allem nicht kurzfristig zu erreichen bzw. zu stabilisieren (Hein/Krempin 2017). Es gibt allerdings auch Länder in Afrika wie z. B. Ruanda, die mit einem autoritären entwicklungsorientierten Ansatz, der dem chinesischen Vorbild folgt, unbestreitbare Entwicklungserfolge erzielt haben.

4. Die Rolle des Politikfeldes EZ in einem verstärkten „Whole of
    Government Approach"

Für die Zukunft der EZ stellt sich auch die Frage, welche Rolle das Politikfeld EZ zukünftig in einem verstärkten „Whole of Government Approach" spielen könnte, da der Einfluss von innen-, außen- und sicherheitspolitischen Interessen auf die EZ zugenommen hat.

In ihrem Papier zur zukünftigen Ausrichtung der britischen EZ von November 2015 betonen DFID und HM Treasury, dass eine EZ, die die Ursachen von Instabilität, Unsicherheit und Konflikt bekämpft, nicht nur zur
Armutsbekämpfung in den Partnerländern, sondern auch zur eigenen nationalen Sicherheit beiträgt (HM Treasury/DFID 2015). In einer Publikation
des britischen Think Tanks *Overseas Development Institute* (ODI) werden
verschiedene Wege zur Gestaltung der britischen EZ im nationalen Interesse vorgeschlagen, ohne ihre grundsätzliche Zweckbestimmung der Armutsbekämpfung und der Förderung nachhaltiger Entwicklung aufzuge-
ben (Carter 2016).

Die z. T. kontrovers diskutierte Frage ist, wie die Verfolgung von nationalen Interessen und die Wahrnehmung von globaler Verantwortung zu-
sammengehen können. Dabei wird häufiger der Begriff „aufgeklärte Eigeninteressen" ins Spiel gebracht, denn die Stabilisierung von Krisenregionen und die Bekämpfung des Klimawandels zählen nicht nur zu den Zielen der EZ, sondern sind auch im eigenen Interesse der Geberländer. Die
politische und ökonomische Stabilisierung und der Erhalt globaler öffentlicher Güter dienen also sowohl den Interessen von Partnerländern als
auch von Geberländern.

Für diese Kooperation zum gegenseitigen Nutzen ist ein enges Zusammenwirken von Innen-, Wirtschafts-, Umwelt-, Außen-, Sicherheits- und
Entwicklungspolitik erforderlich. Dabei erhöhen „Whole of Government"-
Ansätze Deutschlands wie z. B. die ressortübergreifenden Regierungskon-
sultationen mit China den Druck, EZ zum integralen Bestandteil einer umfassenden Agenda der Bundesregierung für globale nachhaltige Entwicklung zu machen und die Politikkohärenz zu verbessern.

5. Die Zukunft der EZ angesichts der zukünftigen ODA-Graduierung
    vieler Schwellenländer

Eine weitere Herausforderung für die Zukunft der EZ ist der deutliche
Rückgang der Zahl der ODA-fähigen Länder, wie er von der OECD prog-

nostiziert wird. Die OECD schätzt, dass bis 2030 28 Staaten mit einer Gesamtbevölkerung von 2 Mrd. Menschen von der Liste der ODA-fähigen Länder verschwinden werden, unter ihnen Länder wie China, Brasilien, Mexiko, Argentinien, Malaysia, Thailand und die Türkei (Sedemund 2014).

Selbst wenn die deutliche Reduzierung der Anzahl der ODA-fähigen Länder nicht zu einem Rückgang der ODA-Mittel führen sollte, stellen sich bei der Konzentration der Mittelallokation auf eine geringere Zahl von *Least Developed Countries* (LDCs) und fragilen Staaten nicht nur Fragen der Absorptionsfähigkeit und der sinnvollen Mittelverwendung, sondern vor allem auch der Reichweite und Relevanz der EZ. Es droht ein Bedeutungsverlust der EZ.

Die GIZ ist mit ihrem auf internationale Zusammenarbeit für nachhaltige Entwicklung ausgerichteten Gesellschaftszweck sehr anschlussfähig an die Agenda 2030. Allerdings gibt es hier das Problem, dass sich die EZ auf die ODA-fähigen Länder beschränken muss und oft die öffentliche Legitimation für eine intensive projektbasierte Zusammenarbeit mit nicht ODA-fähigen Ländern fehlt, trotz der wichtigen Rolle der Schwellenländer beim Erhalt globaler öffentlicher Güter und bei der Umsetzung der Agenda 2030 und des Pariser Klimaabkommens.

Zu klären ist hier sowohl, ob das BMZ in der Kooperation mit nicht ODA-fähigen Ländern eine Rolle spielen kann (z. B. über Regional- und Globalvorhaben oder Formate wie die Dreieckskooperation), als auch, welche Ressourcen und Mittel für diese Kooperation von anderen Bundesressorts – jenseits von ODA – im Zuge ihrer zunehmenden internationalen Aufstellung bereitgestellt werden können.

Die Bundesregierung steht vor der Herausforderung, Konzepte zu entwickeln, wie nach der ODA-Graduierung in den Schwellenländern der Übergang von der auf Vergabe von ODA-Mitteln basierenden EZ zu der auf gegenseitigem Nutzen basierenden IZ für nachhaltige Entwicklung „beyond ODA" gelingen kann. Dies gilt auch für andere Geber. Insgesamt steht diese Diskussion international noch ziemlich am Anfang.

Die GIZ unterstützt vor diesem Hintergrund ODI dabei zu analysieren, wie Geber- und vor allem Partnerländer mit den Herausforderungen der ODA-Graduierung und der Transition von der EZ zur IZ umgehen. Im Zentrum stehen dabei vier Länderstudien: ein Land, das die Transition erfolgreich abgeschlossen hat (Süd-Korea), ein Land, das sich aktuell den Herausforderungen der ODA-Graduierung stellen muss (Chile), und zwei Länder, denen der Verlust der ODA-Fähigkeit bis 2030 bevorsteht (Mexiko und ein afrikanisches Land). Neben diesen Länderstudien wird ODI

auch eine Publikation erstellen, die die Ergebnisse aus diesen vier Länderstudien zusammenfasst.

In der Praxis der TZ der GIZ gibt es bereits eine Reihe von Beispielen
dafür, wie mit dieser Herausforderung umgegangen werden kann. In China beispielsweise bewegen sich eine Reihe von GIZ-Vorhaben im Auftrag
u. a. des BMZ sowie des Bundesumwelt-, Bundeswirtschafts- und Bun-
desfinanzministeriums (BMU, BMWi und BMF) schon im Bereich der IZ
und stellen den gegenseitigen Nutzen der Kooperation in den Vordergrund.
Beispiele sind die Zusammenarbeit im Bereich der Elektromobilität, des
Klimaschutzes und der Finanzpolitik (GIZ 2018b)

Ein anderes Beispiel dafür, wie die Transition von der EZ zur IZ ausse-
hen kann, ist die Zusammenarbeit mit Mexiko. Zum einen gibt es verstärkt
Beauftragungen durch andere Bundesressorts, wie z. B. das BMU und das
BMWi. Vorhaben wie die Mexikanisch-Deutsche Klimaschutzallianz im
Auftrag des BMU oder die Deutsch-Mexikanische Energiepartnerschaft im
Auftrag des BMWi basieren auf dem gegenseitigen Nutzen der Kooperation. In den vom BMZ beauftragten Projekten spielt die Unterstützung von
Mexiko als neuer Geber eine bedeutende Rolle. Dies gilt nicht nur für die
vielen Dreieckskooperationen mit Mexiko und anderen lateinamerikanischen Ländern sowie der Pazifik-Allianz, sondern auch für das Projekt zur
institutionellen Stärkung von AMEXCID, der mexikanischen Agentur für
internationale EZ, und den gemeinsamen Fonds Mexiko-Deutschland. Dieser innovative Fonds unterstützt Projekte zu Themen wie demokratische
Regierungsführung, Rechtsstaatlichkeit, Menschenrechte, öffentliche Sicherheit und soziale Inklusion in Zentralamerika und Mexiko und wird vom
BMZ und von AMEXCID paritätisch finanziert (GIZ 2018c).

6. Die TZ zwischen Unterstützung von *Global Governance*,
    Kooperation mit Schwellenländern und Arbeit in fragilen Kontexten

Aktuell ist die TZ gefordert, bei der Umsetzung der Agenda 2030 und des
Pariser Klimaabkommens sowie der Minderung der Fluchtursachen und
der Unterstützung von Flüchtlingen ihren Platz zwischen der Unterstützung von *Global Governance* und der Kooperation mit Schwellenländern
auf der einen und der Arbeit in fragilen Kontexten auf der anderen Seite zu
finden.

Die Zukunft der TZ wird vor diesem Hintergrund durch eine große Heterogenität der Maßnahmen gekennzeichnet sein. Die TZ der GIZ wird
sich zukünftig in einem weiten Spektrum zwischen der Beratung der Bun-

desregierung und Unterstützung der Partnerländer bei *Global Governance*-Prozessen auf der einen und Übergangshilfe in fragilen Kontexten auf der anderen Seite bewegen. Sie wird zukünftig sowohl kleinere, fachlich hochspezialisierte Beratungsansätze gerade auch in Schwellenländern als auch großvolumige Vorhaben z. B. zur Unterstützung von Flüchtlingen und kurzfristiger Schaffung von (Über-)Lebensperspektiven in Krisenländern umfassen.

Insgesamt muss sie Ansätze entwickeln, wie sie die auf kurzfristige Wirkungen ausgerichtete Übergangshilfe mit langfristig orientierter EZ verknüpfen kann, um zur Unterstützung von Veränderungsprozessen und Strukturreformen in den Partnerländern und zum Erhalt globaler öffentlicher Güter beizutragen.

Dabei muss die TZ der GIZ verstärkt auf die Erwartungen von Politik und Öffentlichkeit nach größerer Wirksamkeit, Effizienz und Sichtbarkeit sowie erhöhter Flexibilität und Schnelligkeit ihrer Maßnahmen reagieren. Die Forderung nach schnellen und sichtbaren Ergebnissen steht aber in einem gewissen Spannungsverhältnis zur Langfristigkeit gesellschaftlicher Veränderungsprozesse und zur nachhaltigen Wirksamkeit der EZ.

Bei aller Notwendigkeit, zur nachhaltigen Verbesserung der Lebensbedingungen im Nachbarkontinent Afrika beizutragen – die deutsche EZ und die TZ der GIZ dürfen sich nicht allein auf fragile Staaten und Least Developed Countries (LDCs) in Afrika beschränken. Ihre Zukunft liegt vielmehr in einem breit gefächerten Ansatz, der sich auf unterschiedliche Bedarfe von Auftraggebern innerhalb und außerhalb der Bundesregierung und von Partnern in Entwicklungs- und Schwellenländern sowie fragilen Staaten einstellen kann.

Literatur

Angenendt, Steffen (2015): „Flucht, Migration und Entwicklung: Wege zu einer kohärenten Politik". In: Aus Politik und Zeitgeschichte, Jg. 65, Nr. 25/2015, S. 8–17.

BMZ (2016a): Neue Akzente der BMZ-Flüchtlingspolitik. Bonn/Berlin.

BMZ (2016b): Perspektiven für Flüchtlinge schaffen. Fluchtursachen bekämpfen, Aufnahmeregionen stabilisieren, Flüchtlinge unterstützen. Bonn/Berlin.

BMZ (2017a): Afrika und Europa. Neue Partnerschaft für Entwicklung, Frieden und Zukunft. Eckpunkte für einen Marshallplan mit Afrika. Bonn/Berlin.

BMZ (2017b): Entwicklungspolitik als Zukunfts- und Friedenspolitik. 15. Entwicklungspolitischer Bericht der Bundesregierung. Bonn/Berlin.

BMZ (2018): Entwicklungspolitik 2030. Neue Herausforderungen – neue Antworten. Bonn/Berlin.

Carter, Paddy (2016): Five ways to deliver UK aid in the national economic interest. London.

GIZ (2018a): University Capacity Building Programme (UCBP). In: https://www.giz.de/de/weltweit/18963.html (24.10.2018).

GIZ (2018b): China. In: https://www.giz.de/de/weltweit/377.html (28.10.2018).

GIZ (2018c): Mexiko. In: https://www.giz.de/de/weltweit/306.html (28.10.2018).

Grävingholt, Jörn/Leininger, Julia/Loewe, Markus/Schraven, Benjamin/Trautner, Bernhard (2015): Wie kann Entwicklungspolitik zur Bekämpfung von Fluchtursachen beitragen? Bonn: DIE. Stellungnahmen und Analysen.

Grävingholt, Jörn/Schraven, Benjamin (2016b): Langfristig, mühsam, ohne Erfolgsgarantie – und doch notwendig. Bonn: DIE. Die aktuelle Kolumne vom 20.06.2016.

Hein, Stefan/Krempin, Michael (2017): Entwicklungswege Asiens und Afrikas. Schlussfolgerungen für die EZ mit Afrika. Bonn/Eschborn: GIZ-Publikationsreihe „Impulse aus der internationalen Zusammenarbeit".

Helfrich, Linda (2016): Flucht- und Migrationsursachen: Eine Kombination aus strukturellen Faktoren und akuten Auslösern. Frankfurt: KfW Development Research. Entwicklungspolitik Kompakt.

Hilser, Katja/Schönstedt-Maschke, Alexa (2017): Darstellung und Analyse unterschiedlicher Ansätz der Entwicklungszusammenarbeit (Studie im Auftrag der GIZ). Heidelberg.

HM Treasury/DFID (2015): UK aid: tackling global challenges in the national interest. London.

Klingebiel, Stephan (2017): „Entwicklungspolitik in turbulenten Zeiten". In: Wirtschaftspolitische Blätter, Ausgabe 3/2017, S. 349–359.

Krempin, Michael (2012): „Globale Entwicklungen im 21. Jahrhundert und ihre Auswirkungen auf die deutsche Technische Zusammenarbeit". In: Öhlschläger, Rainer/Sangmeister, Hartmut (Hrsg.): Neue Formen und Instrumente der Entwicklungszusammenarbeit. Baden-Baden: Nomos, S. 27–39

Krempin, Michael (2014): „Herausforderungen für die deutsche Internationale Zusammenarbeit". In: Öhlschläger, Rainer/Sangmeister, Hartmut (Hrsg.): Aktuelle Fragen der Entwicklungspolitik. Baden-Baden: Nomos, S. 15–28

Sedemund, Jens (2014). An outlook on ODA graduation in the post-2015 era. In: External Financing for Development (OECD), Januar 2014. Paris.

UNHCR (2018): Global Trends. Forced Displacement in 2017. Genf.

„Die Entwicklungszusammenarbeit der Zukunft" Herausforderungen der Finanziellen Zusammenarbeit meistern – Möglichkeiten und Grenzen der Evaluierung

Lena Hauck

1. Entwicklungszusammenarbeit der Zukunft – globale Herausforderungen

> „Entwicklungspolitik hat in der heutigen Zeit einen vollkommen neuen Stellenwert bekommen. Die Flüchtlingskrise zeigt uns ganz klar: Lösen wir die Probleme nicht vor Ort, kommen die Menschen zu uns. Wir leben heute in einem globalen Dorf. [...] Alles hängt mit allem zusammen." (Dr. Gerd Müller; 21. März 2018)

Das Zitat des Bundesministers fasst die Botschaft treffend zusammen, die mit den Migrantenströmen endlich auch im Bewusstsein der deutschen Öffentlichkeit angekommen ist. Eine klare Trennung zwischen dort und hier gibt es nicht mehr; die Probleme in den Partnerländern der Entwicklungszusammenarbeit (EZ) betreffen uns alle, egal in welchem Teil der Welt wir geboren sind. Die höchste je dokumentierte Zahl von Menschen auf der Flucht, höher noch als nach dem zweiten Weltkrieg, ist das bedrückendste Beispiel, das die globale Dimension der Probleme unterstreicht, aber nicht das einzige. Auswirkungen der Regenwaldabholzung in Brasilien und das Auftauen des Permafrostbodens in Sibirien führen zu einem Wandel des weltweiten Klimas. Die Auswirkung zunehmender Extremwetterereignisse ist auch hier in Deutschland bereits für jeden spürbar. Viren und Krankheitserreger lassen sich nicht durch nationalstaatliche Grenzen aufhalten. Polio, Ebola, SARS und Zika reisen über Länder und Kontinente hinweg – im gleichen Tempo wie wir als Mitglieder einer mobilen Gesellschaft. Für die Bekämpfung oder gar Ausrottung von Krankheiten bedeutet dies eine immense Herausforderung. Migration, Klimawandel und Epidemien – drei Beispiele für Probleme unserer Zeit mit globaler Dimension, die nur gemeinsam angegangen werden können, überall und mit allen Kräften – nicht nur mit denjenigen der Entwicklungszusammenarbeit.

Auch wenn EZ allein die globalen Probleme nicht bewältigen kann, mit der Vorstellung von der Welt als Dorf, in dem alle von allen abhängen und alles mit allem zusammenhängt, erhält sie dennoch einen neuen Stellenwert. Die EZ war schon immer in den vormals „hintersten Winkeln" der

Welt engagiert, die auf einmal so nahe gerückt sind. Sie hat langjährige Erfahrungen in der Bekämpfung von Klimawandel und Armut – Erfahrungen, die jetzt gefragter sind denn je, etwa wenn es um die Verbesserung der Lebensbedingungen von Binnenflüchtlingen oder potentiellen Migranten vor Ort geht; Erfahrungen, die der EZ eine gewisse Führungsrolle zuweisen.

Unterstrichen wird die Wahrnehmung, dass der EZ bei der Bewältigung globaler Herausforderungen eine Schlüsselrolle zufallen könnte, auch durch die Verabschiedung der *Sustainable Development Goals* (SDGs) der Vereinten Nationen mit der zugehörigen Agenda 2030. Unzweifelhaft sind die SDGs der Nachfolger der *UN-Millennium Development Goals* (MDGs), die die Entwicklungszusammenarbeit von 2000 bis 2015 bestimmten. Im Unterschied zu den MDGs sind die SDGs mit dem Streben nach einer ökonomisch, sozial und ökologisch nachhaltigen Entwicklung jedoch nicht mehr nur auf die Zukunft von Entwicklungsländern gerichtet, sondern sollen für alle Staaten, gleich welchen Entwicklungsstandes, den global gültigen Maßstab für das zukünftig Erreichte bilden.

Doch wie lassen sich die Erfahrungen der EZ in der Vergangenheit bestmöglich nutzen, um die Zukunft im Sinne der SDGs zu gestalten? Es ist vielleicht kein Zufall, dass nahezu zeitgleich mit der Globalisierung der Herausforderungen, der Verabschiedung der *Sustainable Development Goals* und damit eng verbunden der Vorreiterrolle der EZ der Ruf nach mehr und besserer Evaluierung laut wird. „Evidenzbasierte Politik" ist das Schlagwort, das die Messlatte für Politik und Praxis, aber vor allem auch für die Evaluierung höher legt. Stellvertretend sei der Generalsekretär der Vereinten Nationen António Guterres zitiert:

> „Evaluation everywhere, and at every level, will play a key role in implementing the new development agenda. [...] This is the best path toward positive change in the lives of the people we all serve."[1]

Dass und was Evaluierung schon heute zur Gestaltung der Zukunft beitragen kann, wollen wir in diesem Beitrag am Beispiel der Evaluierung in der Finanziellen Zusammenarbeit (FZ) illustrieren. Gleichzeitig wollen wir aber auch deutlich machen, wo wir Grenzen der Evaluierung sehen und dass es nicht immer einfach ist, die hohen Erwartungen, die an die Evaluierung gestellt werden, zu erfüllen.

---

1   Der Satz des Zitats „Building national evaluation capacities empowers countries to be in the driver's seat from the making of policy to the monitoring of results." wurde an dieser Stelle entnommen, da die Stärkung von Partnersystemen über Capacity Building in erster Linie Aufgabe der Technischen Zusammenarbeit (TZ) ist.

2. Evaluierung im Spannungsfeld zwischen genauer Messung, Praktikabilität und Nützlichkeit

Evaluierung ist ein Instrument, um die Wirkung vergangener EZ-Projekte festzustellen, zu beurteilen und aus den Erfolgen und Misserfolgen der Vergangenheit für die Zukunft zu lernen. Mehr Evaluierung und bessere Evaluierung wird gefordert.

Bezüglich der Menge an Evaluierungen ist die FZ-Evaluierung schon heute recht gut aufgestellt. Mit der Evaluierung von mehr als 50 % aller abgeschlossenen FZ-Projekte, die durch Haushaltsmittel des Bundes gefördert wurden, werden bereits weit mehr FZ-Interventionen als in den meisten anderen EZ-Institutionen ex-post auf ihre Wirkung hin untersucht. Mit mehr als 50 Evaluierungsberichten pro Jahr, in denen teilweise mehr als eine FZ-Finanzierungstranche abgedeckt werden, stellt die FZ-Evaluierung einen von Jahr zu Jahr größer werdenden Pool von Evaluierungsergebnissen bereit, der inzwischen mehr als 2.000 Interventionen umfasst.

Mit der Forderung nach besserer Evaluierung wird vor allem in der Wissenschaft (Bäthge 2015), aber auch in der Politik, der Wunsch nach einer genaueren Messung der Wirkung verbunden. Dazu werden Ansätze propagiert, die – dem pharmazeutischen Experiment nachempfunden – die Zielgruppe eines EZ-Projekts mit einer möglichst gleichartigen Kontrollgruppe, die keinen Zugang zu der EZ-Förderung hatte, zu vergleichen, um so die Wirkung der Förderung zu isolieren und kausal dem EZ-Projekt zuschreiben zu können.

Im Rahmen der FZ-Evaluierung wurden solche Wirkungsmessungen zwar vereinzelt durchgeführt, wir sehen in solchen Ansätzen jedoch nicht die zentrale Säule der Zukunft, auf die sich das Lernen aus Evaluierungen stützen kann. Die Gründe dafür sind vielfältig: Kontrollgruppenansätze sind nur für die Messung der Wirkung von zielgruppennahen Interventionen geeignet, bei denen sich Empfänger und Nicht-Empfänger der Förderung klar unterscheiden lassen. Für Interventionen zur Verbesserung der Lebensbedingungen in einer ganzen Region, z. B. durch die Schließung der Lücken zwischen Stromangebot und Nachfrage mittels der Förderung neuer Kraftwerkskapazitäten, taugen die propagierten Ansätze dagegen nicht. Weiterhin sind Ergebnisse von genauen Wirkungsmessungen nur begrenzt auf neue Kontexte – und die Zukunft – übertragbar, mit anderen Worten: Wir wissen nicht, ob eine vergleichbare zukünftige Förderung, in einer anderen Region, in einem anderen Land oder aber mit einer anderen Zielgruppe, genauso gut oder schlecht funktioniert wie im untersuchten Projekt – ganz abgesehen davon, dass ohnehin i. d. R. nur kurzfristige

Wirkungen gemessen werden können, in der EZ aber vor allem die langfristigen Wirkungen interessieren bzw. die Frage, ob Wirkungen auf Dauer eintreten. Schließlich setzen derartige „rigorose" Wirkungsmessungen meist die Erhebung von Primärdaten vor Ort voraus, möglichst vor Beginn und nach dem Ende der Förderung – und Primärdatenerhebung ist zeitaufwändig und teuer. Ohne die Nützlichkeit solcher Messungen generell in Zweifel ziehen zu wollen, sehen wir das Potential für bessere Evaluierungen woanders, nämlich darin, aus Vorhandenem mehr herauszuholen. Was ist damit gemeint?

Neben den projektindividuellen Dokumentationen, vom ex-ante Prüfungsbericht über die Fortschrittskontrollen bis hin zur Abschlusskontrolle, die von jeher die Basis für jede ex-post-Evaluierung bilden, gibt es eine Fülle weiterer Informationsquellen – und sie werden täglich mehr. Sie reichen von akademischen Publikationen, darunter auch robuste Wirkungsmessungen bei ähnlichen Projekten, über Evaluierungsberichte anderer Institutionen oder die Auswertungen vorhandener Evidenz in sogenannten Meta-Evaluierungen oder Systematic Reviews bis hin zu Sekundärdaten – sei es in Form von Haushaltsbefragungen, die inzwischen in nahezu jedem Land der Welt von den nationalen Statistikbüros in regelmäßigen Abständen durchgeführt werden, bis hin zu Satellitendaten, die es erlauben, Veränderungen in der Vegetationsbedeckung oder aber der wirtschaftlichen Aktivität abzuschätzen, letztere mittels Nachtbildern unter Nutzung der Beleuchtungsintensität als Proxy.

In der verstärkten Nutzbarmachung solcher bereits vorhandenen Informationen sehen wir vielversprechende Möglichkeiten, um die Evaluierungsergebnisse der Zukunft besser zu machen. Dies lässt meist zwar keine genaue Wirkungsmessung zu, sehr wohl aber eine zunehmend verlässliche Abschätzung. Ein weiterer Vorteil: Im Vergleich zur Primärdatenerhebung ist die Auswertung von Sekundärquellen weit schneller und kostengünstiger. Die Frage nach einem vorteilhaften Kosten-Nutzenverhältnis von Evaluierungsergebnissen kann deshalb aus unserer Sicht das Setzen auf vertiefte Auswertung von Vorhandenem in vielen Fällen für sich entscheiden. Dies gilt umso mehr, als Informationen – auch aus Evaluierungen – nicht unbegrenzte Gültigkeit beanspruchen können, sondern veralten, weil die EZ-Welt von gestern eben nicht gleich der EZ-Welt von morgen ist.

3. Die Welt der FZ von heute und morgen – globaler und heterogener als gestern

Die EZ ist verstärkt mit globalen Herausforderungen konfrontiert – und das gilt natürlich gleichermaßen für die Finanzielle Zusammenarbeit (FZ) als Teil der EZ. Doch dies ist nicht die einzige Veränderung im Vergleich zur EZ von gestern. Noch bis zum Beginn des neuen Millenniums herrschte in der EZ die Vorstellung, unser typisches Partnerland ist ein Entwicklungsland, unser typischer Ansatz dient dazu, Entwicklungsländer bei der Bekämpfung der Armut und in der sozialen wie wirtschaftlichen – in ausgewählten Fällen auch ökologischen – Entwicklung zu unterstützen. Zu dieser Vorstellung passt der erste Satz, den Stephan Klingebiel an den Beginn seiner Publikation aus dem Jahr 2013 „Entwicklungszusammenarbeit – eine Einführung" unter die Überschrift „Begriffsklärung" stellt: „Entwicklungszusammenarbeit (EZ) dient im allgemeinen Verständnis dazu, Länder in ihren Bemühungen um soziale und wirtschaftliche Fortschritte zu unterstützen."

Die Realität der EZ ist weit komplexer als es das „allgemeine Verständnis" vermuten lässt, wie auch Stephan Klingebiel auf den Folgeseiten seiner Publikation verdeutlicht. Nicht nur gelten seit 2015 die SDGs, die sich gleichermaßen auf sich entwickelnde Länder wie auf Industriestaaten beziehen, sondern auch die Partnerländer, die mit EZ-Mitteln unterstützt werden, lassen sich nicht mehr unter dem einen Typ „Entwicklungsland" subsumieren, ohne falsche Vorstellungen zu wecken. Im Vergleich zu „gestern" ist das Spektrum der Partnerländer sehr viel heterogener geworden.

Auf der einen Seite des Spektrums finden sich immer mehr Länder, die durch Krisen und Konflikte gekennzeichnet sind. In diesem oft fragilen und die Sicherheitslage betreffend volatilen Umfeld lassen sich traditionelle Ansätze der FZ, die – im Unterschied zur humanitären Hilfe – ein ausreichendes Maß an politischer Stabilität voraussetzen, oft nicht mehr umsetzen, z. B. weil ein stabiler staatlicher Träger fehlt. Gleichzeitig kann sich die EZ – und damit auch die Technische und die Finanzielle Zusammenarbeit – nicht zurückziehen, das Feld allein der humanitären Hilfe überlassen und auf stabilere Zeiten warten. Dazu währen die Krisen einfach zu lang. Zur Illustration: mehr als 30 % der Entwicklungs- und Schwellenländer wurden über die vergangenen 20 Jahre in mehr als 15 Jahren gemäß dem *State Fragility Index* des *Center for Systemic Peace* als hoch oder gar extrem fragil eingestuft.[2] Dazu zählen langjährige Part-

---

2 Https://www.systemicpeace.org/.

ner der FZ wie Afghanistan, Jemen oder der Tschad, um nur einige Beispiele besonders hoher Fragilität herauszugreifen – Länder, in denen andere als die klassischen FZ-Ansätze vonnöten sind, um den Menschen trotz Krise mehr als nur kurzfristige humanitäre Hilfe zukommen zu lassen.

Auf der anderen Seite des Spektrums haben sich immer mehr einstige Entwicklungsländer im Hinblick auf die Klassifizierung nach Einkommenskategorien, wie es die Weltbank vornimmt, von Ländern mit geringem Einkommen (*Low income countries*/LIC) zu Ländern mit mittlerem Einkommen (*Middle Income Countries*/MIC) weiterentwickelt. Nicht nur die meisten, nämlich 5 von 7 Mrd. Menschen, sondern mit 73 % auch die meisten armen Menschen dieser Welt leben heute in Ländern mit mittlerem und nicht etwa in Ländern mit niedrigem Einkommen. Viele Länder mittleren Einkommens zählen weiterhin zur Gruppe der Entwicklungs- oder Schwellenländer, weil sie zwar ein gestiegenes Pro-Kopf-Einkommen, aber v. a. im Hinblick auf Infrastruktur und eine nachhaltige und sozial verträgliche Entwicklung noch Defizite aufweisen. Gleichzeitig steigt der Einfluss der MIC auf internationale Handels-, Wirtschafts- und Klimaabkommen stetig, so dass es ohne diese Länder, zu denen z. B. Brasilien, Indonesien, Südafrika und Kolumbien, aber auch Vietnam oder Sambia gehören, in Zukunft nicht zu sinnvollen Lösungen globaler Probleme kommen kann. Länder mit mittlerem Einkommen verfügen meist nicht nur über eine leistungsfähigere Wirtschaft als LICs, sondern in der Regel auch über leistungsfähigere Institutionen. Obwohl diese Länder der EZ nicht völlig entwachsen sind, könnten hier andere Ansätze als die der „klassischen EZ" angemessen sein, um dem weiter fortgeschrittenen Entwicklungsstand Rechnung zu tragen.

Mehr hoch fragile Länder auf der einen Seite mit schwacher oder gar gänzlich zusammengebrochener Staatlichkeit auf der einen Seite, mehr und mehr MICs mit teilweise sehr leistungsfähigen staatlichen Institutionen auf der anderen Seite, das ist das Spektrum, das die EZ von heute umspannt. Wie die FZ damit umgeht und was dies für die Evaluierung bedeutet, soll anhand von Beispielen, die jeweils unterschiedliche Seiten des Spektrums repräsentieren, illustriert werden. Dabei sind die Ziele, die die ausgewählten Projektbeispiel-Paare verfolgen, jeweils sehr ähnlich: Sowohl im fragilen wie im MIC-Kontext soll das Klima geschützt oder die Ausbreitung ansteckender Krankheiten eingedämmt oder aber den Problemen der unfreiwilligen Migration begegnet werden.

4. Globale Herausforderung Klimawandel – im fragilen wie auch im
    MIC-Kontext

Eine Aktivität, die unser Klima heute massiv bedroht, ist die Abholzung
des tropischen Regenwalds. Über Jahrhunderte hat dieser Wald riesige
Mengen von Kohlenstoff gespeichert, mit der Abholzung oder Brandro-
dung wird dieser Kohlenstoff freigesetzt und verbindet sich in der Atmo-
sphäre mit Sauerstoff zu dem für die globale Erwärmung verantwortlichen
CO_2. Die größten tropischen Regenwälder stehen einerseits im Amazonasbecken, vor allem auf dem Territorium des Schwellenlandes Brasilien,
zum anderen, neben den wichtigen Vorkommen im MIC Indonesien, aber
auch im Kongobecken – vor allem auf dem Staatsgebiet der hoch fragilen
Demokratischen Republik Kongo und den angrenzenden, ebenfalls als
hoch fragil eingestuften Ländern Zentralafrikanische Republik und Kamerun. Sowohl in Brasilien wie auch im Kongobecken fördert die FZ Projekte zum Schutz des Regenwaldes, doch die Art der jeweiligen Förderung in
den beiden FZ-Interventionen, die jüngst evaluiert wurden, unterscheidet
sich grundlegend.

4.1 *Schutz des Regenwaldes im fragilen Kontext – FZ-Förderung eines*
    Naturparks im Kongobecken

Der tri-nationale Sangha Park (TNS) verbindet drei Nationalparks auf drei
unterschiedlichen Staatsgebieten zu einer riesigen 44.000 km² großen,
bewaldeten Fläche im Kongobecken, die den Lebensraum zahlreicher sel-
tener und teilweise nur hier beheimateter Tier- und Pflanzenarten bildet.
Der Sangha Park, bestehend aus dem Lobéké Nationalpark in Kamerun
(CAM), dem Dzanga-Sangha Nationalpark in der Zentralafrikanischen
Republik (ZAR) und dem Nouabalé-Ndoki Nationalpark in der Demokratischen Republik Kongo (DRC) und wurde im Jahr 2012 von den Vereinten Nationen zum Weltnaturerbe erhoben. Das Gebiet wird seit etwa zehn
Jahren von mehreren Gebern unterstützt, darunter die Bundesrepublik
Deutschland als einer der ersten. Zwar stehen die drei Heimatstaaten des
Sangha-Parks politisch hinter dessen Schutzstatus, doch sind die Probleme
in diesen Staaten zu vielfältig und die Institutionen selbst im Bereich öffentlicher Basisdienstleistungen so schwach, dass ein funktionsfähiger
Parkbetrieb aus eigener Kraft nicht im Bereich des Möglichen liegt – zu-
mal es hier ein Gut von globaler Bedeutung und nicht ausschließlich für
das Wohl der eigenen Bevölkerung zu erhalten gilt. Im Gegenteil: Die
Bewohner und Anrainer des Sangha-Parks drohen zu den Verlierern des

Schutzstatus zu zählen, denn die Nutzung der Natur wird auf nachhaltige Nutzungsformen eingeschränkt. Holzeinschlag für Feuerholz und die Jagd nach Buschfleisch für den täglichen Bedarf sind nicht mehr gestattet, ganz zu schweigen von gezielter Abholzung oder Jagd in größerem Stil zum Einkommenserwerb.

Die Förderung durch die internationale Gemeinschaft, einschließlich der deutschen FZ, musste in dieser komplexen Problemlage gleich an unterschiedlichen Schwachstellen gleichzeitig ansetzen: Landnutzungspläne, die die erlaubten Nutzungsformen für die Parkgebiete und die umliegenden Pufferzonen spezifizieren, mussten erstellt werden, Brigaden von Park-Rangern mussten aufgestellt, ausgebildet und ausgerüstet sowie die Parkverwaltungen auch administrativ gestärkt werden, und es musste versucht werden, die lokale Bevölkerung so in nachhaltigen Nutzungsformen wie z. B. Ökotourismus auszubilden und mit der nötigen Infrastruktur zu versorgen, dass ihre ohnehin von Armut geprägten Lebensbedingungen möglichst nicht negativ tangiert, sondern verbessert werden. Weiterhin galt es, die grenzüberschreitende Koordination und Kooperation unter den drei Parks sowie ihre laufenden Kosten abzusichern, denn die Unterstützung aus nationalen Budgets reicht zur Aufrechterhaltung des Betriebs bei weitem nicht aus. Für Letzteres wurde ein besonderes Konstrukt gewählt: eine Kapitalstiftung, FTNS (*Fondation pour le Tri-National de la Sangha*), in die Geber einzahlen, so dass die jährlichen Kapitalerträge den Parkbetrieb in allen drei Staaten unterstützen können, während das Fondsvermögen erhalten bleibt. Ohne die Beteiligung des *World Wildlife Fund* (WWF)[3] vor Ort, der in allen drei Ländern und insbesondere im Dzanga-Sangha-Nationalpark der ZAR bereits seit den 1990er Jahren, auch während des 2013 wieder aufflammenden Bürgerkriegs[4] aktiv war und ist, wäre die koordinierte Geberunterstützung kaum denkbar gewesen.

Die Evaluierung (eines Teils) der deutschen FZ-Unterstützung im Jahr 2017/18 stand vor massiven Herausforderungen, denn das Projektgebiet konnte angesichts der fragilen Situation nicht bereist werden. Neben der Informationsbeschaffung in den sicheren Hauptstädten vor Ort durch Gespräche mit den Vertretungen der beteiligten Stakeholder half hier zum einen die Internetrecherche weiter, denn seit der Erhebung zum Weltnaturerbe wird regelmäßig über den Naturschutz im Kongobecken berichtet,

---

3   Http://www.wwf-congobasin.org/where_we_work/central_africa_republic/dzanga_
    sangha_protected_area.cfm.
4   Https://www.wwf.de/themen-projekte/projektregionen/kongo-becken/dzanga-
    sangha-naturschutz-in-zeiten-des-buergerkriegs/.

insbesondere auch, weil es mehrfach zu gewaltsamen Konflikten, u. a. mit Wilderern, in dem Sangha-Gebiet kam (Ayari/Counsell 2017).

Zum anderen kamen Methoden der Fernerkundung zum Einsatz, denn mit Hilfe von Satellitenbildern ließ sich die Entwicklung der Bewaldung über die Zeit recht genau beobachten.

Abb. 1 und 2:
Noch ist die Entwaldung gering, aber sie nimmt zu – vor allem in den Pufferzonen; Nationalparkfläche (mittelgrau) und Pufferzonen (dunkelgrau). Datenquellen: nationaler Landnutzungsplan 2010, National- und Distriktgrenzen über GADM[5], Schutzgebietsgrenzen über World Data Base on Protected Areas[6], Entwaldungsdaten: Hansen et al. (2013).

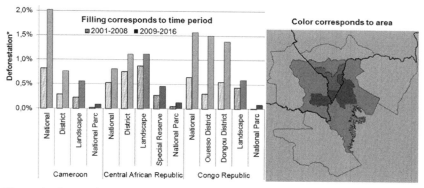

Eigene Analyse und Aufbereitung mit www.globalforestwatch.org.

Wie die oben stehende, im Rahmen der Evaluierung erstellte graphische Analyse zeigt, ist die Entwaldung in den drei Nationalparks zwar gering und massiv geringer als im nationalen Durchschnitt, aber sie steigt und nimmt in den umliegenden Pufferzonen, der sogenannten *TNS-Landscape*, Besorgnis erregende Ausmaße an. Trotz Maßnahmen zur Förderung des Ökotourismus sind die Besucherzahlen, die aus nationalen Statistiken entnommen werden konnten, gering bis sehr gering. Internationale Touristen bleiben wegen der Fragilität ohnehin mehr oder weniger aus. Die Literaturrecherche deckte eine Fallstudie auf, die verschlechterte Lebensbedin-

---

5   Https://gadm.org/.
6   Https://www.iucn.org/theme/protected-areas/our-work/world-database-protected-areas.

gungen von Parkbewohnern durch die eingeschränkte Nutzung dokumentierte (Nsonsi et al. 2017). Nicht-Regierungsorganisationen berichten sogar von vereinzelten Konflikten zwischen Anwohnern und Parkwächtern (Caramel 2017). Die FTNS-Stiftung hilft zwar bei der Aufrechterhaltung des Parkmonitorings und -managements, aber zur Deckung der vollen Kosten, die für einen einwandfreien Parkbetrieb notwendig wären, reichen die Zuwendungen der Stiftung, auch unter Berücksichtigung der meist geringen Beiträge der jeweiligen Nationalregierungen bei weitem nicht aus.

Das Fazit der Evaluierung: Es gelingt zwar, Zeit zu gewinnen und die einmalige Fauna und Flora des Kongobeckens besser zu schützen, als es ohne das Schutzkonzept möglich wäre. Entwarnung kann jedoch nicht gegeben werden, denn die Zerstörung geht selbst in den Nationalparks weiter – und das Spannungsfeld zwischen der Armut der Parkbewohner und dem globalen Anliegen des Schutzes von Natur und Biodiversität besteht fort.

4.2 Schutz des Regenwalds im Schwellenland Brasilien – FZ-Förderung im Amazonasbecken

Die Ziele der FZ-Unterstützung sind gleich, doch der Ansatz ist ein völlig anderer, wenn es um den Schutz des amazonischen Regenwalds im Schwellenland Brasilien geht. Brasilien hat mit seinen 2005 einsetzenden nationalen Anstrengungen zur Bekämpfung der Entwaldung im Amazonasbecken immense Erfolge erzielt. Die jährliche Entwaldung konnte von mehr als 25.000 km^2 in den Jahren 2003 und 2004 auf 6.624 km^2 im Jahr 2017 reduziert werden.[7] Nationale und bundesstaatliche Gesetze zum Schutz des Waldes sind in Kraft, spezielle Schutzzonen – darunter auch Indigenengebiete – sind ausgewiesen, ein nationales satellitengestütztes Monitoringsystem überwacht die Veränderungen der Vegetationsdecke kontinuierlich, und staatliche personelle Kapazitäten zur Überwachung und Sanktionierung von Verstößen gegen die gesetzlichen Regelungen sind aufgebaut und funktionsfähig. Die Entwaldung ist zwar noch nicht gestoppt, sie hat in den letzten Jahren gegenüber einem Tief im Jahr 2012 sogar wieder leicht zugenommen, jedoch gehören großflächige Rodungen im amazonischen Regenwald durch Soja- und Rinder-Farmer in Brasilien inzwischen der Vergangenheit an und bis 2030 will Brasilien, so die Erklärung auf dem Klimagipfel in Paris im Jahr 2017, die illegale Entwaldung auf Null reduziert haben.[8] Doch der Schutz von Wald und Biodiversität

---

7   Https://data.mongabay.com/brazil.html.
8   Https://unfccc.int/sites/default/files/brazil_cop23cmp13cma1-2_hls.pdf.

verursacht immense Kosten, die Brasilien nicht allein tragen sollte, denn der Schutz dient uns allen.

Im Vergleich zum Kongobecken nimmt die im Jahr 2016 evaluierte FZ-Unterstützung, die die deutsche Bundesregierung für den brasilianischen Regenwald im Amazonasbecken gewährt, eine völlig andere Form an (KfW 2016). Deutschland beteiligte sich an der sogenannten REDD+-Initiative. REDD steht für *„Reducing Emissions from Deforestation and Forest Degradation"* und ist eine Form von ergebnisbasierter EZ, d. h. Brasilien wird von den Gebern für Erfolge entlohnt, die es in der Vergangenheit aus eigener Kraft erzielte, im vorliegenden Fall in der Reduktion von Entwaldung. Das Pluszeichen hinter REDD erweitert den REDD-Ansatz um Zielsetzungen, die über den reinen Waldschutz hinausgehen, und die Governance sowie ein nachhaltiges Management der Wälder umfassen, nicht zuletzt um die Lebensbedingungen von Bewohnern und Anrainern nicht außer Acht zu lassen, sondern möglichst zu verbessern. Der brasilianische Nationalstaat richtete den sogenannten Amazonienfonds ein, der von der brasilianischen Entwicklungsbank BNDES verwaltet wird und die REDD-Beiträge der Geber aufnehmen soll, und verpflichtete sich, diese Gelder zusätzlich im Sinne des Waldschutzes zu verwenden. Neben Norwegen, das 1 Mrd. EUR in den Amazonienfonds einzahlte, trug Deutschland als einer der ersten Geber bei.

Die Evaluierungsmission zur Beurteilung des FZ-Beitrags zum Amazonienfonds stand vor gänzlich anderen Herausforderungen als die Evaluierung des FZ-Beitrags zum Schutz des Regenwaldes im Kongobecken. Informationen waren in Hülle und Fülle vorhanden; zahlreiche, vor allem auch national- und bundesstaatliche Institutionen sind kontinuierlich mit dem Waldschutz befasst; die Entwaldung wird seit vielen Jahren, nicht zuletzt als Voraussetzung für den REDD-Ansatz, mit den neuesten Methoden der Technik gemessen. Das Online-Magazin Mongabay stellt exzellente Informationen über – nicht nur den brasilianischen – Regenwald zur Verfügung, einschließlich einer umfassenden Sammlung akademischer Literatur.[9] Das Problem bestand also weder in mangelnder Information noch in Reisebeschränkungen, sondern in der Beantwortung der Frage, was als *Output, Outcome* und *Impact*, also Zielerreichung auf Projekt- und Wirkungsebene, des deutschen Beitrags zu betrachten ist, wenn doch vergangene Erfolge damit honoriert wurden. Offensichtlich ist bei einem REDD-Ansatz die Zuordnung von FZ-Mitteln zu bestimmten Ergebnissen nicht möglich. Eine Wirkungsmessung, wie sie den Befürwortern von Kontroll-

---

9   Https://news.mongabay.com/conservation-effectiveness/.

gruppenansätzen in der Evaluierung vorschwebt, scheidet deshalb grundsätzlich aus.

Die Evaluierungsmission kam angesichts dieser Problemlage zu dem Schluss, dass zur Beurteilung der Wirkung des deutschen Beitrags der Fokus eher auf der Gewinnung einer Einschätzung liegen sollte, wie das nationale System zum Schutz des Regenwalds funktioniert und ob seine Funktionsfähigkeit auch in Zukunft zu erwarten ist, damit vergangene Erfolge nicht durch vermehrte Entwaldung in der Zukunft zunichte gemacht werden. Einen Schwerpunkt der Evaluierung bildeten deshalb vor Ort die Gespräche mit den Institutionen, die tragende Säulen des brasilianischen Waldschutzsystems bilden, von dem zuständigen nationalstaatlichen Ministerium über bundesstaatliche Umweltministerien bis hin zur für die Waldüberwachung zuständigen Umweltbehörde IBAMA. Einen weiteren Untersuchungsstrang verfolgte die Evaluierung, indem sie sich einen Eindruck von der Funktion des Amazonienfonds, in den die REDD-Gelder einbezahlt wurden, und den durch ihn finanzierten Projekten verschaffte. Zwar durften diese Projekte und deren Wirkungen nicht als dem deutschen und norwegischen Beitrag unmittelbar zuordenbar fehlinterpretiert werden, denn schließlich wurden mit dem Geld vergangene Erfolge entlohnt. Dennoch: Die brasilianische Regierung hatte sich verpflichtet, dieses Geld zusätzlich dem Waldschutz zukommen zu lassen, so dass die Aktivitäten des Amazonienfonds, der professionell durch eine eigene Abteilung innerhalb der großen brasilianischen Entwicklungsbank BNDES verwaltet und gemonitort wird, Anhaltspunkte für die Frage nach der Effektivität und Nachhaltigkeit des deutschen Beitrags versprach.

Die noch vor Ausreise nach Brasilien verfolgte Evaluierungsidee, die Wirkung der Projekte des Amazonienfonds – dem REDD-Ansatz nachempfunden – nach der zusätzlich vermiedenen Entwaldung zu beurteilen, wurde schnell verworfen. Zum einen umfassten die Fondsprojekte eine solch breite Palette, die von der Förderung der nachhaltigen Vieh- und Landwirtschaft bei armen Kleinbauern über die Förderung von Honigproduktion in Indigenen Gebieten bis hin zur Unterstützung für staatliche Nationalparks reichte, dass eine Zuordnung von vermiedener Entwaldung schlicht unmöglich gewesen wäre. Viel wichtiger jedoch war die Erkenntnis, dass ein solcher Maßstab unangemessen wäre. In Brasilien stellt inzwischen die kleinflächige Entwaldung das Hauptproblem dar, dem ohne die Unterstützung der Bevölkerung im Amazonasbecken kaum beizukommen ist. Sie muss vom Waldschutz überzeugt werden, und sie muss spüren, dass Waldschutz nicht gegen sie, sondern mit ihr praktiziert wird. Eine Ausrichtung ausschließlich an dem Ziel vermiedener Entwaldung, würde die Förderung durch den Amazonienfonds tendenziell auf Monitoring und Sanktionierung sowie die Entschädigung der potentiell größten Gefährder des Waldes konzentrieren. Das „Mitnehmen" der breiten Bevölkerung, insbesondere auch der Armen, und die Berücksichtigung derer, die sich von jeher um den Schutz „ihres" Waldes kümmern, etwa der Indigenenvölker, würde durch eine Orientierung an vermiedener Entwaldung ins Hintertreffen geraten. Insofern war die Evaluierungsmission nach dem Besuch des Amazonienfonds und einiger seiner Förderprojekte überzeugt: Hier wird gute Arbeit im besten Sinne des Pluszeichens hinter REDD geleistet.

Gleichzeitig machte die Evaluierung ein gewisses Paradoxon deutlich: Gerade weil die FZ ein fortgeschrittenes Land mit funktionsfähigen Institutionen unterstützt, kann sich die Evaluierung bei der Beurteilung des deutschen Beitrags nicht auf die „Messung" konkreter Outputs und Outcomes stützen. Vielmehr wird eine eher qualitative Einschätzung des Gesamtkontextes der Art der Unterstützung weit eher gerecht.

5.   Globale Herausforderung Krankheitsbekämpfung – im fragilen wie auch im MIC-Kontext

Noch zu Beginn des 20. Jahrhunderts gehörte Polio, die Infektionskrankheit ist als Kinderlähmung bekannt, zu den ebenfalls in Industrieländern gefürchteten Epidemien. Der Polio-Ausbruch von 1916 in den Oststaaten der USA zählte mit etwa 6.000 Todesopfern zu den schlimmsten Polio-Epidemien. Noch im Jahr 1932 kam es in Deutschland zu einem Ausbruch mit 3.700 Krankheitsfällen. Dank der weltweiten Anstrengungen zur Ausrottung des wilden Polio-Virus, angeführt von der im Jahr 1988 gegründeten öffentlich-privaten *Global Polio Eradication Initiative*, ist heute in den meisten Ländern Polio kein Thema mehr.[10] Damit dies so bleibt, ist es dringend erforderlich, die Krankheit auch in den wenigen verbleibenden polio-endemischen Ländern auszurotten – denn sonst kann das Virus jederzeit wieder eingeschleppt werden. In den Jahren 2010/11 geschah dies in 23 an sich polio-freien Ländern. Die Erreger stammten vor allem aus Indien, das erst 2014 als polio-frei erklärt wurde.[11] Die heute verbleibenden drei polio-endemischen Länder, Afghanistan, Pakistan und Nigeria, sind ausnahmslos hoch fragil.

---

10   Http://polioeradication.org/.
11   Https://www.welt.de/gesundheit/article13809822/In-vielen-Laendern-kehrt-die-Kinderlaehmung-zurueck.html.

5.1 Polio-Ausrottung im fragilen Kontext – FZ-Förderung in Nigeria

Die Strategie zur Ausrottung von Polio ist im Prinzip in allen Ländern gleich: Es wird eine Durchimpfung aller Kinder gegen das wilde Polio-Virus angestrebt. Nur die Frage, wie das praktisch bewerkstelligt werden kann, ist in einem fragilen Kontext ganz anders zu beantworten als in einem stabilen Land.

Bereits seit 2004 wird die Polio-Ausrottung in Nigeria von der deutschen FZ unterstützt, zunächst vor allem durch die Finanzierung von Impfstoffen; das über alle Unterstützungsphasen gleichbleibende Ziel der Ausrottung der Krankheit wurde jedoch immer wieder verfehlt. Dazu trug auch die sich zunehmend verschlechternde Sicherheitslage bei, insbesondere im Nordosten des Landes, wo die Terrorgruppe *Boko Haram* aktiv ist. Die Kinder in diesen Gebieten waren kaum durch reguläre Impfkampagnen zu erreichen.

Seit 2012 wurden deshalb spezielle Maßnahmen eingeführt, die zwar kostenintensiv sind, aber hier Abhilfe versprechen. Das GPS-Tracking von bisher nicht geimpften Haushalten gehörte genauso dazu wie sogenannte „Hit and Run"-Aktionen zur Impfung von Kindern in umkämpften Regionen, wenn Nachrichten über kurzfristig sichere Dörfer eintreffen. Ebenfalls wurde ein „Impfgürtel" um die fragilen noch polio-endemischen Gebiete gelegt und Impfstationen an Bushaltestellen, Grenzkontrollen und anderen Transitstationen von Migranten aus dem Nordosten Nigerias eingerichtet. Die FZ unterstützte dieses Konzept, zuletzt auch mit speziellen Zuwendungen für das Sicherheitskonzept der Impfteams.

Die Evaluierung aus dem Jahr 2017 beurteilte die Unterstützung als erfolgreich und lobte vor allem die Flexibilität des Mitteleinsatzes zur Unterstützung der Operationen der Weltgesundheitsorganisation (WHO) und von UNICEF, die die Impfkampagnen vor Ort in Absprache mit der nigerianischen Regierung planten, durchführten und verantworteten (KfW 2017). Für gut wurde auch die Unterstützung des Sicherheitskonzeptes befunden, ohne dass eine Impfung von Kindern in Gebieten mit gewaltsamen Konflikten hätte aufgegeben werden müssen. Noch im Jahr 2016 gingen Berichte über den Tod von Polio-Impfhelfern in Pakistan durch die Presse; seit 2012 hätten dort Angriffe auf Impfteams mehr als 70 Todesopfer gefordert.[12] Die Evaluierung stellte aber ebenfalls fest, dass die Unterstützung der vertikalen, der Bekämpfung einer einzigen Krankheit dienenden Polio-Impfkampagne, für das nigerianische Gesundheitssystem mit seinen großen Defiziten in der Grundversorgung keine sonstigen positiven

---

12 Https://www.bbc.com/news/world-asia-36090891.

Auswirkungen hatte. Für die Polio-Impfkampagnen wurde mit den Kapazitäten von WHO und UNICEF ein Parallelsystem aufgebaut, das, gestützt durch die *Global Polio Eradication Initiative* auch umfangreiche Monitoring-Informationen bereitstellt. Eine Messung der Wirkung von Polio-Impfungen ist unnötig, weil die Wirksamkeit seit langem medizinisch belegt ist; eine Messung der Wirkungen der nigerianischen Kampagnen verbietet sich allein wegen der fragilen Situation.

Die Evaluierung stützte sich also auf eine Einschätzung vorhandener Informationen, die einen Rückgang von Polio-Fällen dokumentierten. Der Kampf gegen Polio ist in Nigeria jedoch immer noch nicht endgültig gewonnen. Zwar wurde das Land nach drei Jahren ohne neue Fälle 2015 für polio-frei erklärt; doch nach der Entdeckung neuer Fälle im fragilen Nordosten wanderte Nigeria 2016 zurück auf die Liste endemischer Länder, auf der sonst nur noch Afghanistan und Pakistan stehen.

5.2 Polio-Ausrottung im MIC-Kontext – FZ-Förderung in Indien

Das Mitteleinkommensland Indien hat es geschafft. Es wurde im Jahr 2014 von der WHO als polio-frei deklariert. Bis heute sind keine neuen Erkrankungen durch das wilde Polio-Virus bekannt, auch wenn immer noch vereinzelte Fälle von impfinduziertem Polio auftreten, hervorgerufen durch die Lebendimpfstoffe der verbreiteten Polio-Schluckimpfung .

Die Ausrottung des wilden Polio-Virus in Indien wird von der *Global Polio Eradication Initiative* als einer der größten Erfolge gewertet, denn die Bedingungen in Indien mit seiner riesigen Bevölkerung von über 1,2 Mrd. Menschen, der verbreiteten Armut, häufig schlechten hygienischen Verhältnissen und einer gemeinsamen Grenze mit dem polio-endemischen Land Pakistan galt als äußerst schwieriger Fall. Die deutsche FZ hat die Bekämpfung von Polio in Indien über fast 20 Jahre begleitet. Die Ex-post-Evaluierung der ersten sieben Unterstützungsphasen aus dem Jahr 2010 verwies auf Fortschritte bei der Bekämpfung von Polio, obwohl das Ziel auf Wirkungsebene, die Ausrottung von Polio, knapp verfehlt wurde (KfW 2010). 2011 wurde noch ein Fall der Erkrankung durch das wilde Polio-Virus registriert – dies ist jedoch eine deutliche Reduktion nach noch 714 Fällen im Jahr 2009. Der Fall im Jahr 2011 sollte auch der bis heute letzte bleiben; bei der Evaluierung der letzten FZ-Phasen zur Polio-Bekämpfung in Indien aus dem Jahr 2018[13] kann Indien bereits auf vier Jahre als polio-freies Land zurückblicken.

---

13 Bei Redaktionsschluss noch nicht online verfügbar. Zu erwarten unter: https://www.

Bei der Frage, warum Indien bei der Polio-Ausrottung so erfolgreich war, weisen nahezu alle Quellen – so auch die FZ-Evaluierungen – auf die hohe Ownership der indischen Regierung hin. Sie erklärte die Ausrottung von Polio zur eigenen Sache, stellte über die Jahre mehr und mehr Mittel aus dem eigenen Budget für die Polio-Impfkampagnen bereit und betreibt das flächendeckende Polio-Überwachungssystem heute als Teil des indischen Gesundheitssystems. Zwar waren auch in Indien die Polio-Impfkampagnen als vertikales Programm konzipiert; nahezu von Anfang an war das nationale Gesundheitssystem jedoch beteiligt, z. B. indem Personal für die Impfkampagnen abgestellt wurde. Die FZ-Evaluierung aus dem Jahr 2011 untersuchte sogar anhand von vorhandenen Daten aus den Gesundheitsstatistiken, ob von der Belastung des Personals durch die Polio-Impfkampagnen negative Auswirkungen auf das Routineimpfprogramm ausgehen – mit unterschiedlichen Ergebnissen für die zwei analysierten Bundesstaaten. Auch bei der FZ-Unterstützung der Polio-Ausrottung wurde nach Synergien zum nationalen Gesundheitssystem gesucht. Die FZ-unterstützten Kühlketten etwa sollten nicht nur für die Polio-Impfstoffe, sondern möglichst auch für das Routineimpfprogramm genutzt werden, in das die Polio-Impfung heute integriert ist.

Mit der massiven und im Zeitablauf steigenden Unterstützung durch die indische Regierung geht einher, dass Geber bei der Evaluierung „ihres" Beitrags diesen kaum mehr isolieren können. Der *Impact* der Polio-Ausrottung ist der Erfolg aller Beteiligter, vor allem auch der nationalstaatlichen Akteure. Die Synergien zwischen Polio-Bekämpfung und nationalem Gesundheitssystem tragen darüber hinaus dazu bei, dass sich vielleicht noch der Output, in diesem Fall zum Beispiel die Finanzierung von Impfstoffen und Kühltechnik, nicht aber *Outcomes* und *Impacts* des deutschen Beitrags identifizieren lassen, selbst wenn klar ist, was mit den Geldern beschafft wurde. Die Evaluierung muss bei der Nachverfolgung der Wirkungskette Abstriche machen, gerade weil die indischen Institutionen – anders als in Nigeria – prominente Eigenbeiträge leisten und Verantwortung übernommen haben. Für die Nachhaltigkeit der Wirkungen könnte nichts Besseres passieren.

---

kfw-entwicklungsbank.de/Internationale-Finanzierung/KfW-Entwicklungsbank/Unsere-Wirkungen/Ergebnisse/Ex-post-Evaluierungsberichte-H-I/.

6. Globale Herausforderung Konflikte und unfreiwillige Migration – im fragilen wie auch im MIC-Kontext

Gewaltsame Konflikte, die Menschen in die Flucht treiben, sind das aktuell wohl drängendste Problem, dem sich die Weltgemeinschaft und mit ihr die EZ gegenüber sieht. Von diesem Problem sind nicht nur arme Länder wie Afghanistan oder Somalia betroffen. Auch Länder mittleren Einkommens können in derartig tiefgreifende Krisen geraten, wie der Syrienkrieg uns in den fast täglichen Nachrichten vor Augen führt. Vor dem Ausbruch des Krieges im Jahr 2011 war Syrien ein prosperierendes Mitteleinkommensland. Heute ist es weit zurück in den Status eines Niedrigeinkommenslands gefallen, in dem nahezu alle Infrastruktur zerstört ist. Von den 22,3 Mio. Einwohnern im Jahr 2012 befanden sich 2017 mehr als die Hälfte auf der Flucht. Die Vereinten Nationen gehen von 6,1 Mio. syrischen Binnenflüchtlingen und weiteren 5,4 Mio. Flüchtlingen aus, die das Land verlassen haben; die meisten wurden von den Nachbarländern aufgenommen. Aber auch Kolumbien, das seinen Status als Mitteleinkommensland trotz des jahrzehntelangen gewaltsamen Konflikts innerhalb seiner Landesgrenzen halten konnte, hat ein riesiges Flüchtlingsproblem, nicht nur durch die jüngsten Flüchtlingsströme aus Venezuela. Seit mehreren Jahren führt Kolumbien die Liste der Länder mit intern Vertriebenen an. Laut dem aktuellsten Bericht des UN-Flüchtlingshilfswerks UNHCR aus dem Jahr 2018 sind es 7,7 Mio. Binnenflüchtlinge.

Lösen kann die EZ die Probleme bewaffneter Konflikte mit der Folge von Flüchtlingsströmen nicht, aber vielleicht kann sie – wie die folgenden FZ-Beispiele zeigen – einen kleinen Beitrag zur Friedensförderung und Konfliktminderung und damit zur Stabilisierung leisten.

6.1 Förderung von Stabilisierung im Kontext eines fragilen Niedrigeinkommenslands – FZ-Unterstützung in Afghanistan

Die Sicherheitslage in Afghanistan hat sich in den letzten Jahren dramatisch verschlechtert; die Taliban haben die Herrschaft selbst in weiten Teilen des Nordens zurückgewonnen, wo die deutsche EZ seit vielen Jahren besonders aktiv war und ist. Reisen nach Afghanistan sind den in Deutschland arbeitenden FZ-Mitarbeitern seit mehreren Jahren nicht mehr möglich, das KfW-Büro vor Ort beschäftigt ausschließlich lokale Kräfte. Die letzte Evaluierungsmission nach Afghanistan, schon damals bei stark eingeschränkter Bewegungsfreiheit, fand im Jahr 2015 statt.

Dennoch ist die EZ und mit ihr die FZ in Afghanistan weiterhin sehr aktiv. In einer Broschüre zur EZ in Afghanistan aus dem Jahr 2014 bedauert der damalige und heutige Bundesminister Gerd Müller, dass die zivile Arbeit der EZ im Vergleich mit den Meldungen zur Sicherheitslage zu wenig Raum in der medialen Berichterstattung einnehmen.[14]

Die FZ-Projekte in Afghanistan decken ein breites Spektrum ab. Neben der Förderung von multilateralen Fonds wie dem *Afghanistan Reconstruction Trust Fund*[15] unter der Federführung der Weltbank unterstützt die FZ zahlreiche Projekte im Bereich Infrastruktur, von Schulbau und -ausstattung über Stromversorgung bis hin zu Straßenbau. Darüber hinaus gibt es multisektorale Projekte, insbesondere gefördert durch die von der deutschen Bundesregierung über die KfW Entwicklungsbank im Jahr 2011 initiierte PATRIP-Stiftung. PATRIP steht für *Pakistan Afghanistan Tajikistan Regional Integration Program* (PATRIP)[16] – ein innovativer Ansatz, um die Bevölkerung und die Kooperation in den Grenzgebieten zwischen Afghanistan und Pakistan und Tadschikistan durch kleine bis mittlere Infrastrukturprojekte zu fördern.

Alle FZ-Projekte in Afghanistan sind nicht nur mit spezifisch infrastrukturellen Zielen verbunden wie der Verbesserung des Zugangs zu Schulbildung und zu Strom oder den Transportmöglichkeiten. Immer soll damit gleichzeitig ein Beitrag zur Stabilisierung erreicht werden, der zwar der zerstörerischen Kraft gewaltsamer, bewaffneter Konflikte im unmittelbaren Umfeld wenig entgegensetzen, wohl aber unmittelbare Verbesserungen der Lebensbedingungen vor Ort mit sich bringen kann. Und jede strukturelle Verbesserung der lokalen Lebensverhältnisse trägt prinzipiell dazu bei, dem Einfluss der Taliban und den Flucht- und Migrationsursachen entgegenzuwirken, selbst wenn die Wurzel der Fragilität, der fehlende Frieden, durch EZ oder FZ nicht beseitigt werden kann.

Evaluierung in einem solchen Kontext verlangt Erfindungsreichtum. Selbst wenn die Evaluierungsverantwortlichen meist vom Schreibtisch aus arbeiten müssen, heißt dies nicht, dass sie auf Vor-Ort-Informationen verzichten müssen. Fast immer wird ein lokaler Gutachter engagiert, der zumindest einen Teil der Infrastrukturprojekte bereisen kann und mittels einer Fotodokumentation über den Zustand der Infrastruktur und teilweise auch über die Nutzung der Infrastruktur berichten kann. Das Foto (Abb. 3) zeigt etwa den Unterricht in der FZ-geförderten Layaba-Mädchenschule in

---

14   Https://www.bmz.de/de/zentrales_downloadarchiv/laender/EZ-Broschuere_Deut sche_Zusammenarbeit_mit_Afghanistan.pdf.

15   Http://www.artf.af/.

16   Http://www.patrip.org/en/patrip-foundation/.

Afghanistan, die von einem lokalen Gutachter im Zuge einer Evaluierung im Jahr 2018 besucht wurde (KfW 2018a; 2018b).

Abb. 3 und Abb. 4:
Eigene Fotodokumentation der FZ-Evaluierung im Grundbildungs- und Straßenbauprogramm, Afghanistan (KfW 2018a; KfW 2018b).

Aber auch Methoden der Fernerkundung kommen zum Einsatz, etwa in der ebenfalls aus dem Jahr 2018 stammenden Evaluierung eines FZ-Straßenbauvorhabens. Selbst der lokale Gutachter, der den Straßenzustand akribisch mit Fotos dokumentierte (Abb. 4) und seine Ergebnisse, z. B. bezüglich Transportzeiten, mit zahlreichen Interviews von Passanten, Ladenbesitzern und Autofahrern belegte, konnte einige Straßenabschnitte nicht bereisen. Hier kamen Satellitenbilder zum Einsatz, die bei hoher Auflösung sogar Schlaglöcher in den Straßen aufzeigen konnten.

Aktuelle und repräsentative Sekundärdaten über die sozio-ökonomische Situation der Bevölkerung sind in Afghanistan rar, aber doch vereinzelt vorhanden. Das Bildungsministerium stellt etwa recht detaillierte Daten auf der Provinzebene zur Verfügung, die teilweise bis auf die Ebene einzelner Colleges zur Ausbildung von Lehrkräften reichen und für die Einschätzung der Wirkung der FZ-Grundbildungsunterstützung sehr hilfreich waren. Eine Studie der TZ zum Verbleib der Absolventen einer technischen Berufsschule in Kabul erlaubte durch den Vergleich mit Daten über den Anteil formeller Beschäftigung in Afghanistan eine grobe Einschätzung, ob der Berufsschulabschluss die Integration in den Arbeitsmarkt erleichterte.

Besonders herausfordernd ist die Suche nach Evidenz zur Beantwortung der Frage, ob das Ziel eines Beitrags zur Stabilisierung erreicht wurde. Gewaltsame Inzidenzen in Afghanistan sind exzellent dokumentiert, es würde den Projekten aber kaum gerecht, wenn aus der sich verschlechternden Sicherheitslage auf den Stabilisierungsmisserfolg geschlossen würde, denn es gilt ja die Frage zu beantworten, wie die Bevölkerung ihre Situation mit dem Projekt im hypothetischen Vergleich zur Situation ohne Projekt wahrnimmt. Eine Antwort auf diese Frage, die nur eine experimentelle Studie liefern könnte, ist im afghanischen Kontext nicht möglich. Bei der Evaluierung von Beiträgen zur PATRIP-Stiftung im Jahr 2015 waren aber immerhin Online-Befragungen der in den Grenzgebieten mit der Koordination von Projekten betrauten Nichtregierungsorganisationen, die sich noch frei bewegen konnten, möglich sowie ein Besuch jenseits der afghanischen Grenze auf tadschikischem Staatsgebiet. Einzelinterviews mit Projektnutzern lieferten hier zumindest anekdotische Evidenz, die auf die Wahrnehmung der Situation durch die Bevölkerung schließen ließ. Noch bedeutend robustere Informationen wurden im Zuge einer in mehreren Wellen durchgeführten akademischen Studie über die Wahrnehmung der Regierung und der persönlichen Sicherheit durch die afghanische Bevölkerung erhoben. Die Forscher arbeiteten teilweise mit dem BMZ und teilweise mit der PATRIP-Stiftung zusammen. Veränderung des Vertrauens in die Regierung und der Wahrnehmung der Sicherheit über die Zeit konnten als Ausdruck einer zunehmenden oder abnehmenden Stabilität interpretiert werden, auch wenn sich keine Kausalität zu den Projekten herstellen lässt.

„*Remote evaluation*", so sollte deutlich geworden sein, bestimmt schon heute den Evaluierungsalltag bei FZ-Projekten in fragilen Ländern, in denen Vor-Ort-Besuche nicht möglich sind. Und diese Art der Evaluierung wird angesichts zunehmender Fragilität, treffend charakterisiert durch den Ausdruck „*crisis as the new normal*", eher noch zunehmen. Dennoch sollte auch gezeigt worden sein, dass auch bei einer Evaluierung aus der Ferne eine erstaunliche Menge von Informationen zusammengetragen werden kann, die eine Verbesserung der Lebensbedingungen vor Ort und einen kleinen hiermit einhergehenden Beitrag zur Normalisierung und Stabilisierung plausibel erscheinen lassen, auch wenn keine Überschattung der positiven Wirkungen durch gewaltsame Konflikte verhindert werden kann.

6.2 Förderung von Friedensaufbau im MIC-Kontext – FZ-Unterstützung in Kolumbien

Völlig anders, aber nicht minder anspruchsvoll, stellen sich die Herausforderungen dar, die mit der Zwischenevaluierung einer FZ-Förderung verbunden waren, die im Mitteleinkommensland Kolumbien explizit den Aufbau des Friedens unterstützen sollte. Mehr als 50 Jahre dauerte der gewaltsame Konflikt in Kolumbien, bis im Jahr 2016 nach mehrjährigen Verhandlungen unter dem damals amtierenden Präsidenten Satos ein Friedensvertrag mit der größten Rebellengruppe FARC-EP geschlossen wurde. Der nationale Entwicklungsplan, der die zweite Amtsperiode des Präsidenten Santos von Mitte 2014 bis Mitte 2018 prägte, machte den Friedensprozess zu einem Leitthema.[17] Die Entwaffnung der Rebellen und ihre Reintegration, die Entschädigung der Opfer, die Aufarbeitung von Gräueltaten während des Konflikts und die Einrichtung einer Übergangsjustiz wurden als Teilziele des Entwicklungsplans formuliert, genauso wie die Bekämpfung der Armut auf dem Lande, die angesichts der extremen Ungleichheit im Lande einen wesentlichen Anstoß für den jahrzehntelangen Bürgerkrieg lieferte. Mehr als 200.000 Tote und 7,7 Mio. Binnenvertriebene bei einer Gesamtbevölkerung von knapp 50 Mio. machen die Dimensionen des Konflikts und die Bedeutung des Friedens in greifbarer Nähe deutlich.[18]

Trotz des Konfliktes und der hohen Fragilität in einzelnen Landesteilen verfügt Kolumbien über eine funktionsfähige Regierung und leistungsfähige Institutionen. Um nur ein Beispiel zu nennen: Die Ziele des Entwicklungsplans der Regierung werden mit wertbestückten Indikatoren unterlegt, von der Evaluierungsabteilung der Planungsbehörde regelmäßig überprüft und Fortschritte online, teilweise in monatlichem Rhythmus, veröffentlicht. In einem solchen Umfeld macht die Art der FZ-Unterstützung, die bei den deutsch-kolumbianischen Regierungsverhandlungen erstmals im Rahmen eines neuen EZ-Vorhabens im Jahr 2013 vereinbart wurde, Sinn: Der Friedensprozess in Kolumbien sollte durch sogenanntes *„Policy Based Lending"* (PBL) unterstützt werden.

PBL ist in der deutschen FZ noch ein relativ neues Finanzierungsinstrument, das von anderen, vor allem multilateralen Gebern jedoch seit vielen Jahren eingesetzt wird. Dabei handelt es sich um großvolumige Finanzierung über zinsgünstige Darlehen, deren im vorliegenden Fall jährli-

---

17 Https://www.dnp.gov.co/Plan-Nacional-de-Desarrollo/paginas/que-es-el-plan-nacional-de-desarrollo.aspx.

18 Http://www.unhcr.org/dach/de/15212-globaltrends2016.html.

che Auszahlungstranchen an die Erfüllung sogenannter Auszahlungstrigger gebunden werden, die wiederum jährlich im Rahmen des *Policy-Dialogs* in einer *Policy-Matrix* – gemeinsam mit anderen Zwischenzielen – vereinbart werden. Entwicklungspolitischer Kern des PBL ist die Unterstützung von Reformmaßnahmen der Partnerregierung, im Falle Kolumbiens von im nationalen Entwicklungsplan 2014–2018 festgelegten Zielen des Friedensprozesses, durch konzessionäre Darlehen, die direkt in das Budget der Partnerregierung fließen, und durch *Policy-Dialog* und *Policy-*Matrizen begleitet werden. *Policy* ist im Sinne des englischen Begriffes, der nicht die politischen Entscheidungen, sondern deren Umsetzung bezeichnet, zu verstehen. Denn über die Politik und deren Ziele entscheidet die Partnerregierung.

Damit stellt PBL eine neue Form der alten Sektorbudgethilfen dar, die deren Schwächen, auf die in zahlreichen Budgethilfeevaluierungen hingewiesen wurde, meiden. Wie Budgethilfen folgt auch PBL den Prinzipien der Erklärungen von Paris und Accra zur „*Aid Effectiveness*", indem es sich an das Prinzip der „*ownership*" des Partners hält, d. h. einen Reformprozess unter Federführung der Partnerregierung unterstützt („*partner in the driver seat*"). An den Reformzielen des Partners richten sich alle an der Budgethilfe oder dem PBL beteiligten Geber mit ihrer Unterstützung aus („*donor harmonization and alignment with partner objectives*").

Durch die Bindung der Auszahlung der Finanzierung an Auszahlungstrigger hat PBL das Charakteristikum der Bindung an bereits erzielte Erfolge mit dem Instrument REDD gemein, das im Klimaschutz-Beispiel für Brasilien skizziert wurde. Zusätzlich fließen die Mittel in den Staatshaushalt des Partners – zwei Gründe, warum es unmöglich ist, den Finanzierungsbeiträgen bestimmte *Outputs* zuzuordnen. Bei einem Staatshaushalt von einer Größenordnung wie in Kolumbien – vor wenigen Wochen wurde das Budget für 2018 über gut 80 Mrd. USD verabschiedet, eine einprozentige Erhöhung gegenüber 2017[19] – kann auch großvolumiges PBL nur einen verhältnismäßig kleinen finanziellen Beitrag zur Umsetzung der Regierungsziele liefern. Was bleibt als Untersuchungsobjekt für eine Evaluierung, wenn der Förderung keine *Outputs* zuzuordnen sind und die Partnerregierung bei dem unterstützt wird, was sie ohnehin will und mit finanziellen Mitteln verfolgt, die den FZ-Beitrag um ein Vielfaches übersteigen?

Zunächst einmal ist festzuhalten, dass mit der Unterstützung von dem, was die Partnerregierung zu ihrem Programm gemacht hat, PBL einen

---

19   Https://www.reuters.com/article/us-colombia-budget/colombias-congress-approves-80-billion-budget-for-2018-idUSKBN1CO08S.

Fehler der alten Budgethilfe meiden. Immer wieder wurde versucht, über großzügige, häufig als Zuschuss gewährte Budgethilfen bestimmte Reformen zu erkaufen, und dieses funktionierte – wie Budgethilfeevaluierungen belegen – eben gerade nicht. Insofern ist es als Vorzug von PBL anzusehen, auch wenn sich die traditionelle Vorgehensweise bei Evaluierungen, die Nachverfolgung der Wirkungskette, nicht mehr realisieren lässt. Eine Zwischenevaluierung im Jahre 2018 sollte aber Indizien sammeln, ob es durch den *Policy-Dialog* und die *Policy*-Matrizen wirklich gelungen ist, den Partner bei der Umsetzung seiner Reformen zu unterstützen – etwa durch Identifikation der unmittelbar anstehenden Umsetzungsschritte und möglicher Hindernisse, Hilfe bei der Koordination von Akteuren oder der Beschleunigung von Prozessen. Immerhin liegt ja auch das Gegenteil, nämlich PBL als „Sand im Getriebe" im Bereich des Möglichen, so dass hier Raum für eine Einschätzung im Rahmen von Evaluierungen bleibt, in welchem Maße *ownership* und *alignment* im PBL in die Realität umgesetzt werden. Auch die Frage nach der Dauerhaftigkeit von Wirkungen, die unter dem Evaluierungskriterium Nachhaltigkeit gestellt wird, kann in einer PBL-Evaluierung verfolgt werden. Lassen die Fortschritte das Erreichen der selbstgesteckten Ziele der Regierung wahrscheinlich erscheinen? Gibt es Verzögerungen, vielleicht sogar Zeichen für einen nachlassenden politischen Willen, die Reformziele zu verfolgen? Evaluierungen werden durch PBL nicht überflüssig, aber der Evaluierungsgegenstand ist, ähnlich wie bei REDD, weniger genau umrissen als bei traditionellen Projektevaluierungen. Es geht um Indizien und Einschätzungen. Die Evaluierung entfernt sich von dem, was einige Wissenschaftler als Goldstandard der Evaluierung propagierten, der Wirkungsmessung im Experiment mit Ziel- und Kontrollgruppe – einfach weil das FZ-Instrument des PBL zu dieser Evaluierungsmethodik überhaupt nicht passt.

PBL wird im Falle Kolumbiens zur Unterstützung des Friedensprozesses eingesetzt, doch die Einsatzmöglichkeiten sind ähnlich flexibel wie bei der alten Sektorbudgethilfe: PBL lässt sich für die Unterstützung von Reformmaßnahmen prinzipiell in jedem Sektor einsetzen – und PBL wird in mehr und mehr Ländern eingesetzt. Dies wird auch die Evaluierung der Zukunft beeinflussen, die vermehrt mit FZ-Vorhaben konfrontiert sein wird, in denen traditionelle Evaluierungsverfahren nicht mehr greifen.

6 Fazit

Die Zukunft der deutschen EZ und ihrer Evaluierung wird maßgeblich von globalen Herausforderungen und der zunehmenden Heterogenität der Partnerländer beeinflusst, der die FZ über die Weiterentwicklung von Finanzierungsinstrumenten und Förderungsansätzen gerecht zu werden versucht.

Die FZ arbeitet an der Bewältigung von globalen Herausforderungen sowohl in extrem fragilen Kontexten wie auch in besonders fortgeschrittenen Partnerländern; und dies hat Konsequenzen für den Alltag der Evaluierung: *„remote evaluation"* mit der mühsamen Sammlung von Indizien aus der Ferne auf der einen Seite; die indiziengestützte Einschätzung von ganzen Systemen und politischen Prozessen auf der anderen Seite. Bei beidem helfen neue technische Möglichkeiten wie die Online-Befragung oder die Auswertung von Satellitendaten, aber auch die sekundenschnelle Verfügbarkeit von Informationen und die täglich zunehmende Fülle von Daten und Publikationen, die überwiegend dauerhaft und kostenfrei zugänglich sind. Ohne diese Hilfsmittel wäre die hohe Anzahl an Evaluierungen, die in der FZ durchgeführt werden, nicht mehr in einem angemessen Zeitraum und unter begrenzten Kosten zu verwirklichen. Über die Gemeinsamkeit der Nutzung solcher Möglichkeiten hinaus haben Evaluierungen in hoch fragilem Kontext und in fortgeschrittenen Partnerländern noch eine weitere Gemeinsamkeit: Wenn auch aus unterschiedlichen Gründen, so entfernt sich die Evaluierung immer weiter von dem propagierten Ideal der Messung von Wirkungen. Die Attribution von Wirkungen zu bestimmten Finanzierungen wirft unüberwindbare Hürden auf, sei es weil gewaltsame Konflikte einen so dominierenden Einfluss haben oder sei es weil Finanzierungen nicht mehr konkret umrissene *Outputs* finanzieren. Doch ist dies nicht zweitrangig, wenn beobachtbare Entwicklungen mit den Zielen in Einklang stehen, die die EZ verfolgt?

Vielleicht sind die zunehmenden Schwierigkeiten der Evaluierung bei der kausalen Zuordnung von Wirkungen zu Projekten nur die natürliche Konsequenz der Beobachtungen des Bundesministers, die an den Anfang dieses Beitrags gestellt wurden. „Die Welt ist ein globales Dorf", in dem alles mit allem zusammenhängt. Nur mit vereinten Kräften, von denen die EZ nur eine Kraft ist, kann dieses Dorf zum Positiven verändert werden.

Literatur

Ayari, Ines/Counsell, Simon (2017): „Le coût humain de la conservation en République du Congo: Les parcs nationaux de Conkouati-Douli et de Nouabalé Ndoki et leur impact sur les droits et les moyens de substistance des communautés forestières, Rainforest Foundation UK". In: www.rainforestfoundationuk.ora/media.ashx/le-cout-humain-de-la-conservation-en-la-republiaue-du-conoo-2017.pdf (29.03.2018).

Caramel, L. (2017): „Le WWF accusé de violation des droits de l'homme au Cameroun". In: Le Monde (07.01.2017).

Guterres, António (2016): Rede im Rahmen der Amtseinführung. In: http://www.unev aluation.org/mediacenter/newscenter/newsdetail/121 (04.06.2018).

Bäthge, Sandra (2015): Evidence on a Silver Platter: Evaluation Results for Policy Making in Development Cooperation. Tagungsberichte. Internationale Konferenz des Deutschen Evaluierungsinstituts der Entwicklungszusammenarbeit (DEval) sowie der Evaluierungseinheiten der Außen- und Entwicklungsministerien der Niederlande und Belgiens, Berlin, 5.und 6. November 2015.

Hansen, M. C., et al. (2013): High-Resolution Global Maps of 21st-Century Forest Cover Change. In: Science 342, S. 850–853. Daten online unter: http://earthengine partners.appspot.com/science-2013-global-forest.

KfW (2010): Ex-post-Evaluierung Indien: Polioimpfprogramm, Phasen I bis VII. In: https://www.kfw-entwicklungsbank.de/Evaluierung/Ergebnisse-und-Publikationen/ PDF-Dokumente-E-K/Indien_Polioimpfprogramm_2011.pdf (15.09.2018).

KfW (2016): Ex-post-Evaluierung Brasilien: Amazonasfonds und Amazonienbecken. In: https://www.kfw-entwicklungsbank.de/PDF/Evaluierung/Ergebnisse-und-Publika tionen/PDF-Dokumente-A-D/Brasilien_Amazonienfonds_2016_D.pdf (10.09.2018).

KfW (2017): Ex-post-Evaluierung Nigeria: Programm zur Bekämpfung der Kinderlähmung, Unterstützung des Sicherheitskonzepts der Poliobekämpfung. In: https://www. kfw-entwicklungsbank.de/PDF/Evaluierung/Ergebnisse-und-Publikationen/PDF-Do kumente-L-P/Nigeria_Kinderlähmung_2017_D.pdf (15.09.2018).

KfW (2018a): Ex-post-Evaluierung Afghanistan: Grundbildungsprogramm I und II. In: https://www.kfw-entwicklungsbank.de/PDF/Evaluierung/Ergebnisse-und-Publikatio nen/PDF-Dokumente-A-D/Afghanistan_Grundbildung_2018_D.pdf (15.03.2018).

KfW (2018b): Ex-post-Evaluierung Afghanistan: Ausbau Wirtschaftlicher Infrastruktur im Norden – Phasen I–IV. In: https://www.kfw-entwicklungsbank.de/PDF/Eva luie-rung/Ergebnisse-und-Publikationen/PDF-Dokumente-A-D/Afghanistan_Transport_ 2018_D.pdf (15.09.2018).

Klingebiel, Stephan (2013): Entwicklungszusammenarbeit: eine Einführung. Bonn: Deutsches Institut für Entwicklungspolitik.

Müller, Gerd (2018): Rede von Bundesentwicklungsminister Dr. Gerd Müller im Deutschen Bundestag. In: http://www.unhcr.org/dach/wp-content/uploads/sites/27/2018/ 06/GlobalTrends2017.pdf (26.03.2018).

Nsonsi, Félicien et al. (2017), op. cit.: Riddell, M. (2013) „Assessing the impacts of conservation and commercial forestry on livelihoods in Northern Republic of Congo". In: Conservation and Society, 11 (3), S. 199.

UN (2000): Millennium Development Goals, in: http://www.undp.org/content/undp/ en/home/sdgoverview/mdg_goals.html (15.03.2018).

UN (2015): Resolution adopted by the General Assembly on 25 September 2015: Transforming our world: the 2030 Agenda for Sustainable Development, in: http://www.un.org/ga/search/view_doc.asp?symbol=A/RES/70/1&Lang=E (15.03.2018).

UNHCR (2018): Global Trends. Forced Displacement in 2017. In: http://www.unhcr.org/dach/wp-content/uploads/sites/27/2018/06/GlobalTrends2017.pdf (16.07.2018).

Reformen der europäischen Entwicklungspolitik am Beispiel der Post-Cotonou-Debatte

Rolf Steltemeier

1. Einleitung

Im Zuge der anstehenden Verhandlungen eines Nachfolgeabkommens für das Cotonou-Abkommen stellen sich viele Fragen über die Zukunft der europäischen Entwicklungszusammenarbeit, vor allem mit ihren Partnerländern in Afrika. Die Europäische Union und Afrika verbindet eine lange entwicklungspolitische Vergangenheit. Die kommenden Verhandlungen über ein potentielles neues Abkommen sehen sich jedoch neuen Ordnungen und Strukturen gegenüber gestellt, welche die Beziehungen neu definieren müssten.

Afrika mit seinen 54 Staaten zeigt in der öffentlichen Wahrnehmung ein janusköpfiges Gesicht. Zum einen besitzt der Kontinent ein großes wirtschaftliches Potential: Seit der Jahrtausendwende ist die afrikanische Wirtschaftsleistung um das Dreifache gestiegen. Auf dem Kontinent befinden sich 15 % der weltweiten Ölvorkommen, 40 % der Goldreserven, 80 % der Platinmetalle und die größten landwirtschaftlichen Anbauflächen der Welt. Das BIP hat sich seit 1990 verfünffacht. Etwa die Hälfte der 20 am schnellsten wachsenden Volkswirtschaften liegt in Afrika (BMZ 2017b).

Eine Herausforderung und gleichzeitig eine große Chance des Kontinents liegt in seiner Bevölkerung. Von den 1,2 Mrd. Menschen ist die Hälfte jünger als 25 und bis 2050 wird sich die afrikanische Bevölkerung voraussichtlich verdoppeln (BMZ 2017a). Die Geburtenrate bleibt in vielen Ländern Afrikas hoch, die Jugendlichen sind die größte Bevölkerungsgruppe, das Durchschnittsalter liegt bei 18 Jahren (BMZ 2017a). Die Bevölkerung Afrikas ist die größte Jugendgeneration aller Zeiten. Allerdings braucht diese Generation auch eine entsprechende Infrastruktur. Die Wirtschaft in vielen afrikanischen Ländern wächst zwar rasant, aber die Wirtschaft müsste mindestens doppelt so schnell wachsen wie die Bevölkerung, um nicht die Entwicklungserfolge aufzuzehren. Der Druck auf die natürlichen Ressourcen, auf die Ernährungssicherung und auf die Bildungs- und Beschäftigungsmöglichkeiten nimmt zu.

Dem Potential Afrikas steht daher auch das Bild eines Kontinents entgegen, der nicht zur Ruhe kommt. Innerstaatliche bzw. zwischenstaatliche Konflikte, Korruption, mangelnde Rechtsstaatlichkeit sowie eine intransparente Justiz verschärfen zusätzlich den Druck auf das tägliche Leben. Infolgedessen entsteht eine starke Migration vor allem in Richtung Europa. Fast ein Drittel der weltweiten Flüchtlinge kommt aus Afrika (UNHCR 2016).

Dieser Artikel beleuchtet Anhand der gegenwärtigen Befunde zur „Post-Cotonou-Debatte" mögliche Zukunftsperspektiven für die EU-Entwicklungspolitik. Wesentliche Impulse innerhalb dieser Debatte lassen sich bereits im Verlauf der Geschichte der europäischen Entwicklungspolitik nachverfolgen. Aus diesem Grund widmet sich der Text zunächst einer kurzen historischen Betrachtung der seit den Römischen Verträgen bestehenden entwicklungspolitischen Ambitionen Europas. Im Zuge dessen werden die verschiedenen europäischen Positionen eines möglichen Post-Cotonou-Abkommens beleuchtet. Woraufhin im weiteren Verlauf Schlüsse für die Zukunft der europäischen Entwicklungspolitik gezogen werden können.

2. Überblick zur Geschichte der europäischen Entwicklungspolitik

Mit Gründung der Europäischen Wirtschaftsgemeinschaft (EWG) 1957 wurde mit dem Europäischen Entwicklungsfond (EEF) ein entwicklungspolitisches Instrument geschaffen, um die wirtschaftliche und soziale Entwicklung der AASM-Staaten (Associated African States and Madagascar) zu fördern. Der Fokus der Entwicklungspolitik lag, durch die koloniale Vergangenheit einiger Mitgliedsstaaten bestimmt, zunächst auf den ehemaligen belgischen und französischen Kolonien und später, nach dem Beitritt Großbritanniens 1973, auch auf Teilen des britischen Commonwealth (Tindemans/Brems 2016: 3). Mit den AASM-Staaten wurde 1963 das erste Yaoundé-Abkommen (1964–1969, Folgeabkommen 1971–1975) geschlossen. Auf multilateraler Basis wurden durch den EEF erstmalig Entwicklungsmaßnamen finanziert. Mit dem Lomé-Abkommen (insg. 4 Abkommen zw. 1975–2000) wurden die entwicklungspolitischen Bemühungen der EWG-Staaten auf die Entwicklungsländer in Afrika, Karibik und Pazifik (AKP-Staaten) ausgedehnt. Das Cotonou-Abkommen (2000–2020) führte die Zusammenarbeit unter neuen Paradigmen fort.

Entwicklungspolitische Zuständigkeiten außerhalb des EEF für die EG wurden erst im Vertrag von Maastricht 1993 mit der Gemeinsamen Außen- und Sicherheitspolitik (GASP) geschaffen. Anfangs standen eher technische- und handelspolitische Aspekte im Vordergrund, diese wurden dann durch den entwicklungspolitischen Dialog ergänzt. Der Vertrag von Lissabon (2007) reformierte schließlich die EG/EU grundsätzlich. In den Artikeln 21 EUV und 208 ff. AEUV, die die Zusammenarbeit mit Drittländern und die humanitäre Hilfe festlegen, steht nun auch das Hauptziel der EU-Entwicklungszusammenarbeit: „die Bekämpfung und auf längere Sicht die Beseitigung der Armut" (Artikel 208 AEUV).

Auch außerhalb der Verträge werden die Ziele und Strukturen der EU-Entwicklungszusammenarbeit weiterentwickelt und reformiert. Mit dem Europäischen Entwicklungskonsens von 2005 wurde erstmals eine umfassende Politikerklärung zur Entwicklungspolitik der EU vorgelegt, die einen Referenzrahmen festlegte. 2017 wurde dieser überarbeitet und der „neue europäische Konsens über die Entwicklungspolitik" unterzeichnet. Die Neufassung des Konsenses nimmt auch die Agenda 2030 und ihre *Sustainable Development Goals* (SDGs) in den Fokus. Hauptziele bleiben die Bekämpfung der Armut, der Diskriminierung und der Ungleichheiten. Der Konsens stellt eine gemeinsame Vision und einen Handlungsrahmen für die EU und ihre Mitgliedstaaten dar. Weitere Instrumente, wie der EU-Afrika-Dialog oder die „*African Peace Facility*"[1] bilden Schwerpunkte der EU-Afrika-Beziehungen, auch im Hinblick auf Entwicklungspolitik.

2.1 Die Yaoundé-Abkommen I und II – Erste Schritte der europäischen Entwicklungszusammenarbeit mit afrikanischen Staaten

Um die laufenden Verhandlungen zum Post-Cotonou Abkommen verstehen zu können, ist es wichtig, die historische Beziehung zwischen der EU und den afrikanischen Staaten zu erläutern. Nur so lassen sich die Strukturen und Probleme der Post-Cotonou Debatte verständlich machen. Einige europäische Staaten verbindet eine lange Geschichte mit Afrika. Diese Geschichte, verbunden mit daraus resultierenden Interessen, war maßgeblich relevant für die Beziehungen zwischen den Kontinenten.

Das erste Abkommen zwischen der EWG und Afrika, welches die Entwicklungszusammenarbeit definierte, war das Yaoundé-Abkommen von 1963. Inhalt dieses Abkommens zwischen den sechs EWG-Staaten und den 18 AASMs war auf der einen Seite der freie Marktzugang für die afrikanischen Staaten und ihrer Güter in die EU, während auf der anderen Sei-

---

1   2004 gegründet; finanziert durch den EEF; zur Unterstützung der Anstrengungen der AU und afrikanischer regionaler Wirtschaftsgemeinschaften im Bereich Frieden und Sicherheit; mit über 2,7 Mrd. Euro seit 2004 ausgestattet.

te die afrikanischen Staaten den Markt für einige europäische Güter beschränken durften, um ihre nationale Wirtschaft anzukurbeln. Die Kon-
vention beinhaltete vier große Bereiche der Zusammenarbeit: Handel, finanzielle und technische Kooperation, Freiheit von Einrichtungen, Dienstleistungen, Zahlungsverkehr und Kapitalbewegung.

Finanziert wurde die Kooperation sowohl durch den EEF als auch
durch die Europäische Investitionsbank (EIB). Die finanzielle Unterstützung bezog sich auf knapp 800 Mio. Euro, im zweiten Yaoundé-Abkommen auf 900 Mio. Euro. Das Geld floss in wirtschaftliche und soziale Projekte, in technische Kooperation, in die Stabilisierung der Landwirt-
schaftspreise, in Produktionshilfen für Bauern und in die Notfallhilfe (*Unspecified*. Partnership in Africa 1966: 10 ff). Ziel der Hilfen durch den
EEF war es, die afrikanischen Wirtschaften zu stabilisieren, indem die
Abhängigkeit von einzelnen Waren reduziert oder abgeschafft und erweiterte Marktzugänge durch neue Produkte erschlossen werden sollten (*Unspecified*. Partnership in Africa 1966: 16). Die Yaoundé-Abkommen berei-
teten die Basis für die Beziehungen zwischen den EWG-Mitgliedstaaten
und den, gerade unabhängig gewordenen afrikanischen Partnerländern.
Für beide Seiten waren die Kooperationen von Vorteil. Die ehemaligen
Kolonialmächte konnten ihre Interessen auf dem Kontinent weiterhin vertreten und die afrikanischen Staaten konnten diese Beziehungen zu wirtschaftlichen Vorteilen nutzen. Somit wurde entschieden, weitere Abkommen zwischen den Parteien zu schließen, um die Vorteile beizubehalten
und auszubauen.

2.2 Lomé I–IV und die einsetzenden AKP-Beziehungen

Das erste Lomé-Abkommen wurde 1975 verabschiedet und begründete
eine neue entwicklungspolitische Zusammenarbeit. Aufgrund neuer Mitgliedstaaten auf der EWG-Seite (Dänemark, Irland, GB) erweiterte sich
der Kreis von ehemaligen Kolonien und Überseeischen Ländern und Gebieten (ÜLG), die in das Abkommen integriert werden sollten, und nun zur
AKP-Gruppe gehörten (Georgetown Agreement 1975). Das erste Lomé-
Abkommen wurde zwischen neun europäischen Staaten und 46 AKP-
Staaten vereinbart. Es basierte auf den Konzepten der Partnerschaft und
Solidarität (David 2000). Die finanziellen Hilfen beliefen sich auf knapp
3,4 Mrd. Euro, wovon drei Mrd. Euro unter dem EEF liefen und circa 390
Mio. Euro durch Finanzmittel der EIB gestellt wurden (Lomé I-Ab-
kommen 1976: Art. 42). Der Hauptaspekt des Abkommens bezieht sich
auf die handelspolitische Zusammenarbeit zwischen den AKP-Staaten und

den EWG-Staaten. Dabei sollen die Entwicklungsstände der AKP-Staaten besonders berücksichtigt und ihr Warenverkehr durch Vergünstigungen gefördert werden, um das Wirtschaftswachstum zu erhöhen und ein Gleichgewicht im Warenverkehr der Vertragsparteien zu schaffen (Lomé I-Abkommen 1976: Art. 1). Auf der kommerziellen Ebene wurden Handelspräferenzen, die nicht auf Reziprozität basierten, für die Exporte der AKP-Staaten in die EWG etabliert.

Die weiteren Lomé-Abkommen (II–IV/1979–1999) ergänzten und erweiterten die europäische Politik mit den AKP-Staaten. Weitere Stabilitätsmechanismen wurden entwickelt und Regelungen für den Handel mit bestimmten Waren wurden durch Protokolle konkretisiert. Auf sektoraler Ebene beinhalteten Lomé I und II die Finanzierung von Infrastruktur und Landwirtschaftsprogrammen. Lomé III (1984 mit 65 AKP-Staaten und 10 EWG-Staaten) zielte darauf ab, die Effektivität der Hilfe zu steigern, an deren Wirksamkeit in der Zwischenzeit erhebliche Zweifel artikuliert wurden. Lomé IV wurde 1989 zwischen 68 AKP und 12 europäischen Staaten unterzeichnet. Es war das erste Abkommen, welches sich politischer orientierte und zum ersten Mal Menschenrechte thematisierte. Außerdem wurden die Pluralisierung der AKP-Wirtschaften, die Förderung des privaten Sektors und die zunehmende Bedeutung der regionalen Kooperation als ein Vorläufer für regionale Integration betont (David 2000: 12 f). Die EEF Finanzierung stieg stetig in den jeweiligen Abkommen. Lag sie beim ersten Lomé-Abkommen noch bei 3 Mrd. Euro, so stieg sie bis zum Lomé IV auf 11,5 Mrd. Euro. Der deutsche Anteil am EEF während Lomé IV lag bei knapp 3 Mrd. Euro.

Mit der Errichtung der Welthandelsorganisation (WTO) 1995 ergaben sich erhebliche Reformerfordernisse hinsichtlich der handelspolitischen Dimension des Lomé-Abkommens. Die bereits in Lomé IV beginnende Einbeziehung von Menschenrechten wurde im Zuge der Verhandlung des nachfolgenden Cotonou-Abkommens durch die Vorgaben aus dem Vertrag von Maastricht (1992) um die Elemente nachhaltige soziale und wirtschaftliche Entwicklung, demokratische Prinzipien und Rechtsstaatlichkeit ergänzt. Damit trug das Cotonou-Abkommen der an den Lomé-Abkommen geübten Kritik zum Teil Rechnung, die eine Ineffizienz der Maßnahmen und eine fehlende politische Orientierung der Hilfe nach menschenrechtlichen und demokratischen Prinzipien beklagte (Tannous 2008: 435 f).

2.3 Cotonou-Abkommen und AKP-Entwicklungen

2000 ersetzte das Cotonou-Abkommen nach langer Verhandlungszeit die letzte Lomé-Konvention. 2005 und 2010 wurde der Vertrag jeweils überarbeitet. Wesentliche Veränderungen zum Abkommen von Lomé sind die bereits angesprochene politische Dimension in Verbindung mit Sanktionsmöglichkeiten, im Fall von erheblichen Verstößen gegen menschenrechtliche Verpflichtungen und die Einleitung einer Regionalisierung der AKP-Gruppe, also eine Ausdifferenzierung der Instrumente im Hinblick auf die Heterogenität der einzelnen Staaten (Tannous 2008: 436). Innerhalb des Vertrages findet sich eine entwicklungspolitische Agenda, die auf drei Säulen basiert: Entwicklungshilfe, Handel und politischem Dialog.

Die Finanzierung über den EEF zwischen 2000 und 2007 lag bei 13,8 Mrd. Euro und stieg auf 30,5 Mrd. Euro (2014–2020) an. Wichtigste Punkte stellen die Reduzierung der Armut in Kohärenz mit nachhaltiger Entwicklung und die graduelle Integration der AKP-Staaten in den Weltmarkt dar. Nachhaltiges Wirtschaftswachstum, Entwicklung des privaten Sektors, Steigerung der Beschäftigung und der verbesserte Zugang zu Produktionsressourcen stehen ebenfalls im Fokus der Zusammenarbeit (Cotonou-Abkommen 2000: Art. 1). Des Weiteren finden die Themen Migration (Art. 13) und „Peacebuilding" (Art. 11) besondere Erwähnung.

War die AKP-Gruppe früher ein Rahmen für neue Zusammenarbeit und Kooperation, so verlor diese graduell an Dynamik. Vor allem geopolitische Veränderungen führen zu diesen Impulsen. Der zunehmende Einfluss Chinas, die inneren Krisen der EU und die verstärkte Etablierung regionaler Strukturen (AU) bewirken diese Veränderungen. Hinzu kommt die wachsende Durchsetzungsfähigkeit afrikanischer Regierungen gegenüber der EU.

Das im Jahr 2020 auslaufende Cotonou-Abkommen sieht neue Verhandlungen für ein neues Abkommen 18 Monate vor seinem Auslaufen vor (August 2018). Ein neues Abkommen wird sowohl von Seiten der EU als auch der AKP-Gruppe angestrebt. Kommissionspräsident Juncker beauftragte bereits im September 2014 den Kommissar für Internationale Zusammenarbeit und Entwicklung, Neven Mimica, ein sogenanntes Post-Cotonou-Abkommen auszuhandeln (Keijzer/Bartels 2017).

3. Der Post-Cotonou-Prozess

Der nun laufende Post-Cotonou-Prozess findet in einer neuen Weltordnung statt. Der politische und ökonomische Aufstieg der BRICS-Staaten (Brasilien, Russland, Indien, China und Südafrika) und anderer Schwellenländer eröffnet eine Entwicklungsoption für die AKP-Staaten unabhängig von den Beziehungen zur EU. Den Optionen für neue Entwicklungsmöglichkeiten stehen jedoch auch Befürchtungen entgegen, die neuen Akteure seien eher durch kurzfristiges Eigeninteresse als langfristige und nachhaltige Entwicklungsziele motiviert. In jedem Fall muss sich die EU mit dieser veränderten geopolitischen Lage auseinandersetzen (Laporte 2012: 2).

Auf Seiten der EU hat die Erweiterung auf 28, nach dem „Brexit" auf 27 Staaten, das Gewicht der politischen Interessen verschoben. Erweiterte der Beitritt Großbritanniens seinerzeit den Kreis der AASM-Staaten auf den der AKP-Staaten, dürfte das Interesse, mit dem Ausscheiden der Staaten des Commonwealth, abnehmen. Das letztlich post-koloniale Konzept der AKP-Gruppe sieht sich überdies durch die „neuen" EU12-Mitglieder ohne koloniale Vergangenheit zusätzlichem Druck ausgesetzt. Das Interesse der EU12-Mitglieder richtet sich nach Osten, in die weitere Nachbarschaft der EU und nicht in den Süden. Die veränderten Interessen innerhalb der EU zeigen sich unter anderem in einem nachlassenden Engagement in den entsprechenden AKP-EU-Institutionen und nachrangiger Berücksichtigung der AKP-Staaten in den europäischen Entwicklungsinstitutionen DEVCO (Generaldirektion Internationale Zusammenarbeit und Entwicklung) und EAD (Europäischer Auswärtiger Dienst). Dem nachlassenden Bemühen innerhalb der AKP-Gruppe der EU steht jedoch ein gesteigertes Engagement mit der Afrikanischen Union (AU) gegenüber, das sich an den Zielen des Lissabonner Vertrages einer kohärenteren Außen- und Entwicklungspolitik mit Fokus auf geographisch-kontinentale und regionale Gruppen orientiert (Laporte 2012: 3).

Auf Seiten der AKP-Staaten haben insbesondere die kontroversen Verhandlungen der *Economic Partnership Agreements* (EPA) zu einem erheblichen Schaden in der Wahrnehmung der EU geführt. Zusätzlich führt das ungelöste Spannungsverhältnis zwischen einer von Werten und Interessen bestimmten EU-Außen- und Entwicklungspolitik zur Anwendung von doppelten Standards. Insgesamt zeigt sich ein Rückgang gemeinsamer Interessen und fehlendes gegenseitiges Vertrauen (Laporte 2012: 3).

Die AKP-Staatengruppe ist daran interessiert, den *Acquis des Cotonou*-Abkommens zu bewahren und darauf aufzubauen. Das Verhandlungsmandat wurde auf dem EU-AKP Ministerrat Ende Mai 2018 in Lomé vorgestellt. Drei Säulen werden angestrebt: (1) Handel und Investitionen; (2) Entwicklungszusammenarbeit, Technologie und Wissenschaft; (3) politischer Dialog. Als Verhandlungsführer wurde der togolesische Außenminister Robert Dussey benannt. Auch die EU bereitete sich parallel auf die Verhandlungen vor. Das EU-Verhandlungsmandat wurde im Juni 2018 verabschiedet. Inhaltlich orientiert sich der Mandatsentwurf ebenfalls an dem bestehenden Abkommen, beinhaltet jedoch eine stärkere Regionalisierung. Das Abkommen soll auch für andere Staaten offen sein und die Möglichkeit enthalten, die nordafrikanischen Staaten einzubeziehen, ohne dass die besondere Zusammenarbeit (z. B. im Rahmen der Nachbarschaftspolitik) berührt wird. Ein für alle Vertragspartner geltende gemeinsame Grundlage („*Foundation*") soll den politischen Acquis, die institutionelle Struktur und die allgemeinen Vertragsgrundlagen festschreiben.

Das Abkommen soll rechtsverbindlich abgeschlossen werden und eine Laufzeit von 20 Jahren haben. Thematisch soll das neue Abkommen neben modernisierter entwicklungspolitischer Kooperation die neuen internationalen Rahmenbeschlüsse (u. a. Agenda 2030, Pariser Klimaschutzabkommen, Addis Abeba Aktionsplan) aufnehmen, die politische Zusammenarbeit stärken und über die reine Entwicklungszusammenarbeit hinausgehen. Divergenzen sind im Bereich Migration zu erwarten. Die europäischen Staaten wollen mit dem neuen Abkommen auch den Ursachen von Flucht und irregulärer Migration entgegenwirken und die AKP-Staaten im Falle irregulärer Migration weiterhin zur Rückübernahme von Staatsangehörigen verpflichten (bereits im aktuellen Cotonou-Abkommen enthalten, Art. 13). Dagegen strebt die AKP-Staatengruppe an, die Anwendung von Artikel 13 nur noch auf freiwilliger Basis festzuschreiben (Another trade muddle 2018: 9 f).

Eine nicht zu unterschätzende Herausforderung auf den Verhandlungsverlauf stellt die uneinheitliche afrikanische Position dar. Denn in das Verhandlungsmandat der AKP-Staatengruppe war nicht die bereits zuvor verabschiedete AU-Position eingeflossen. Die AU vermisste insbesondere den kontinentalen Ansatz für Afrika. Daher machte der Vorsitzende der AU-Kommission Moussa Faki auch Nachbesserungsbedarf geltend. Die AU tritt für ein gesondertes Format zwischen EU und afrikanischen Staaten unter Ausschluss der karibischen und pazifischen Staaten ein. Sie kann sich lediglich ein AKP Abkommen als Schirm vorstellen, der jedoch im Vergleich zu dem angestrebten EU-Afrika Abkommen kaum Bedeutung hat. Auch stellt die AU klar, dass sie in den zukünftigen EU-Afrika Beziehungen eine wichtige Rolle spielen möchte (Another trade muddle 2018: 9 f).

Der geplante Verhandlungsbeginn für den Sommer 2018 konnte somit nicht gehalten werden. Die Europäer übten sich im Spagat einerseits keinen externen Einigungsdruck auf die afrikanischen Staaten aufzubauen und andererseits den Verhandlungsbeginn nicht zu lange zu verschieben. Die Hoffnungen ruhten auf dem Außenministertreffen der AU Mitte September. Dort sollte eine einheitliche afrikanische Positionierung formuliert werden. Dies war abermals nicht gelungen, so dass eine elegante Lösung gefunden werden musste. Ungeachtet der divergierenden afrikanischen Positionen wurden die offiziellen EU-AKP-Verhandlungen am 28. September 2018 am Rande der Generalversammlung der Vereinten Nationen eröffnet. Die Überlegung war, mit der technischen Verhandlungsmasse zu beginnen und im laufenden Prozess an einem gemeinsamen Konsens zu arbeiten.

Im Hinblick auf mögliche Szenarien für ein Post-Cotonou-Abkommen ergeben sich unterschiedliche Möglichkeiten. Eine Fortschreibung des aktuellen Vertrages wird den zukünftigen Veränderungen der Kontinente und den Ansprüchen an einen ambitionierten europäischen Außenhandel nicht gerecht. Während die ehemaligen Kolonialmächte die Beziehungen unverändert fortlaufen lassen wollen, streben die westeuropäischen und skandinavischen Mitgliedstaaten eher eine Zusammenarbeit an, die unabhängig von historischen Beziehungen steht (siehe auch Tindemans/Brems 2016: 3). Denkbar wären hier mehrere flexible thematische und regionale Partnerschaften ohne Vertragsrahmen mit einem Fokus auf den Themen und nicht auf Regionen (Joint Communication 2016: 24 ff). Keijzer/Bartels (2017) identifizieren mögliche Szenarien hinsichtlich des Ausgangs der anstehenden Post-Cotonou-Verhandlungen. (1) Ein AKP-EU-Abkommen, dass der Heterogenität der AKP-Staaten und den veränderten Interessen innerhalb der EU durch regionalisierte, spezifische Abschnitte für Afrika, die Karibik und die Pazifische Region Rechnung trägt; (2) drei einzelne Abkommen mit rechtlicher Bindewirkung mit den einzelnen Regionen und (3) Alternativen zu internationalen Abkommen (vgl. Keijzer/Bartels 2017: 14). Laporte (2012) diskutiert außerdem (4) für die AKP-Staaten das wegen fehlender interner Kohärenz eher unwahrscheinliche Szenario einer Orientierung hin zu neuen Partnern, wie den BRIC-Staaten. (5) Eine diskutierte Öffnung der AKP-Staaten für neue Mitglieder, insbesondere die nordafrikanischen Staaten, würde für den afrikanischen Kontinent zu einer Dopplung der Strukturen der AU führen, mit unklaren Kompetenzverteilungen. Dem Szenario steht ebenfalls entgegen, dass die nordafrikanischen Staaten mit der Nachbarschaftspolitik der EU über einen eigenständigen Partnerschaftsrahmen verfügen, der im Zuge des „arabischen Frühlings" und der „Flüchtlingskrise" nochmals gestärkt wurde.

Auf der EU-Seite identifiziert Laporte (6) einen möglichen Mantelvertrag für die gesamten AKP-Staaten oder eine Überführung der sechs bestehenden EPAs in einen solchen Rahmen, mit jeweils regionalen Unterkapiteln. Schließlich (7) bestehe auch die Möglichkeit einer weniger ambitionierten Zusammenarbeit in Form einer bloßen Netzwerkorganisation oder einer Plattform zum Informationsaustausch (vgl. Laporte 2012: 5 f.).

Größere Veränderungen in den Beziehungen zu den AKP-Staaten hängen auf der Seite von der EU davon ab, ob die strukturkonservativen Verhandlungspartner (die ehemaligen europäischen Kolonialmächte) sie mit ihren Interessen vereinbaren können. So ist beispielsweise Frankreich, als ehemalige Kolonialmacht, für eine Fortschreibung der privilegierten AKP-Partnerschaft mit verbindlichem Rechtsrahmen. Auch die Kommission und der EAD wollen den Status quo wahren. Zusätzlich steht die rechtliche Bindekraft eines Nachfolgeabkommens zur Debatte. Eine Mehrheit der EU-Mitgliedstaaten ist für eine solche verbindliche Regelung. Sicher ist auch, dass die SDGs der Agenda 2030 ebenfalls in das Abkommen integriert werden (vgl. Tindemans/Brems 2016: 4 f.). Unklarheit besteht weiterhin darüber, ob das zukünftige Abkommen durch eine zeitliche Begrenzung limitiert wird oder unbegrenzt gelten soll. Hier besteht kein Konsens zwischen den Mitgliedsstaaten.[2] Zusätzlich ist die Post-Cotonou-Debatte eng mit der Diskussion über den Mehrjährigen Finanzrahmen (MFR) ab 2021 verknüpft. Dabei geht es auch um die Neustrukturierung der EU-EZ-Finanzinstrumente, bspw. des ENI, EZI und des EEF. Würden nämlich die nordafrikanischen Staaten aus dem ENI entfallen, würde dies wiederum eine veränderte Finanzierung dieses Instruments nach sich ziehen.

4.   Ausblick: Zukunftsperspektiven der europäischen
     Entwicklungspolitik

Der historische Überblick und die Post-Cotonou-Debatte zeigen zentrale Faktoren auf, die die Zukunftsperspektiven der europäischen Entwicklungspolitik bestimmen werden. Die Entwicklung hin zu einer multipolaren Weltordnung und das Auftreten neuer Akteure in der Entwicklungspolitik erweitern nicht nur die Optionen der „Empfängerstaaten", sondern stellen für die EU in Form gegenläufiger Interessen oder der Konkurrenz eine neue Herausforderung dar (vgl. Laporte 2012: 2). Deutlich wird dies zum Beispiel an der Präsenz Chinas in Afrika und seine Kooperation mit

---

2   Deutschland ist für eine zeitliche Begrenzung des Abkommens.

einzelnen Staaten. Auf der europäischen Seite stehen der „neuen Konkurrenz" ein bisher nicht gelöstes Spannungsverhältnis zwischen einer an Werten und Interessen orientierten Außenpolitik sowie komplizierte und langsame Aushandlungsprozesse in den europäischen Institutionen gegenüber (vgl. Tannous 2008: 445 ff.).

Spätestens seit der „Flüchtlingskrise" des Jahres 2015 ist das Migrationsmanagement zu einer zentralen Herausforderung für die EU geworden und wird dies in der Zukunft auch weiterhin bleiben (Carrera/Blockmans 2015: 1). Aufgabenfelder ergeben sich zum einen innerhalb der EU bei der politischen Gestaltung und Durchsetzung von Regeln. Auf der zwischenstaatlichen Ebene stellt sich das ungelöste Problem einer faireren Verteilung der Verantwortlichkeiten und Kosten des europäischen Asylsystems. Das Dublin-Abkommen gilt, wegen seiner überproportionalen Belastung der Staaten an den EU-Außengrenzen einigen Beobachtern nach, als praktisch gescheitert. Das als Reaktion eingeführte Umverteilungssystem strebt zwar eine Verteilung nach neuen Kriterien wie Bevölkerungszahl, BIP und durchschnittlicher Asylantragsrate an, gilt jedoch nur für Krisenzeiten. Der angestiegene Migrationsdruck macht für die Zukunft eine Rückkehr zum Normalverfahren jedoch unwahrscheinlich (Carrera/Blockmans 2015: 13). Bei der Durchsetzung dieser Regelungen zeigen sich erhebliche Defizite in einigen Mitgliedsstaaten der EU. Die Reaktionsmöglichkeiten der Gemeinschaft auf diese Verstöße erweist sich zudem als wenig wirkungsvoll (Carrera/Blockmans 2015: 14). Hinzu kommt der populistische Rechtsruck, der in Europa stattfindet und sich in Regierungswahlen niederschlägt. Die divergierenden Interessen machen Lösungsfindungen noch schwerer, als sie auf europäischer Ebene sowieso schon waren.

Potentiale zur Fluchtursachenbekämpfung ergeben sich für die EU durch diverse Institutionen und Instrumente: Neben dem Karthoum-[3] und dem Rabat-Prozess[4] zum Beispiel mit dem Trust Fund Syrien, Madad, zur Grundversorgung von Flüchtlingen (1,3 Mrd. Euro), der Nothilfe-Fond Afrika, zur entwicklungs- und migrationspolitischen Zusammenarbeit mit

---

3   Auch genannt: EU-Horn of Africa Migration Route Initiative. Stellt eine Plattform für politischen Dialog dar, in dem die Staaten, die entlang der Migrationsroute vom Horn von Afrika in die EU liegen, vertreten sind. Auf dem Valletta-Gipfel 2015 wurde entschieden, dass dieser Prozess den Valletta Aktionsplan überwachen soll.

4   2006 etabliert; Ausgangspunkt waren die steigenden Zahlen von Migranten, die über die Straße von Gibraltar oder die Kanarischen Inseln nach Europa wollten.

26 Ländern (2,8 Mrd. Euro).[5] Die „Trust-Funds" gehören seit 2014 zum Sonderinstrumentarium der EU und sind als politisch besonders sichtbare EU-Maßnahmen in Notsituationen gedacht. Diese Fonds sind in der Regel hochpolitisch motiviert, werden in der Umsetzung jedoch kontrovers diskutiert. Es mehrt sich die Kritik, dass die Fonds mangelhaft geplant seien und ihre Wirkungsmessung falsch kalkuliert werde. Außerdem würden Mittel der öffentlichen Entwicklungszusammenarbeit (ODA) durch Verschiebung in den Sicherheitssektor zweckentfremdet (Concord Europe 2017: 3). Das hat zur Folge, dass der Entwicklungszusammenarbeit zugerechnete Fonds für sicherheitspolitische Interessen gebraucht werden. Dies widerspricht den entwicklungspolitischen Interessen, welche solche Fonds einsetzen wollen, um die Fluchtursachen zu bekämpfen und die Menschen vor Ort zu unterstützen. Mit dem 2017 aufgelegten „*External Investment Plan*" (EIP), welcher in der MENA-Region (Middle East & North Africa) und Afrika anwendbar ist, besteht ein Instrument, dass sich auf investitionsschwache Staaten konzentriert und mit einem Volumen von 3,3 Mrd. Euro ausgestattet ist. Mit ihm sollen die Ziele nachhaltige Entwicklung (Agenda 2030) und die Bekämpfung der Fluchtursachen im Zentrum stehen. Der EIP beruht auf drei Säulen: 1. Finanzierung (EEF, ENI, EZI, Gesamthaushalt), 2. Technische Beratung, 3. Verbesserung der Investitionsbedingungen. Es handelt sich hier überwiegend um Mischfinanzierungen. Der EIP erhält hohe politische Unterstützung von allen Seiten. Neu ist außerdem der „*EU Fund for Sustainable Development*" (EFSD), ein innovativer Garantiefond, der im Wert von 750 Mio. Euro frische Mittel besitzt, welche Garantien von 1,5 Mrd. Euro ermöglichen sollen.

Die vielleicht größte Herausforderung für die europäische Entwicklungspolitik stellt die rasant wachsende afrikanische Bevölkerung dar. Prognosen erwarten, dass 2100 mehr als 3-mal so viele Menschen auf dem afrikanischen Kontinent leben werden, von denen die Hälfte das 25. Lebensjahr noch nicht vollendet haben wird (vgl. Grafik). Für ihre Eingliederung in den Arbeitsmarkt muss insbesondere dessen Stabilität und Umfang erheblich ausgebaut werden, auf den sich auch die ungewissen Folgen der Digitalisierung (Steltemeier 2018) auswirken werden. Fehlende Perspektiven gehören zu den wesentlichen Fluchtursachen.

---

5   Bsp: Türkei-Flüchtlingsfazilität für humanitäre Hilfe, Bildung, Gesundheit, kommunale Infrastruktur (3 Mrd. Euro).

Bevölkerungsentwicklung in der Welt – 2017 und Prognosen 2100 im Vergleich

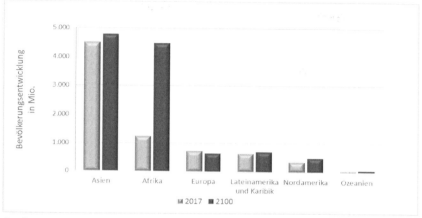

Quelle: Statista 2019.

Auch die fehlende oder unterentwickelte Staatlichkeit auf dem afrikanischen Kontinent wird die europäische Entwicklungspolitik in der Zukunft beschäftigen müssen. Die EU-Sicherheitsstrategie (Rat der Europäischen Union 2009) stellte bereits 2003 fest, dass fragile Staaten nicht nur für die unmittelbar betroffene Bevölkerung, sondern vor allem auch für Europas Sicherheit selbst eine Bedrohung darstellen. Die spill-over-Effekte können also auch einen indirekten oder direkten Einfluss auf die ökonomische und politische Sicherheit nehmen, wie die Terroranschläge der vergangenen Jahre in Europa zeigten. Es ist deshalb umso wichtiger in fragilen Staaten humanitäre und entwicklungspolitische Hilfe zu leisten.

5.   Fazit

Afrika ist ein Kontinent der Chancen, vor allem aber auch der Risiken. Die fortschreitende Entwicklung hin zu einer multipolaren Weltordnung ermöglicht seinen Staaten und überstaatlichen Institutionen Zugang zu neuen Akteuren, wie den BRIC-Staaten. Aufgrund der Komplexität der europäischen Entscheidungsfindungsprozesse, die die divergierenden Interessen der einzelnen Mitgliedsstaaten der EU mit ihren Werten integrieren muss, wird die Gestaltungsmacht der europäischen Entwicklungspolitik auf dem afrikanischen Kontinent vom Aufbau effizienter Strukturen auf diesem Gebiet abhängen. Dies betrifft nicht nur das Wirken nach Außen, sondern auch die Durchsetzung von Regelungen nach Innen.

Die laufenden europäischen Verhandlungen zum Post-Cotonou-Mandat zeigen diese divergierenden Interessen sehr deutlich. Das Festhalten an alten, postkolonialen Strukturen auf der einen Seite steht dem Gedanken entgegen, auf neue Entwicklungen auf dem afrikanischen Kontinent einzugehen. Zu bedenken ist, dass die Debatte derzeit nicht die afrikanischen Staaten miteinbezieht. Das bedeutet, dass die konkreten Verhandlungen mit den Meinungen und Einstellungen der Afrikaner noch hinzukommen. Auch dann steht die EU wieder vor der Herausforderung, mit einer Stimme auf die neuen Vorschläge der Partner einzugehen. Eine erfolgreiche Verhandlung ist keineswegs vorausgesetzt. Es kann immer noch passieren, dass ein neues Abkommen nicht zu Stande kommt. Dies wäre ein großer Rückschlag für die europäische Entwicklungspolitik und hätte womöglich weitreichende außenpolitische Konsequenzen.

Wie dieser Beitrag gezeigt hat, erfährt auch die Entwicklungszusammenarbeit Veränderungen, auf welche Rücksicht genommen werden muss. Die Post-Cotonou-Debatte zeigt jedoch auch, dass noch nicht allen europäischen Staaten diese neuen Strukturen bewusst sind. Somit wird an alten Beziehungen festgehalten, die teilweise in Europa als überholt gelten (Bsp. Festhalten an AKP-Strukturen). Afrika ist selbstständiger geworden. Die Staaten haben sich eigene Partnerschaften aufgebaut, die nicht zwangsläufig nach Europa führen. In einer Welt, in der der Multilateralismus auf den Prüfstand gestellt wird, ist es wichtig Akteure zu haben, die diesen noch verteidigen und fördern. Die EU könnte ein solcher Akteur sein und im Zuge der Entwicklungszusammenarbeit ein Beispiel setzen. Ob dies jedoch geschehen wird, wird sich in den nächsten Jahren bis 2020 zeigen, wenn das Cotonou-Abkommen ausläuft. Dann werden wir wissen, ob die EU weiterhin ein starker Spieler in der afrikanischen Entwicklungszusammenarbeit bleibt.

Literatur

Another trade muddle (2018). In: Africa Confidential 14 September 2018 Vol 59 Nr. 18, https://www.africa-confidential.com/article-preview/id/12431/Another_trade_muddle, Zugriff am 28.02.2019.

Bossuyt, Jean (2017): Can EU/Africa relations be deepened? A perspective on power relations, interests and incentives. In: European Centre for Development Policy Management, Briefing Note 97, 2017.

BMZ/Bundesministerium für wirtschaftliche Zusammenarbeit und Entwicklung (2017a): Afrika und Europa – Neue Partnerschaft für Entwicklung, Frieden und Zukunft. Eckpunkte für einen Marshallplan mit Afrika, 2017.

BMZ/Bundesministerium für wirtschaftliche Zusammenarbeit und Entwicklung (2017b): 15. Entwicklungspolitischer Bericht der Bundesregierung, Entwicklungspolitik als Zukunfts- und Friedenspolitik, 2017.

Carrera, Sergio/Blockmans, Steven et.al. (2015): The EU's Response to the Refugee Crisis. Taking Stock and Setting Policy Priorities. In: CEPS Essays 20, 16.12.2015.

Concord Europe (2017): European Union Emergency Trust Fund for Africa Partnership or Conditionality? 2017, https://concordeurope.org/wp-content/uploads/2017/11/ CONCORD_EUTF_Monitoring_short.pdf?1fdb40&1fdb40, Zugriff am 25.05.2018.

Cotonou-Abkommen (2000): 2000/483/EG: Partnerschaftsabkommen zwischen den Mitgliedern der Gruppe der Staaten in Afrika, im Karibischen Raum und im Pazifischen Ozean einerseits und der Europäischen Gemeinschaft und ihren Mitgliedstaaten andererseits, unterzeichnet in Cotonou am 23. Juni 2000 – Protokolle – Schlußakte – Erklärungen, https://eur-lex.europa.eu/legal-content/EN/TXT/?uri=CELEX: 22000A1215(01), Zugriff am 27.02.2018.

David, Dominique (2000): 40 years of Europe-ACP relationship. In: The Courier, September 2000, Special issue Cotonou Agreement: http://ec.europa.eu/development/ body/publications/courier/courier_acp/en/en_011.pdf, Zugriff am 05.04.2018.

Gobbelaar, Neuma/Hackenesch, Christine et. al.: G20 and Africa – Ready for a Steady Partnership?, S. 1–7. http://www.g20-insights.org/policy_briefs/g20-africa-ready-steady-partnership/ Zugriff am 21.2. 2018.

Joint Communication: A renewed partnership with the countries of Africa. The Caribbean and the Pacific, 22.11.2016; JOIN, 2016, 52 final.

Keijzer, Niels/Bartels, Lorand (2017): Assessing the Legal and Political Implications of the Post-Cotonou Negotiations for the Economic Partnership Agreements. In: Deutsches Institut für Entwicklungspolitik, Discussion Paper 4, 2017, S. 1–17.

Keijzer, Niels/Medinilla, Alfonso (2017): Can the EU prioritise both the African Union and the Africa, Caribbean and Pacific Group? In: European Think Tanks Group, 2017.

Laporte, Geert (2012): What future for the ACP and the Cotonou Agreement? Preparing for the next steps in the debate. In: ECDPM Briefing Note 34 (4/2012), http://ecdpm.org/wp-content/uploads/2013/10/BN-34-Future-ACP-and-Cotonou-Ag reement-Preparing-debate-2012.pdf, Zugriff am 21.02.2018.

Lomé I-Abkommen (1976):Verordnung (EWG) Nr. 199/76 des Rates vom 30. Januar 1976 über den Abschluß des AKP-EWG-Abkommens von Lome, http://data.europa. eu/eli/convention/1976/199/oj, Zugriff am 16.04.2018.

OECD (2016): Development Aid at a Glance. Statistics by Region. 2. Africa; 2016 edition: https://www.oecd.org/dac/stats/documentupload/2%20Africa%20-%20Devel op ment%20Aid%20at%20a%20Glance%202016.pdf, Zugriff am 16.04.2018.

Rat der Europäischen Union (2009): Europäische Sicherheitsstrategie – Ein sicheres Europa in einer besseren Welt. Luxemburg 2009, https://www.consilium.europa.eu/ media/30806/qc7809568dec.pdf, Zugriff am 17.02.2019.

Statista (2019): Prognose der Bevölkerung in den Kontinenten in den Jahren 2017 und 2100 (in Millionen). https://de.statista.com/statistik/daten/studie/184686/umfrage/ weltbevoelkerung-nach-kontinenten/, Zugriff am 18.04.2018.

Steltemeier, Rolf (2018): Chancen für nachhaltige Entwicklung durch Digitalisierung. In: Sangmeister, Hartmut/Wagner, Heike (Hrsg.): Entwicklungszusammenarbeit 4.0 – Digitalisierung und globale Verantwortung (Weltwirtschaft und internationale Zusammenarbeit, Band 20). Baden-Baden: Nomos, 2018, S. 33–56.

Tannous, Isabelle: Die Entwicklungszusammenarbeit und humanitäre Hilfe der Europäischen Union. In: Weidenfeld, Werner (Hrsg.): Die Europäische Union. Politisches System und Politikbereiche. Bonn, 2008, S. 434–454.

Georgetown Agreement (1975): The Georgetown Agreement on the Organisation of the African, Caribbean and Pacific Group of States, 1975.

Tindemans, Tina/Brems, Dirk (2016): Post-Cotonou: Preliminary positions of EU Member States. In: European Centre for Development, Briefing Note, No. 87, 2.2016.

UNHCR (2016): UNHCR Global Report 2016 – Africa regional summary. In: http://www.unhcr.org/publications/fundraising/593e4bf27/unhcr-global-report-2016-africa-regional-summary.html , 2016. Zugriff am 26.03.2018.

Unspecified. Partnership in Africa (1966): The Yaoundé Association. European community information service, Community Topics, 26, 1966.

China's Foreign Aid – eine etwas andere Art der Entwicklungshilfe

Katja Hilser

In den vergangenen zwei Jahrzehnten fiel die Volksrepublik China durch massive und konzentrierte Investitionen in die Basisinfrastruktur in vielen Entwicklungs- und Schwellenländern auf und hat damit in der Öffentlichkeit und in entwicklungspolitischen Kreisen eine kontroverse Debatte über ihre sogenannte Auslandshilfe ausgelöst. Kritiker wie Moisés Naím, von 1996 bis 2010 Herausgeber der US-Zeitschrift Foreign Policy, warfen China bereits im Jahr 2007 vor, das Land betreibe mit seiner *Foreign Aid* nichts anderes als Schurkenhilfe, da es China nicht um soziale Belange, sondern um monetäre Interessen, den Ausbau internationaler Allianzen sowie die Sicherung von Rohstoffen ginge (Naím 2007: 95–96).

Die Kritik an Chinas Auslandshilfe ist bis heute nicht abgeebbt. Ihr haftet der Ruf an, sie diene vor allem dazu, politische und ökonomische Eigeninteressen Pekings durchzusetzen. Zudem wird befürchtet, dass durch die Vergabe billiger chinesischer Kredite die Erfolge von Entschuldungsinitiativen der internationalen Gebergemeinschaft zunichte gemacht werden und viele Entwicklungsländer (erneut) in eine Überschuldungsfalle geraten könnten. Des Weiteren wird kritisiert, dass die *no Strings and no Questions asked*-Auslandshilfe Chinas dazu führe, dass die Anstrengungen westlicher Geberländer in Bezug auf *Good Governance* und Menschenrechte in den Empfängerländern westlicher Entwicklungshilfe untergraben würden.

Da die chinesische Auslandshilfe außerhalb des *Development Assistance Committee* (DAC) der *Organisation for Economic Co-operation and Development* (OECD) agiert, ist sie nicht an dessen Förderkriterien gebunden, wie Gute Regierungsführung oder Bedürftigkeit der Empfängerländer. Auch ist die chinesische Auslandshilfe nicht weiteren Standards und Kriterien des DAC verpflichtet, die u. a. festlegen, welche Mittelzuflüsse von staatlichen Stellen an Entwicklungsländer als öffentliche Entwicklungshilfe (*Official Development Assistance*/ODA) klassifiziert werden. Grundsätzlich erschwert dies einen Vergleich der chinesischen Auslandshilfe mit den Entwicklungshilfeleistungen der Länder, die sich dem DAC angeschlossen haben.

Hinzu kommt, dass die chinesische Auslandshilfe bis dato kein eigenständiges Politikfeld der chinesischen Regierung war, d. h. überwiegend wurden die Leistungen weder systematisch erfasst noch evaluiert. Vielmehr ist die chinesische Auslandshilfe in ein Gesamtsystem diverser außenpolitischer Aktivitäten der chinesischen Regierung eingebunden und chinesische Projekte sind in der Regel eine Mischung aus Zuschüssen, Handel und Investitionen; anders als in den meisten OECD/DAC-Staaten, in denen die Entwicklungspolitik neben der Handels- und Investitionspolitik, der Energie- und Rohstoffpolitik oder der Umweltpolitik ein eigenständiges bi- und multilaterales Politikfeld darstellt, dessen Leistungen in Form von ODA erfasst werden.

Merkmale der chinesischen Auslandshilfe

Entgegen der für China häufig verwendeten Begrifflichkeit *new donor*, die suggeriert, China sei ein relativ neuer Geber im Akteursfeld der internationalen EZ, vergibt die Volksrepublik bereits seit Mitte der 50er Jahre des 20. Jahrhunderts Auslandshilfe. Bis heute bilden hierfür die „10 Prinzipien friedlicher Koexistenz" die Grundlage, die im Jahr 1955 auf der ersten Konferenz der unabhängigen afrikanischen und asiatischen Staaten in Bandung verabschiedet wurden. Im Wesentlichen betonen diese Prinzipien den Respekt der territorialen Integrität, die Ablehnung von Aggression, die Nichteinmischung in innere Angelegenheiten anderer Länder, die Gleichheit und den beiderseitigen Nutzen sowie die friedliche Koexistenz (vgl. Sangmeister 2012: 171).

Die chinesische Vergabe von Auslandshilfe war zu Beginn stark von politischen und ideologischen Motiven bestimmt. So ging es im Rahmen der „*One-China*-Doktrin" darum, die Nicht-Anerkennung Taiwans durchzusetzen sowie den amerikanischen und sowjetischen Einfluss einzudämmen und die Führung der sogenannten „Dritten Welt" zu übernehmen. Unterstützt wurden in erster Linie die „blockfreien Staaten", die zudem als Verbündete für Mao Zedongs Vorstellungen für den Aufbau des Sozialismus gewonnen werden sollten (vgl. ebd.: 172).

Ab Ende der 1970er Jahre konzentrierte sich die Volksrepublik China unter Deng Xiaoping auf die Entwicklung und Modernisierung der eigenen Wirtschaft. Im Zuge dieser Reform- und Öffnungspolitik wurden wirtschaftliche und geopolitische Eigeninteressen der chinesischen Außenpolitik bedeutender, wie die Stärkung der eigenen, jungen Industrie und die Exportförderung. Die Ausgaben für Auslandshilfe sanken allerdings in den

70er Jahren des 20. Jahrhunderts deutlich. Erst mit der großen Reform von Chinas Auslandshilfe ab 1995 erhöhte die Volksrepublik China ihre jährlichen Mittel hierfür wieder und hat diese in den zurückliegenden Jahren in erheblichem Umfang ausgeweitet (vgl. Dreher/Fuchs 2011: 12). Heute spielen neben politischen Motiven vor allem wirtschaftliche Interessen eine große Rolle bei der Vergabe der Auslandshilfe.

Über den gesamten Zeitraum hinweg, in dem China Auslandshilfe vergeben hat, war das Land selbst Empfänger von Hilfszahlungen aus dem Ausland. Diese Erfahrung sowie der ökonomische Prozess nachholender Entwicklung, den China durch seine graduellen Reformschritte seit den 70er Jahren des 20. Jahrhunderts selbst erlebt hat, sowie die schrittweise Transformation von einer Plan- zu einer Marktwirtschaft beeinflussen die Rolle und Modalitäten als Geber sowie den chinesischen Diskurs über Auslandshilfe maßgeblich. Im chinesischen Diskurs werden beispielsweise Hilfsleistungen und Entwicklung als zwei voneinander getrennte Themen verstanden. Von chinesischer Seite wird daher auch nicht von Entwicklungshilfe gesprochen, sondern ausschließlich von Auslandshilfe (vgl. Zhang/Gu/Chen 2015; Li et al. 2014). China sieht sich nicht als ein Akteur, der den Entwicklungsprozess eines Landes aktiv mitgestalten oder leiten will. Vielmehr soll die Auslandshilfe, wie eingangs erwähnt, die Entwicklung beider Länder zum gegenseitigen Nutzen fördern (*win-win*). Eine nähere Erörterung oder ein präziseres Verständnis des Begriffs Entwicklung wird allerdings nicht gegeben, gleichwohl meist ökonomische Aspekte betont werden.

In diesen Kontext lässt sich auch die Tatsache einreihen, dass im chinesischen Diskurs die ökonomische Eigenständigkeit als Bedingung für die politische Unabhängigkeit eines Landes gesehen wird. In dieser Logik gilt es die Empfängerländer wirtschaftlich zu unterstützen, so dass die Grundvoraussetzungen für einen selbstbestimmten Entwicklungsweg geschaffen werden (vgl. Li et al. 2014: 29). In diesen Entwicklungsprozess hat sich der Geber von Auslandshilfe nicht einzumischen und er hat keine politischen Bedingungen im Empfängerland zu stellen. D. h. oberstes Prinzip ist es im Rahmen der Bandung-Prinzipien, die Souveränität eines Landes zu wahren. Da die westliche Entwicklungshilfe mit politischen Bedingungen und Reformforderungen verknüpft ist, wird sie von chinesischer Seite als eine Einmischung in die jeweilige Entwicklung eines Landes und als Vorgabe eines bestimmten Entwicklungspfades wahrgenommen.

Weißbuch zu *China's Foreign Aid*

Im Sommer 2014 veröffentlichte die chinesische Regierung ihr zweites Weißbuch zu *China's Foreign Aid*, demzufolge China in den Jahren 2010 bis 2012 insgesamt 14,41 Milliarden US-Dollar für die Zusammenarbeit mit Entwicklungsländern ausgab (vgl. Information Office of the State Council 2014: 1). Der Bericht zeigt weiter die regionale Verteilung der chinesischen Hilfe. So unterstützte die Volksrepublik in den Jahren von 2010 bis 2012 121 Länder (51 Länder in Afrika, 30 in Asien, 19 in Lateinamerika und der Karibik, 12 in Europa und 9 ozeanische Inselstaaten). Dem Weißbuch zufolge floss der größte Anteil der Auslandshilfe vor dem Hintergrund der Erreichung der *Millennium Development Goals* (MDGs) an *Low Income Countries* – entsprechende Zahlen dazu finden sich in dem Bericht aber nicht (vgl. ebd. 1 f.).

Von den Gesamtleistungen wurden 36,2 Prozent in Form von nicht rückzahlbaren Zuschüssen für den Aufbau sogenannter *Social Welfare Projects* sowie die Finanzierung von *Human Resources Development Cooperation*, technische Zusammenarbeit, Materiallieferungen sowie Nothilfe vergeben. Weitere 8,1 Prozent der chinesischen Auslandshilfe entfielen auf zinsfreie Darlehen für den Bau öffentlicher Einrichtungen sowie für Projekte zur Verbesserung der Lebensgrundlagen der Bevölkerung. Der größte Anteil der Gesamtleistungen, 55,7 Prozent, machten konzessionäre Darlehen hauptsächlich zur Finanzierung von Infrastrukturprojekten aus (vgl. ebd: 2). Zudem wurden neun der *Least Developed* und *Heaviliy Indebted Poor Countries* Schulden in Höhe von rund 230 Millionen US-Dollar erlassen (vgl. ebd.: 3; eigene Berechnungen).

Den offiziellen Angaben zufolge wurde die Auslandshilfe – neben technischer Zusammenarbeit und *Human Resources Development Cooperation*, der Entsendung medizinischer Teams und Freiwilliger, der Nothilfe und des Schuldenerlasses oder der -reduzierung – vor allem in Form von Waren und Materiallieferungen sowie sogenannter *Complete Projects* erbracht. *Complete Projects*, überwiegend in Form von Infrastruktur- oder Agrarprojekten, gelten als eine chinesische Besonderheit. Im Zeitraum von 2010 bis 2012 wurden 580 solcher Projekte in 80 Ländern ausgeführt (vgl. ebd: 2). Bei diesen komplexen Projekten bleiben von der Planung bis zur Fertigstellung des Vorhabens alle Komponenten überwiegend in chinesischer Hand; lokale Projektinputs, wie Materialen oder Arbeitskräfte, finden überwiegend keine Anwendung und die Vorhaben werden schlüsselfertig übergeben (vgl. Sangmeister 2012: 181).

Chinas Infrastrukturfinanzierung

Im Rahmen der chinesischen Auslandshilfe spielen Infrastrukturvorhaben eine wesentliche Rolle, insbesondere auch auf dem afrikanischen Kontinent. Dort liegt der Fokus der großangelegten chinesischen Infrastrukturvorhaben auf Energie (vor allem Wasserkraft) sowie auf Verkehr (vor allem Eisenbahnlinien). Zwischen 2001 und 2007 haben alleine in Afrika mindestens 35 Länder finanzielle Beziehungen im Bereich Infrastruktur mit China aufgenommen, allerdings gingen im selben Zeitraum 70 Prozent der afrikanischen Infrastrukturfinanzierung in nur vier Länder, nämlich nach Nigeria, Angola, Äthiopien und in den Sudan (vgl. Foster et al. 2009: xi). Darunter fallen „kleinere" Vorhaben, wie der Bau des Hauptsitzes der Afrikanischen Union in Addis Abeba mit Kosten von 200 Millionen Euro, aber auch gigantische Investitionsvorhaben mit einem Volumen von knapp 4 Milliarden Euro, wie der Bau des Stadtviertel Kilamba in Angola, oder von 10 Milliarden Euro, wie der Ausbau des Schienennetzes in Nigeria von Lagos in den Osten des Landes.

Auch wenn Afrika bzw. den vier genannten afrikanischen Länder ein besonderer Stellenwert bei der Infrastrukturfinanzierung zukam, so weist die chinesische bilaterale Infrastrukturfinanzierung und -hilfe unabhängig der jeweiligen sektoralen und geographischen Verteilung folgende grundsätzliche Merkmale auf:

–   Für die Finanzierung von Infrastrukturvorhaben finden sowohl nicht rückzahlbare Zuschüsse, zinsfreie Kredite, konzessionäre Kredite sowie Kredite zu Marktkonditionen Anwendung. In erster Linie läuft die Finanzierung über die *China Export Import Bank* im Rahmen von konzessionären Krediten, deren Schenkungselement zwischen 2001 und 2007 durchschnittlich 18 Prozent betrug und demzufolge nicht als ODA im Sinne der OECD-DAC-Vorgaben mit einem Schenkungselement von mindestens 25 Prozent klassifiziert werden kann (vgl. ebd.: 73).

–   Teilweise werden die Infrastrukturprojekte nach dem Angola-*Mode* finanziert. Hierbei werden natürliche Ressourcen des Empfängerlandes als Sicherheiten für Darlehen der chinesischen ExIm-Bank verpfändet oder Infrastrukturbauten mit der Lieferung von Rohstoffen bezahlt (*commodity-backed loans*). Die Bezeichnung Angola-*Mode* geht auf die in relativ großem Umfang nach diesem Modus durchgeführte Projektfinanzierung in Angola nach dem Ende des Bürgerkrieges zurück und ist neben der Durchführung sogenannter *Complete*

Projects eine Besonderheit der chinesischen Auslandshilfe (vgl. Asche/Schüller 2008: 36). Historisches Vorbild für diese Art von Darlehen waren die japanischen Kredite an China, die von China durch Öl und Kohle zurückgezahlt werden mussten (vgl. Lindemann 2013: 1).

– Zudem erfolgt die chinesische Hilfe gebunden (*Tied Aid*), d. h. der Auftragnehmer des Infrastrukturprojekts muss ein chinesisches Unternehmen sein und 50 Prozent der Materialien müssen aus China stammen.

Ergebnisse, wie sich die chinesischen Infrastrukturvorhaben auf die Entwicklung der Empfängerländer auswirken bzw. welchen *Impact* und *Outcome* sie haben, stehen aus (vgl. Foster et al. 2009: xii). Die chinesische Regierung gibt in ihrer Antwort an das DAC über die Süd-Süd-Kooperation zwar an, ihre Vorhaben während des Projektzyklus sowie ex post zu evaluieren, die Ergebnisse sind jedoch nicht veröffentlicht und die Daten öffentlich nicht zugänglich, auch nicht für chinesische Wissenschaftler (vgl. Sangmeister 2012: 175; Zhang/Gu/Chen 2015: 13). Aus diesem Grund sind die Bewertungen über die chinesischen Infrastrukturprojekte relativ pauschal und beruhen mitunter eher auf einer anekdotischen Evidenz.

Der direkte *Output* der Infrastrukturprojekte in den Bereichen Verkehr, Elektrizität, Medizin und Telekommunikation ist im wahrsten Sinne des Wortes unübersehbar, jedoch können keine belastbaren Aussagen darüber getroffen werden, ob und in welchem Maße beispielsweise Wachstums-, Beschäftigungs- oder weitere Investitionseffekte von den chinesischen Infrastrukturmaßnahmen ausgehen oder diese zur Armutsreduzierung beitragen. Dies liegt daran, dass es analytisch schlichtweg nicht machbar ist, Entwicklungserfolge einzelner Länder den einzelnen Maßnahmen des chinesischen Bündels an vermehrtem Außenhandel, steigenden Direktinvestitionen oder zunehmender Auslandshilfe zuzuordnen.

Weitgehend Konsens besteht in der internationalen Debatte darüber, dass sich Chinas Infrastrukturprojekte zumeist gut in die Entwicklungsstrategien der Entwicklungsländer einfügen. Die Infrastrukturprojekte bewähren sich auch dahingehend, dass ihnen überwiegend ein positiver Beitrag zur regionalen Integration bescheinigt wird, beispielsweise in der *Southern African Development Community*-Region, da sich die chinesischen Vorhaben zum Teil über mehrere Länder erstrecken und die Koordination über die Landesgrenzen hinweg relativ reibungslos verläuft (vgl. u. a. Scholvin/Strüver 2013: 5). Bei den Partnerländern stößt die Betonung der Gleichheit auf Zustimmung und auch die Betonung des beiderseitigen

Nutzens scheint als legitimes Prinzip der chinesischen Auslandshilfe wahrgenommen zu werden. China wird von vielen afrikanischen Regierungen im Vergleich zu den OECD-DAC-Gebern stärker als Partner auf Augenhöhe wahrgenommen (vgl. Sieler 2014: 4). Zudem wird den *Complete Projects* zugutegehalten, dass sie eine effiziente Durchführung garantieren und in kürzerer Zeit fertig gestellt werden als vergleichbare Vorhaben westlicher Organisationen, deren Planungs- und Ausschreibungsverfahren weitaus zeitaufwändiger sind (vgl. Sangmeister 2012: 181).

Auf der anderen Seite sind die chinesischen Vorhaben sowohl in der Planung als auch in der Durchführung wenig transparent. Zudem werden neben *Good Governance*-Kriterien oder der Einhaltung der Menschenrechte die in der internationalen EZ üblichen Kriterien für Infrastrukturvorhaben von chinesischer Seite nicht zugrunde gelegt, wie Wirtschaftlichkeitsprüfungen oder die Einhaltung von internationalen und nationalen Umwelt-, Sozial- und Arbeitsstandards, was negative soziale und ökologische Auswirkungen zur Folge hat. Auch wenn sich dies nicht exakt durch Zahlen belegen lässt, zeugen von ökologischen Schäden zahlreiche Beobachtungen und Medienberichte genauso wie von sozialen Konflikten zwischen der lokalen Bevölkerung und chinesischen Arbeitern. Ein weiterer Kritikpunkt betrifft die zum Teil mangelhafte Qualität der chinesischen Projekte (vgl. Scholvin/Strüver 2013: 6). Dies kann mittel- bis langfristig aufgrund von höheren Unterhaltungsaufwendungen zu erheblichen Folgekosten führen. Darüber hinaus ist offen, inwieweit die Projekte ökonomisch nachhaltig sind, d. h. langfristig rentabel sind, oder überhaupt in Anspruch genommen werden. So lassen sich weltweit einige Beispiele finden, die nicht ausreichend genutzt und nicht profitabel sind, wie beispielsweise Ordos in der Mongolei oder Kilamba in Angola (vgl. Jiang 2016). Auch ist ungewiss, inwieweit von Partnerseite überhaupt Fach- und Managementkompetenzen vorhanden sind, die Infrastrukturprojekte mittel- bis langfristig zu warten, zu reparieren und Instand zu halten. Reparaturen werden auch oft dadurch erschwert, dass sämtliche benötigten Komponenten des Vorhabens aus China importiert sind (*Tied Aid*) und die lokale Wirtschaft durch eine fehlende Lieferaufbindung nicht beteiligt ist.

China's Foreign Aid – besser als ihr Ruf?

Um abschließend zu beurteilen, ob Chinas Auslandshilfe besser als ihr Ruf ist, soll noch einmal auf die zu Beginn des Beitrags erwähnten „Vorurteile" gegenüber der chinesischen Auslandshilfe eingegangen werden, wie dem Bevorzugen von rohstofffreichen Ländern, die verstärkte Zusammenarbeit mit korrupten und autoritären Regimen oder die Durchsetzung politischer Interessen. Belastbare und interessante Ergebnisse finden sich bei Studien im Rahmen von *AidData*, einem *online*-Portal mit detaillierten geographischen Informationen zu Vorhaben der internationalen Entwicklungszusammenarbeit.

Dabei zeigt sich, dass Chinas politische Interessen bei der Vergabe von Auslandshilfe über den Zeitraum von 1956 bis 2006 eine bedeutende Rolle gespielt haben. Länder, die nicht der „*One-China*-Doktrin" zustimmen und Taiwan anerkennen, erhalten signifikant weniger Hilfe. Gleiches gilt für Länder, die in der Vollversammlung der Vereinten Nationen nicht für China stimmen. Es findet sich jedoch keine Evidenz in dem Datensatz von *aiddata*, dass China seine Auslandshilfe in verstärktem Maße an korrupte und autoritäre Länder vergibt. Allerdings legt eine weitere Studie nahe, dass die Geburtsregionen afrikanischer Staatsführer überproportional von der chinesischen Auslandshilfe profitieren, jedoch aber auch besonders arme Länder (vgl. Dreher/Fuchs 2011; Dreher et al. 2014). China vergibt seine Auslandshilfe nicht strategisch oder vorrangig an Länder oder Regionen, in denen für China bedeutende Rohstoffe zu finden sind. Dieser Umstand wird auch von Forster et al. (2009) speziell in Bezug auf Infrastrukturvorhaben bestätigt, die zeigen, dass zwischen 2001 und 2007 lediglich 10 Prozent der chinesischen Infrastrukturfinanzierung in Zusammenhang mit der Erschließung natürlicher Ressourcen stand (vgl. ebd.: xvi). Zudem finden sich auch keine Hinweise darauf, dass die chinesische Infrastrukturfinanzierung die westlichen Entschuldungsinitiativen gefährden, denn ein Großteil der Kredite geht an Länder, die zur Entschuldung im Rahmen dieser Initiativen nicht berechtigt sind (vgl ebd.: xii).

Zusammenfassung

Grundsätzlich lässt sich feststellen, dass China als Geber von Auslandshilfe nicht unbedeutend ist, vor allem vor dem Hintergrund der stetig steigenden Mittel seit den 1990er Jahren. Betrachtet man allerdings nur die ODA-vergleichbaren Zahlungsströme Chinas, ist das Land anhand seines finanziellen *inputs* jedoch unbedeutender als in der öffentlichen Wahrnehmung oft unterstellt. Im ODA-Ranking läge China im 3-Jahres Vergleich (2010–2012) auf dem 9. Platz; die ODA der Vereinigten Staaten von Amerika an afrikanische Länder war zwischen 2000 und 2013 jedoch annähernd dreimal so hoch wie vergleichbare Zahlungsströme Chinas (92,7 Milliarden US-Dollar USA versus 31,5 Milliarden US-Dollar China).

Dass China jedoch in der internationalen Debatte verstärkt als Akteur, vor allem in Afrika, wahrgenommen wird, liegt am wachsenden Außenhandel mit dem Kontinent, an den steigenden Direktinvestitionen Chinas in Afrika sowie an den *Other Official Flows* (OOF) Chinas (vgl. Parks 2015). In diesem Kontext zeigt sich, dass Zahlungsströme, die kein oder ein geringeres Schenkungselement haben, um als ODA klassifiziert zu werden, oder nicht explizit die Entwicklungsförderung zum Ziel haben, sogenannte OOF, im Zeitraum von 2000 bis 2013 mit 94,3 Milliarden US-Dollar bei Weitem die Mittel für die ODA-vergleichbare chinesische Auslandshilfe übersteigen. Hierbei zeigt sich auch, dass OOF stärker in ressourcenreiche und korruptionsanfälligere Länder fließt (vgl. ebd.).

Zwischen diesen vielschichtigen Formen der chinesischen Auslandsaktivitäten im Sinne von *aid, trade and investment* muss unterschieden werden, wenn China als Geber von Auslandshilfe bewertet und der Frage nachgegangen wird, ob *China's foreign aid* besser als ihr Ruf ist. Eine differenzierte Bewertung wird jedoch dadurch erschwert, dass sich die chinesische Regierung Initiativen, wie beispielsweise der *International Aid Transparency Initiative,* verschließt und wenig Informationen preisgibt. Allerdings legen eine Reihe von Entwicklungen nahe, dass China einen Lernprozess hinsichtlich seiner Auslandshilfe durchläuft und internationale Kritik in Teilen annimmt: Angefangen von der Veröffentlichung der Weißbücher, über einen verstärkten Dialog und internationalen Austausch mit den OECD/DAC-Gebern in den vergangenen Jahren, bis hin zum aktuellen Beschluss Pekings, eine staatliche Agentur für Entwicklungszusammenarbeit einzurichten, welche die Auslandshilfe koordinieren sowie das Monitoring und die Evaluierung chinesischer Auslandsprojekte übernehmen soll (vgl. Rudyak 2018).

Literatur

Asche, Helmut/Schüller, Margot (2008): Chinas Engagement in Afrika – Chancen und Risiken für Entwicklung. Eschborn.

Dreher, Axel et al. (2014): Aid on Demand: African Leaders and the Geography of China's Foreign Assistance. AidData Working Paper 3.

Dreher, Axel/Fuchs, Andreas (2011): Rogue Aid? The Determinants of China's Aid Allocation. Cesifo Working Paper No. 3581.

Foster, Vivien et al. (2009): Building bridges: China's growing role as infrastructure financier for Africa. Washington D.C.

Information Office of the State Council (2014): China's Foreign Aid. Peking.

Jiang, Yang (2016): China's New Development Bank and Infrastructure-led growth. Policy Brief 18/2016. Norwegian Institute of International Affairs.

Li, Xiaoyon et al. (2014): „Difference or Indifference: China's Development Assistance Unpacked". In: IDS Bulletin 45, 4, S. 22–35.

Lindemann, Stefan (2013): Chinas Entwicklungsfinanzierung in Afrika – Risiko und Chancen für die DAC Geber. KfW-Development Research.

Naím, Moisés (2007): „Rogue Aid". In: Foreign Policy, 159, S. 95–96.

Parks, Brad (2015): „10 Essentials Facts About Chinese Aid in Africa". In: https://natio nalinterest.org/feature/10-essential-facts-about-chinese-aid-africa-14456 (25.02.2019).

Rudyak, Marina (2018): „Schlägt Chinas Entwicklungshilfe eine neue Richtung ein". In: https://www.welt-sichten.org/artikel/33483/schlaegt-chinas-entwicklungshilfe-ein e-neue-richtung-ein (12.10.2018).

Sangmeister, Hartmut (2012): „Pekinger Package Deals: die Entwicklungszusammenarbeit der Volksrepublik China". In: Öhlschläger, Rainer/Sangmeister, Hartmut (Hrsg.): Neue Formen und Instrumente der Entwicklungszusammenarbeit. Baden-Baden: Nomos, S. 171–187.

Scholvin, Sören/Strüver, Georg (2013): Infrastrukturprojekte in der SADC-Region: die Rolle Chinas. GIGA Focus Afrika 2/2013.

Sieler, Simone (2014): Chinas Entwicklungszusammenarbeit im internationalen Gebervergleich. KfW-Development Research.

Zhang, Yanbing/Gu, Jing/Chen, Yunnan (2015): China's Engagement in International Development Cooperation: The State of the debate. IDS Evidence report No. 116.

Entwicklungspolitik in Zeiten globaler Zukunftsziele, internationaler Machtverschiebungen und vernetzter Außen-, Entwicklungs- und Sicherheitspolitik

Beatrix Waldenhof

„Jetzt muss Deutschland eine stärkere Führungsrolle auf dem internationalen Parkett übernehmen, wie Bundespräsident Gauck selbst bei der Münchner Sicherheitskonferenz im Jahr 2014 anmerkte. [...] Deutschland hat nun die einmalige Chance, an der Gestaltung einer neuen Ära der Globalisierung mitzuwirken, die auf einem regelbasierten und integrativen System internationaler Beziehungen beruht, in dem Kleine und Große, Starke und Schwache gleichermaßen respektiert werden." (Annan 2017: 19 und 21)

Die aktuellen Debatten über die Zukunft der Entwicklungspolitik fächern sich in vielfältige Diskursstränge auf, es kristallisieren sich jedoch gemeinsame Referenzpunkte. So hat der neue Systemkontext durch globale Machtverschiebungen sowie tiefgreifende Veränderungen in den internationalen Beziehungen und globale Herausforderungen auch Rückwirkungen auf entwicklungspolitische Kooperationsansätze und die Entwicklungsforschung. (Klingebiel 2017: 453–468). Angesichts wachsender transnationaler Problemfelder ist die politische Auseinandersetzung über „Deutschlands Rolle als Zivilmacht" (Kappel 2017: 167)[1] für eine globale Entwicklung von großer Relevanz, die mit der UN-Agenda 2030 und ihren 17 Nachhaltigkeitszielen gleichsam in einen international anerkannten und übergreifenden Referenzrahmen eingebettet auf die Veränderung globaler Machtverhältnisse, Handels- und Finanzstrukturen sowie auf eine bessere politikfeldübergreifende Kohärenz abzielen könnte.

Welche Herausforderungen entstehen für die Entwicklungspolitik und politikwissenschaftliche Entwicklungsforschung im Spannungsfeld der aktuellen Entwicklungen mit der Agenda 2030 als globalem Kohärenzrahmen, internationalen Machtverschiebungen und „Deutschlands neuer Verantwortung" (Ischinger/Messner 2017a) in der Weltpolitik, die eine ver-

---

1   Mit dem Zivilmachtkonzept könne Deutschland ein „attraktives Gegenmodell zu den Dominanz- und Hegemoniekonzepten" (Kappel 2017: 167) etablieren und solle verstärkt in öffentliche Güter wie Friedenssicherung und Entwicklungspolitik, Weltklima und Kampf gegen Terrorismus investieren.

stärkte Vernetzung deutscher und europäischer Außen-, Entwicklungs- und Sicherheitspolitik erfordert?

Da Entwicklungspolitik „derzeit in Praxis und Forschung maßgeblich im Zeichen der *Sustainable Development Goals* (SDGs)" (Debiel 2018b: 5) steht, nähert sich der Beitrag der Fragestellung, indem Kapitel 1 zunächst die entwicklungspolitische Relevanz (Kapitel 1.1), die aktuellen Herausforderungen (Kapitel 1.2) sowie darauf aufbauend die vier Stränge der politikwissenschaftlichen Entwicklungsforschung (Kapitel 1.3) zu den SDGs skizziert. Kapitel 2 beleuchtet kurz die durch internationale Machtverschiebungen und globale Krisen angestoßenen entwicklungspolitischen Zielkonflikte. Kapitel 3 stellt aktuelle Suchprozesse in dem Diskurs um „Deutschlands neue Verantwortung" (Ischinger/Messner 2017b: 4) und einer besser vernetzten Außen-, Entwicklungs- und Sicherheitspolitik vor.

1. Einleitung: Agenda 2030 mit 17 SDG erfordert sozial-ökologische Transformation

Der Staatengemeinschaft gelang mit der im September 2015 durch die UN-Generalversammlung von allen 193 Mitgliedstaaten verabschiedeten Agenda 2030 für eine nachhaltige Entwicklung mit ihren 17 globalen Nachhaltigkeitszielen – den *Sustainable Development Goals* (SDGs) – eine konzeptionelle Neuorientierung, da sie auf die Notwendigkeit einer sozial-ökologischen Transformation verweist und als internationales, nationales, aber vor allem auch regionales und kommunales Rahmenwerk alle Länder des globalen Nordens und Südens gleichermaßen betrifft.

Insofern markiert sie einen Neuanfang gegenüber dem Zeitraum von 2000 bis 2015, die durch die *Millennium Development Goals* (MDGs) geprägt wurden, die „weitgehend von einem hergebrachten Entwicklungsverständnis" (Debiel 2018b: 5) ausgingen, das sich auf die Länder des globalen Südens konzentrierte und Entwicklung primär als Fortschritt bei der Armutsbekämpfung, Basisgesundheitsversorgung und Elementarbildung bestimmte.

Demgegenüber fassen die 17 SDGs, als Herzstück der Agenda 2030 durch 170 einzelne statistische Zielindikatoren konkretisiert, Entwicklung inhaltlich deutlich weiter, da sie soziale, ökologische und ökonomische Dimensionen nachhaltiger Entwicklung und somit die Entwicklungs- und Umweltagenda zusammen führen. Darüber hinaus benennen sie neben der Minimierung von Ungleichheiten zwischen sowie innerhalb der Staaten mit dem SDG 16 auch Frieden, Gerechtigkeit und starke Institutionen als integralen Bestandteil von Entwicklung und überwinden damit „einen blinden Fleck der MDGs" (Debiel 2018b: 5).

Universelle, integrierte und transformative Agenda

Die Agenda 2030 mit dem ambitionierten Titel „Transformation unserer Welt" hat den Anspruch, universell, integriert und transformativ zu sein. Die SDGs gelten universell für alle Länder, sind demnach „nicht nur ein entwicklungspolitisches Zielsystem" (Messner 2017: 397) und signalisieren zumindest diskursiv eine Überwindung der Nord-Süd Dynamik[2], umspannen alle Politikfelder und fordern alle Regierungen auf, nationale Umsetzungspläne zu konzipieren.

Sie ist eine integrierte Agenda, da alle drei Kerndimensionen nachhaltiger Entwicklung – soziale, ökologische und ökonomische – sowie deren Verknüpfung im Fokus stehen. Die SDGs konzentrieren sich auf die Überwindung von Ungleichheiten und sozialer Exklusion, die die Stabilität von Gesellschaften bedrohen können und „machen Schluss mit der Ideologie, dass Wachstum automatisch zu sozialem Ausgleich führe" (Messner 2017: 397).

Die Agenda ist transformativ, da sie einen grundlegenden Wandel fordert, wie „Wirtschaft und Gesellschaft und Umwelt interagieren" (Lingnau 2017: 14) sollten. Der Wandel kann nur erreicht werden, wenn politische Strukturen, Inhalte und Prozesse sich den der globalen Krisen zugrundeliegenden Ursachen zuwenden und auch Themenfelder wie nachhaltigen Konsum sowie Strukturen für faire und umweltverträgliche Produktionsweisen und Wachstum adressieren. Die SDGs betonen, dass Armutsbekämpfung, Wohlstand und Wachstum dauerhaft nur innerhalb der planetarischen Leitplanken[3] möglich sind, wenn globale Umweltkrisen vermieden werden, die insbesondere die Menschen in den Ländern des globalen Südens treffen.

---

2   Menzel (2018: 198–204) analysiert in diesem Kontext die Macht von Grenzziehungen bei globalen Entwicklungsproblemen, die Konstruktion von „Norden" und „Süden" sowie Entgrenzungen und Grenzziehungen in den 1990er Jahren bis zur Gegenwart.

3   Im Vorfeld der Verhandlungen zur Agenda 2030 hat der Wissenschaftliche Beirat der Bundesregierung Globale Umweltveränderungen (WBGU) zu den sechs Leitplanken des Erdsystems Empfehlungen für die SDG-Targets und die globalen Institutionen erarbeitet. Die sechs Leitplanken sind: Klimawandel auf 2 °C begrenzen; Ozeanversauerung auf 0,2 pH-Einheiten begrenzen; Verlust von biologischer Vielfalt und Ökosystemleistungen stoppen; Land- und Bodendegradation stoppen; Gefährdung durch langlebige anthropogene Schadstoffe begrenzen (Plastik/Quecksilber/spaltbares Material); Verlust von Phosphor stoppen. (Messner 2017: 398–399)

1.1 Entwicklungspoltische Relevanz der SDGs: „multilateraler Glücksfall" (Messner 2018: 179) oder nächstes „Trostpflaster" (Ziai 2018: 207)?

Welche Herausforderungen entstehen durch die Umsetzung der SDGs und der Agenda 2030, die auch als globaler Gesellschaftsvertrag und „multilateraler Glücksfall in turbulenten Zeiten" (Messner 2018: 179) bezeichnet wird?

Es sei ein „großer Verdienst ein universal gültiges Konzept erarbeitet zu haben, was unter ,Entwicklung' zu verstehen ist" (Klingebiel 2018: 168) und somit globale Zukunftsziele festgelegt zu haben. Doch welche Konsequenzen ergeben sich für das Politikfeld Entwicklungszusammenarbeit? Welche Auswirkungen hat eine „Neubetrachtung von Entwicklung" (Klingebiel 2018: 169), die auf den Menschenrechten basierend neben den sozialen, ökologischen und ökonomischen Dimensionen nachhaltiger Entwicklung auch „wichtige Aspekte von Frieden, Demokratie und Rechtsstaatlichkeit" (Martens 2018: 117) berücksichtigt?

Oder sind die SDGs, wie die post-koloniale und entwicklungskritische Perspektive betonen, „nur das nächste Trostpflaster eines Ungleichheit produzierenden globalen Kapitalismus" (Ziai 2018: 207)? Zeugen die SDG-Debatten demnach von diskursiven Kontinuitäten, die sich zwar in neuer Form manifestieren, aber immer noch als „Akzeptanzbeschaffung für die Praxis der ,Entwicklung' in einer kapitalistischen Weltordnung" (Ziai 2017: 264) identifiziert werden können? Kritisiert wird aus dieser Perspektive die Ignoranz gegenüber Machtstrukturen sowie den Widersprüchen von freiem und fairem Handel. Darüber hinaus fokussiert die Kritik darauf, dass ungeachtet einer neuen Betonung der Themen Ungleichheit und Gerechtigkeit die zentralen Annahmen des Neoliberalismus weiterhin ungefragt übernommen würden und stellt zum Entwicklungsdiskurs resümierend fest: „Die Persistenz seiner Strukturen und somit die Dauerhaftigkeit, oder, dem Wortspiel zuliebe, die Nachhaltigkeit des Entwicklungsdiskurses ist bemerkenswert." (Ziai 2017: 264)

Das erste „gemeinsame Zukunftsprogramm in der Geschichte der Menschheit" (Königs 2017: 84)

Die Agenda 2030 kann als eine „Art Gesellschaftsvertrag der Weltgemeinschaft für globale Entwicklung" (Messner 2018: 179) interpretiert werden, denn sie entwirft ein universell tragfähiges Gesellschafts- und Wohlstandsmodell für eine Zivilisation, die sich der „physikalischen Begrenzungen des Erdsystems und der Bedrohungen unserer Gesellschaften durch soziale Fliehkräfte und Ungleichheit bewusst ist" (Messner 2017: 399). Sie ist zu einem Referenzpunkt in der Entwicklungspolitik geworden und bietet ein „plausibles und umfassendes konzeptionelles Dach" (Klingebiel 2018: 168) für eine zukünftige Weltgesellschaft von bald 10 Milliarden Menschen.[4] Sie steht für ein „neues globales, umfassendes und univeralisierbares Wohlfahrtsverständnis" (Messner 2018: 179), das über eine verengte Betrachtung von Pro-Kopf-Einkommen weit hinausreicht, und wird auch als das „erste gemeinsame Zukunftsprogramm in der Geschichte der Menschheit" (Königs 2017: 84) bezeichnet.

Angesichts der globalen Herausforderungen und planetarischen Grenzen des Erdsystems – weltweit leiden etwa 1 Milliarde Menschen unter Hunger und knapp 15 % der Weltbevölkerung leben von 1,25 US-Dollar pro Kopf/Tag und damit in absoluter Armut (Messner 2018: 179) – liegt die Notwendigkeit und Dringlichkeit einer sozial-ökologischen Transformation auf der Hand. Für diese sind fünf Arenen des Wandels zentral, denn aus „der Forschung wissen wir, was zu tun ist, um transformativen Wandel in Richtung der SDGs einzuleiten" (Messner 2017: 399). Die jeweils weiter ausdifferenzierten Arenen sind „Arena 1: Armut, Ungleichheit, fair geteilter Wohlstand [...] Arena 2: Kipp-Punkte im Erdsystem vermeiden [...] Arena 3: Energie – Städte – Mobilität und Verkehr [...] Arena 4: Fragilität – Konflikt – Flucht [...] Arena 5: Weltwirtschaft gerechter gestalten" (Messner 2018: 179–183).[5]

---

4   Nach Projektionen der UN wird sich die „Bevölkerung Afrikas allein in den nächsten 35 Jahren mehr als verdoppeln, von 1,19 Milliarden Menschen auf 2,48 Milliarden." (Ischinger/Messner 2017b: 4)

5   Messner (2018) gibt eine ausführliche und differenzierte Analyse der erforderlichen Weichenstellungen: Für die Arena 1 sind Prioritäten und Investitionen in den vier Bereichen Bekämpfung absoluter Armut, Verstärkung der Ernährungssicherung, Armutsreduzierung in fragilen Staaten sowie geteilter Wohlstand und Bekämpfung von Ungleichheit erforderlich. Arena 2 bündelt zentrale Weichenstellungen, auf die der Wissenschaftliche Beirat der Bundesregierung Globale Umweltveränderungen (WBGU) und andere wissenschaftliche Beratungsgremien hinweisen: Dekarbonisierung und die Einhaltung der sechs zentralen Leitplanken des Erdsystems. Arena 3 umfasst die weltweite Infrastrukturentwicklung mit den

Die Agenda 2030 setzt eine globale Kooperationskultur voraus, dessen Entwicklung seit 2015 durch neue Konfliktlinien im internationalen System – wie das Infragestellen des Völkerrechts durch *shrinking space* gegenüber der Zivilgesellschaft (Unmüßig 2017: 118), nationalistisch verengte Machtkonzepte und Machtrivalitäten – erschwert wird und daher zu Recht als „eine der Herkulesaufgaben des 21. Jahrhunderts" (Messner 2018: 184) bezeichnet wird.

1.2 Aktuelle Herausforderungen: „Gestaltungsmacht" (Martens 2018: 117) für öffentliche Hand und Zivilgesellschaft zurückgewinnen

Die Agenda 2030 beschreibt zwar die fiskalischen, regulatorischen und institutionellen Mittel (Martens 2018: 117), die zur Umsetzung benötigt werden, sie ist aber für die Entwicklungszusammenarbeit insofern „problematisch" (Klingebiel 2018: 168), da sie zum einen kaum konkreten operativen Veränderungsdruck erzeugt und zum anderen sich das „Zielsystem in der EZ in Zeiten von Krisen und Gewaltkonflikten, Migrationsdruck, Populismus und Brexit grundlegend gewandelt" (Klingebiel 2018: 168) habe, so dass sie hier nur sehr begrenzt ein Gegengewicht bilden kann. Darüber hinaus weisen die Ziele Widersprüchlichkeiten und Zielkonflikte auf, wenn sie „beispielsweise einerseits den Schutz und die nachhaltige Nutzung des globalen Ökosystems anmahnen, andererseits aber das Ziel eines ungebremsten Wirtschaftswachstums propagieren" (Martens 2018: 118).

Inkohärenzen prägen auch das Verhältnis zu anderen, zum Teil konkurrierenden Agenden und Strategien auf der internationalen und nationalen Ebene. Es besteht eine Diskrepanz zwischen dem verbalen Kohärenzanspruch alle Aktivitäten an der Agenda 2030 auszurichten und der tatsächlichen Politik der zwanzig wichtigsten Industrie- und Schwellenländer (G20), da diese ihr gesamtes Handeln „nicht den Prinzipien der Agenda 2030, sondern dem Primat wirtschaftlichen Wachstums und der Schaffung von investorenfreundlichen Rahmenbedingungen" (Martens 2018: 118) unterordnen.

Die kritische Analyse der entwicklungspolitischen Praxis durch zivilgesellschaftliche Akteure als kompetente *global players* ist von großer Rele-

---

Bereichen Energiesysteme und Urbanisierung. Arena 4 fokussiert u. a. auf die Einhegung von staatlicher Fragilität und Gesellschaftszerfall sowie Demokratisierung als integralen Bestandteil krisenpräventiver Ansätze und Arena 5 nimmt Vorschläge gegen Steuervermeidung und Gewinnverlagerung sowie drei Ansatzpunkte für nachhaltigere Finanzmärkte in den Blick. (Messner 2018: 179–184)

vanz, denn bislang hat es „keinen anderen Prozess globaler Politikformu-
lierung gegeben, in den zivilgesellschaftliche Akteure, so weitgehend einbezogen waren" (Eberlei 2018: 89).

In ihrem aktuellen Schattenbericht zur Umsetzung der Agenda 2030
(Adams et. al. 2017 in Martens 2018: 119) fordert ein internationales
Bündnis der Zivilgesellschaft, den gegenwärtigen Konzentrationsprozes-
sen in der Wirtschaft entgegenzuwirken und die Gestaltungsmacht für die
proklamierte Transformation nicht zunehmend an private Akteure zu über-
tragen. Es gehe darum, den „Teufelskreis der Schwächung des Staates"
(Martens 2018: 119) durch die „Kombination aus neoliberaler Ideologie,
Wirtschaftslobbyismus, unternehmensfreundlicher Finanzpolitik sowie
Steuervermeidung und -hinterziehung" (Martens 2018: 119) zu durchbre-
chen.

Neben der Zurückgewinnung staatlicher Gestaltungsmacht kommt der
Verteidigung der Handlungsspielräume der Zivilgesellschaft weltweit eine
zentrale Rolle zu.

Denn die Missachtung des geltenden Völkerrechts, das Meinungs-, Ver-
sammlungs- und Organisationsfreiheit garantiert, durch Einschränkung
(*shrinking space*) oder Nichtgewährung *(closing space)* zivilgesellschaftlicher Handlungsspielräume ist „2015 in 85 Prozent aller Länder" (Unmüßig 2017: 118) zu beklagen. Allein seit Anfang 2015 sind weltweit 64 sogenannte NGO-Gesetze und andere restriktive Maßnahmen verabschiedet
worden. Vor diesem Hintergrund erscheint es paradox, dass internationale
Gipfel zwar auf die Tatkraft der Zivilgesellschaft bei der Umsetzung der
SDGs setzen, aber gleichzeitig nicht angemessen die zunehmenden Repressionen auf die außenpolitische und entwicklungspolitische Tagesordnung setzen.

> „Shrinking spaces müssen Teil der außenwirtschaftlichen und entwicklungspoliti-
> schen Diskussionen sein, von nationalen Parlamenten aufgegriffen und global Teil
> der Gespräche und Verhandlungen zwischen Regierungen werden. Die Rechte und
> Handlungsspielräume der Zivilgesellschaft müssen verteidigt werden." (Unmüßig
> 2017: 118)

Weitere Herausforderungen: *capacity* und lokale *agency*

Insgesamt vermögen Agenda 2030 und SDGs als globaler Kohärenzrahmen nicht, konkreten Druck für entwicklungspolitische Veränderungen
und Reformen zu erzeugen, da inhaltliche „Schwerpunkte, Auswahl der
Partnerländer sowie die Modalitäten und Instrumente der EZ [...] nicht
unmittelbar angesprochen" (Klingebiel 2018: 169) werden. Dennoch besitzen zukünftig die nationalen Umsetzungspläne einen großen Stellen-

wert, so dass diese in der Kooperation von Partnerländern mit „Gebern" relevant sein könnten.

In diesem Kontext verweist eine exemplarische Analyse der politischen Rahmenbedingungen für die Umsetzung der globalen Entwicklungsziele in Subsahara-Afrika auf die Perspektive afrikanischer Eliten. Für diese stelle sich die „internationale Entwicklungspolitik als eine Abfolge grandioser Modernisierungsversprechungen dar, deren konkrete Inhalte aber mit immer neuen Abkürzungen kodiert werden" (Hartmann 2018: 99).[6] Nach den im Jahre 1999 implementierten PRSPs und der globalen Sozialpolitik der MDGs von 2000–2015 sind mit der Agenda 2030 und den SDGs nun globale Entwicklungsziele vereinbart worden, auf die sich die Afrikanische Union (AU) bereits 2013 in weiten Teilen in ihrer Agenda 2063 verpflichtet hat.[7] Die Erwartungen an die SDGs werden insofern gedämpft, da weniger inhaltliche sondern eher der Komplexität (170 einzelne statistische Zielindikatoren) geschuldete Anpassungen herausfordernd seien:

> „Die noch einmal erhöhte Komplexität der vielen Ziele (und Unterziele) bedeutet für die afrikanischen Länder zunächst aber vor allem auf lokaler Ebene Verfahren und Institutionen anzupassen, um die Ziele zur Richtschnur nationaler Politik machen zu können wie auch deren Erreichung transparent messen zu können. Dabei werden bisher überhaupt nur 40 % der in den SDGs aufgeführten Indikatoren-Daten in afrikanischen Ländern erhoben (UNECA 20107)." (Hartmann 2018: 101)

---

6   Macamo (2014) verweist bei seiner Entlarvung der fünf Mythen der Entwicklungstheorien auch auf die Relevanz der politischen Auseinandersetzung, so wie auch Hartmann die Bedeutung „lokaler *agency*" (2018: 103) betont: „Nichts hat Afrikas Entwicklung stärker beschädigt, als die Außerkraftsetzung der Politik durch die Entwicklungspolitik. Dies hat Afrika zu einem Projekt gemacht, ähnlich dem sehr ambitionierter Eltern, deren Kinder keine Fehler machen dürfen." (Macamo 2014: 498)

7   Tetzlaff (2018: 52) verweist hier jedoch in Bezug auf die SDGs und die Rolle der EZ bei der Bekämpfung von Konfliktursachen auf eine zentrale politische Voraussetzung, demnach werde in der Theorie des *developmental state* die entwicklungspolitische Orientierung der afrikanischen Staatsklasse als unabdingbare Voraussetzung für Entwicklungserfolge angesehen und resümiert: „So gehört die Bekämpfung der Armut definitiv nicht zu den politischen Prioritäten afrikanischer Minister (möglicherweise von wenigen Ausnahmen in Mauritius, Botswana, Ghana und Kap Verde abgesehen). In den Patronage-Staaten Afrikas sind neopatrimoniale Klientelwirtschaft und gesamtnationale Sozialpolitik nicht in Einklang zu bringen." (Tetzlaff 2018: 52)

1.3 SDGs und politikwissenschaftlicher Entwicklungsforschung: Vier Diskursstränge

Intensiv mit den SDGs beschäftigt sich auch die wissenschaftliche Forschung, dabei lassen sich nach Debiel (2018b: 6) vier Zugänge unterscheiden: Studien, die häufig auch präskriptiv zur besseren Umsetzung der SDGs beitragen wollen und „auf der Folie von Wirksamkeit, Partizipation und Kohärenz multi- und bilaterale Verhandlungsprozesse und Praktiken" (Debiel 2018b: 6) untersuchen. Die Schwachstellen der SDGs oder die Abgleichung der normativen Vorgaben mit realer Politik reflektiert eine zweite Ausrichtung. Für diesen Diskursstrang stellen die SDGs einen Orientierungsrahmen dar, indem sich auch eine „alternative Ausrichtung von Entwicklungspolitik zu bewähren hätte, die zum Beispiel stärker auf eine Veränderung globaler Handels- und Finanzstrukturen abhebt" (Debiel 2018b: 6). Eine dritte Forschungsrichtung fokussiert primär auf nationale und regionale Entwicklungsstrategien und untersucht empirisch-analytisch, wie diese zu „politischen oder sozio-ökonomischen Transformationsprozessen beitragen oder diese blockieren" (Debiel 2018b: 6), zu dieser Perspektive leisten die entwicklungspolitischen Area Studies einen Beitrag.

Der vierte Diskursstrang kritisiert in Anlehnung an die Post-Development-Theorien[8] die „diskursiven Kontinuitäten" (Ziai 2017) der MDGs und SDGs, da sie einem Entwicklungsverständnis anhafteten, das nicht kritisch reflektiere, dass es sich bei „Entwicklung" um einen „historisch-gesellschaftlich zu verortenden, eurozentrischen und machtverstrickten Diskurs" (Ziai 2014: 427) handele. Wurden die Post-Development-Ansätze der 1980er und 1990er Jahre vielfach als „romantisierend, paternalistisch, kulturrelativistisch, letztendlich in binärem Denken verhaftend bleibend und alles ‚westliche' verurteilend kritisiert" (Schröder 2016: 295), so hatten sie in ihrer radikalen Kritik gleichzeitig Einfluss auf zahlreiche kritische Auseinandersetzungen mit „Entwicklung", wie das nachfolgende Zitat belegen wird.

Es bleibt resümierend für die aktuelle entwicklungspolitische Debatte und Entwicklungsforschung festzuhalten, dass es mit Ausnahme dieser

---

8   Die Post-Development-Theorien sind jedoch u. a. weiter zu differenzieren in neopopulistische Post-Development-Ansätze, die idealtypisch nur die negative Seite von Modernisierungs- und Rationalisierungsprozessen sowie die Rückkehr zu vormodernen Gemeinschaften betonen, und in skeptische Post-Development-Ansätze, die diese Gemeinschaften nicht von der Herrschaftskritik verschonen und sowohl befreiende wie auch unterdrückende Aspekte von gesellschaftlichen Veränderungen als Grundlage des politischen Denkens und Handelns reflektieren. (Ziai 2014: 427)

grundlegenden Kritik der Post-Development-Ansätze (Ziai 2018: 205–209), einen relativ breiten Konsens über Referenzpunkte und Ziele gibt. Dieser Konsens zeichnete sich bereits seit der Entwicklungspolitik in Zeiten der MDGs ab, die sich durch einen Verzicht auf Grundsatzkontroversen und Strategiediskussionen auszeichnete, der sich auch auf die politikwissenschaftliche Entwicklungsforschung abfärbte, der die „großen Auseinandersetzungen weitgehend abhandenkamen" (Debiel 2018b: 9), mit einer wichtigen Ausnahme:

> „Die sog. Post-Development-Ansätze, die die Tragfähigkeit hergebrachter, vom Westen geprägter Entwicklungsvorstellungen und -strategien grundsätzlich in Frage stellen und statt eines (vermeintlich) universellen Modells auf die Diversität und Autonomie lokaler Lebenswelten und Ökonomien setzen, sind zum prominenten Gegenspieler des mainstream geworden – und sind angesichts ihres Positionsgewinns im wissenschaftlichen Diskurs mitunter selbst schon mainstream." (Debiel 2018b: 9)

2. Entwicklungspolitische Zielkonflikte durch Turbulenzen im internationalen System

Ein weiterer Diskurs beleuchtet den schleichenden Wandel und eine grundlegende Neuausrichtung des entwicklungspolitischen Zielsystems, die durch Krisenentwicklungen in der internationalen Politik bewirkt werden (Klingebiel 2017: 453–468). Die Entwicklungszusammenarbeit wird „zunehmend zur Bearbeitung von Krisenerscheinungen und zur Verfolgung von Eigeninteressen" (Klingebiel 2018: 170) eingesetzt. Die drohende Gefahr der Instrumentalisierung von Entwicklungspolitik zeigt sich besonders deutlich an den gestiegenen Erwartungen an die Entwicklungszusammenarbeit im Kontext der Debatte um „Fluchtursachenbekämpfung" (Waldenhof 2017: 107–130). Wie der von der EU im Juni 2016 beschlossene sogenannte „Migrationspartnerschaftsrahmen"[9] belegt, der zu einer erkennbaren Unterordnung entwicklungspolitischer Ziele unter EU-Migrationsziele führt (Klingebiel 2018: 171). Denn in den „Migrationspartnerschaften" setzen Deutschland und die EU finanzielle Anreize zur Rückführung von Flüchtlingen und Reduzierung von Flüchtlings- und

---

9   Die EU verfolgt seit 2015 den Ausbau strategischer Kooperationen u. a. mit dem hauptsächlich aus Mitteln des Europäischen Entwicklungsfonds finanzierten „EU-Notfall-Treuhandfonds für Afrika", mit dem sie die Ursachen für irreguläre Migration aus der Sahel-Region, der Region um den Tschadsee, dem Horn von Afrika und dem Norden Afrikas eindämmen möchte. Vgl. zu einer kritischen Bewertung: Morazán/Mauz 2016: 19–20.

Migrationszahlen, die bisherige politische Konditionalitäten aufweichen" (Altenburg/Hackenesch/Klingebiel 2017: 358).

Eine weltweit erstarkte Sicherheitsorientierung und Interessen in Bezug auf Migrationsreduzierung dürfen nicht zur Verwässerung menschenrechtlicher und völkerrechtlicher Standards in der Flüchtlingspolitik führen. Erforderlich ist daher neben einer menschenrechtsbasierten integrativen Flüchtlingspolitik und entwicklungsorientierten Flüchtlingsarbeit eine grundlegende intensive Beschäftigung mit der Eingebundenheit in globale Fluchtursachen und sozioökonomische Ungleichheit, die den Blick auch auf die 86 Prozent der weltweit Geflüchteten in den Ländern des globalen Südens weitet. (Waldenhof 2017: 107–130)

Darüber hinaus sind Ansätze gefordert, Instrumente der zivilen Krisenprävention und Konfliktbearbeitung zu einem wesentlichen Standbein der deutschen Außenpolitik auszubauen, diese sollten jedoch nicht mit geostrategischen und militärischen Strategien zusammengebunden werden.

> „Zivile Außenpolitik und Entwicklungszusammenarbeit sind für uns niemals die Begleitmusik, sondern immer die Alternative zu Militäreinsätzen. [...] Wir wollen global in den Ausbau staatlicher Strukturen, die soziale Daseinsvorsorge und Schaffung von Arbeitsplätzen investieren und die Beiträge an die großen Flüchtlings- und Entwicklungsorganisationen der VN aufstocken. Die Gesellschaft für Internationale Zusammenarbeit ist dafür eine hervorragende Durchführungsorganisation" (Bartsch 2017: 27).

3. „Deutschlands neue Verantwortung" erfordert politikfeldübergreifende Vernetzung

> „Neben den USA und China ist Deutschland derzeit aufgrund seiner ökonomischen Leistungsfähigkeit, seines geschätzten Gesellschaftsmodells und seiner Rolle als Klima- und Energiewendepionier das potentiell einflussreichste Land in der Weltpolitik." (Messner 2017: 402)

In den Diskussionen über die Rolle Deutschlands in der Weltpolitik sind zwei Aussagen zu Dreh- und Angelpunkten in der Diskussion geworden. Zum einen die verstärkt seit der Münchner Sicherheitskonferenz 2014 gestellte Forderung, dass „Deutschland als größtes Land in der Europäischen Union und als stabile Volkswirtschaft und Gesellschaft" (Ischinger/Messner 2017b: 4) international mehr Verantwortung übernehmen müsse. Zum anderen, dass dafür eine bessere Vernetzung von Außen-, Entwicklungs- und Sicherheitspolitik ganz entscheidend sei, um krisenpäventiv wirken zu können und erfolgreiche internationale Kooperation für nachhaltige Entwicklung mit Leben zu füllen.

Bisher agieren Außen-, Entwicklungs- und Sicherheitspolitik „oft zu sehr getrennt voneinander" (Ischinger/Messner 2017b: 4), so dass in der Vernetzung ein großes Potential zur Stärkung der Gestaltungskraft läge, so die Hypothese zur Überwindung des bisherigen „Silo-Denkens".

Da eine politikfeldübergreifende Vernetzung relevante Fragen für ein breites Spektrum von Akteuren aus Politik, Wissenschaft, Wirtschaft, Zivilgesellschaft und Stiftungen aufwirft, war es das Anliegen des im Rahmen des Kooperationsprojekts „Deutschlands Neue Verantwortung" entstandenen Bandes (Ischinger/Messner 2017a) eine Vielzahl und Vielfalt von Analysen einzubinden. Gemeinsam mit den 140 Autorinnen und Autoren und den im Vorfeld durchgeführten Policy-Tables mit „mehr als 100 Experten aus allen Bereichen" (Meyer 2017: 8) haben die fünf Kooperationspartner (Deutsche Institut für Entwicklungspolitik/Münchner Sicherheitskonferenz/Bill & Melinda Gates Foundation/BMW Foundation Herbert Quandt/Agentur fullberry) als Essenz der Ideen und Analysen zwölf „Empfehlungen an Deutschland"[10] erarbeitet, die als Impulse und „auch als bisweilen kontroverse Denkanstöße" (Ischinger/Messner 2017a: 207) strukturelle, politisch-programmatische und institutionelle Veränderungen anregen sollen.

Um den hohen externen Erwartungen zur Gestaltung globaler Prozesse zu begegnen, bedarf es neben einer weltweit gut positionierten und vernetzten Forschung auch „weltumspannender Netzwerke, Agendasetting-Fähigkeiten, Prioritäten, finanzieller und personeller Ressourcen, militärischer Kapazitäten, internationaler und globaler Expertise in allen Ministerien" (Messner 2017: 397).

In diesem Kontext steht auch die deutsche Entwicklungspolitik vor der Herausforderung, weiter steigenden internationalen Erwartungen gerecht zu werden und zur Bewältigung der globalen Krisen im Sinne einer transformativen Entwicklungspolitik (Messner 2017: 401)[11] beizutragen. Für

---

10 Die zwölf Empfehlungen sind: gewachsene Verantwortung annehmen und ausfüllen; Sicherheit und Stabilität für die EU-Bürger/innen demonstrieren; Afrika als wichtigste Nachbarregion anerkennen; den Vorrang wirtschaftlicher Entwicklung durch Nachhaltigkeit ablösen; globale Armutsbekämpfung und Gesundheitsversorgung ausbauen; in der Ernährungssicherung neue Wege gehen: deutsches Engagement besser evaluieren; nachhaltige Urbanisierung zum deutschen Schlüsselthema machen; eine neue internationale Finanzpolitik wagen; Umgang mit autoritären Regimen neu denken; Strukturen der Außenbeziehungen neu ordnen; mehr in unsere internationale Verantwortung investieren. (Ischinger/Messner: 2017: 207–231)

11 Messner (2017) analysiert weitere Anforderungen an eine transformative Entwicklungspolitik: eine Zukunftspartnerschaft mit Afrika, das große Kooperationspotential mit etwa 70 Ländern „oberhalb der ärmsten Gesellschaften und un-

diese hat die Forschung fünf globale Arenen des Wandels identifiziert und detailliert analysiert, wie Kapitel 1.1 bereits auffächerte.

4. Fazit und Ausblick

Entwicklungspolitik bewegt sich in einem spannungsreichen Terrain, das sich mit der Agenda 2030 zwischen einem globalen Kohärenzrahmen, der Gefahr der Instrumentalisierung im Zuge globaler Krisen und einer gleichzeitigen „neuen Verantwortung" als Zivilmacht einer dafür erforderlichen politikfeldübergreifenden Vernetzung aufspannt. Dieses Terrain birgt Fallen und benötigt Wegweiser, die den Weg zu einer zukünftigen transformativen Entwicklungspolitik ausleuchten. In diesem Sinne wegweisend werden neben den skizzierten fünf Arenen des Wandels auch die Frage nach der Gestaltungsmacht über die globale Nachhaltigkeitsagenda sowie der Sicherung der Rechte und Handlungsspielräume der Zivilgesellschaft als *global player* in diesem Prozess sein.

Literatur:

Altenburg, Tilman/Hackenesch, Christine/Klingebiel, Stephan (2017): Stabilität durch Entwicklung und Demokratie: eine neue Afrikapolitik für Deutschland und Europa. In: Ischinger, Wolfgang/Messner, Dirk (Hrsg.): Deutschlands neue Verantwortung. Die Zukunft der deutschen und europäischen Außen-, Entwicklungs- und Sicherheitspolitik. Berlin: Econ, S. 356–359.

Annan, Kofi (2017): Deutschlands großer Moment. In: Ischinger, Wolfgang/Messner, Dirk: Deutschlands neue Verantwortung. Die Zukunft der deutschen und europäischen Außen-, Entwicklungs- und Sicherheitspolitik. Berlin: Econ, S. 18–21.

Bartsch, Dietmar (2017): Gerechter Handel, aktive Friedenspolitik und mehr Entwicklungszusammenarbeit. In: Ischinger, Wolfgang/Messner, Dirk (Hrsg.): Deutschlands neue Verantwortung. Die Zukunft der deutschen und europäischen Außen-, Entwicklungs- und Sicherheitspolitik. Berlin: Econ, S. 26–27.

Debiel, Tobias (Hrsg.) (2018a): Entwicklungspolitik in Zeiten der SDGs. Essays zum 80. Geburtstag von Franz Nuscheler. Duisburg: Institut für Entwicklung und Frieden /Bonn: Stiftung Entwicklung und Frieden.

Debiel, Tobias (2018b): Entwicklungspolitik in Zeiten der SDGs. Zur Einführung. In: Debiel, Tobias (Hrsg.): Entwicklungspolitik in Zeiten der SDGs. Essays zum 80.

---

terhalb der bereits etablierten Schwellenländer" (Messner 2017: 402), Vernetzung der Außenbeziehungen, Gestaltung der Entwicklungskooperationen, gemeinsame Wissensproduktion und Bedeutung der Digitalisierung für globale Entwicklung. (Messner 2017: 401–403)

Geburtstag von Franz Nuscheler. Duisburg: Institut für Entwicklung und Frieden /Bonn: Stiftung Entwicklung und Frieden, S. 5–13.

Eberlei, Walter (2018): Global nachhaltige Entwicklung mitgestalten. Agenda 2030 und Zivilgesellschaft. In: Debiel, Tobias (Hrsg.): Entwicklungspolitik in Zeiten der SDGs. Essays zum 80. Geburtstag von Franz Nuscheler. Duisburg: Institut für Entwicklung und Frieden /Bonn: Stiftung Entwicklung und Frieden, S. 89–92.

Hartmann, Christof (2018): Von den PRSP zu den SDGs. Politische Rahmenbedingungen für die Umsetzung der globalen Entwicklungsziele in Subsahara-Afrika. In: Debiel, Tobias (Hrsg.): Entwicklungspolitik in Zeiten der SDGs. Essays zum 80. Geburtstag von Franz Nuscheler. Duisburg: Institut für Entwicklung und Frieden /Bonn: Stiftung Entwicklung und Frieden, S. 99–104.

Ischinger, Wolfgang/Messner, Dirk (Hrsg.) (2017a): Deutschlands neue Verantwortung. Die Zukunft der deutschen und europäischen Außen-, Entwicklungs- und Sicherheitspolitik. Berlin: Econ.

Ischinger, Wolfgang/Messner, Dirk (2017b): Vernetzte Außen-, Entwicklungs- und Sicherheitspolitik: Suchprozesse und Denkanstöße. In: Ischinger, Wolfgang/Messner, Dirk (Hrsg.): Deutschlands neue Verantwortung. Die Zukunft der deutschen und europäischen Außen-, Entwicklungs- und Sicherheitspolitik. Berlin: Econ, S. 4–5.

Kappel, Robert (2017): Deutschlands Rolle als Zivilmacht. In: Ischinger, Wolfgang/Messner, Dirk (Hrsg.): Deutschlands neue Verantwortung. Die Zukunft der deutschen und europäischen Außen-, Entwicklungs- und Sicherheitspolitik. Berlin: Econ, S. 166–167.

Klingebiel, Stephan (2018): Entwicklungspolitische Kooperationsansätze in Zeiten der Agenda 2030 & SDGs. Zur Notwendigkeit einer Neubestimmung. In: Debiel, Tobias (Hrsg.): Entwicklungspolitik in Zeiten der SDGs. Essays zum 80. Geburtstag von Franz Nuscheler. Duisburg: Institut für Entwicklung und Frieden /Bonn: Stiftung Entwicklung und Frieden, S. 168–171.

Klingebiel, Stephan (2017): Entwicklungsforschung und entwicklungspolitische Kooperationsansätze. Von der Notwendigkeit eines neuen Designs. In: Zeitschrift für Außen- und Sicherheitspolitik 10 (4), S. 453–468.

Königs, Tom (2017): Für eine menschenrechtsorientierte Außenpolitik. In: Ischinger, Wolfgang/Messner, Dirk (Hrsg.): Deutschlands neue Verantwortung. Die Zukunft der deutschen und europäischen Außen-, Entwicklungs- und Sicherheitspolitik. Berlin: Econ, S. 84–85.

Lepenies, Philipp/Sondermann, Elena (Hrsg.) (2017): Globale politische Ziele. Bestandsaufnahme und Ausblick des Post-2015 Prozesses. Baden-Baden: Nomos.

Lingnau, Hildegad (2017): Die SDG aus OECD-Perspektive. In: Lepenies, Philipp/Sondermann, Elena (Hrsg.): Globale politische Ziele. Bestandsaufnahme und Ausblick des Post-2015 Prozesses. Baden-Baden: Nomos, S. 11–29.

Macamo, Elisio (2014): Kunstgriffe gegen die entwicklungspolitische Rechthaberei. In: Müller, Franziska/ Sondermann, Elena/ Wehr, Ingrid/ Jakobeit, Cord/Ziai. Aram (Hrsg.): Entwicklungstheorien: Weltgesellschaftliche Transformationen, entwicklungspolitische Herausforderungen, theoretische Innovationen (PVS-Sonderheft 48*)*. Baden-Baden: Nomos, S. 488–501.

Martens, Jens (2018): Zielkonflikte und Widersprüche bei der Umsetzung der SDGs. Wer hat die Gestaltungsmacht über die globale Nachhaltigkeitsagenda? In: Debiel, Tobias (Hrsg.): Entwicklungspolitik in Zeiten der SDGs. Essays zum 80. Geburtstag von Franz Nuscheler. Duisburg: Institut für Entwicklung und Frieden /Bonn: Stiftung Entwicklung und Frieden, S. 117–121.

Menzel, Ulrich (2018): Vom „Norden" und vom „Süden". Die Macht von Grenzziehungen bei globalen Entwicklungsproblemen. In: Debiel, Tobias (Hrsg.): Entwicklungspolitik in Zeiten der SDGs. Essays zum 80. Geburtstag von Franz Nuscheler. Duisburg: Institut für Entwicklung und Frieden /Bonn: Stiftung Entwicklung und Frieden, S. 198–204.

Messner, Dirk (2018): Die Agenda 2030 als globaler Gesellschaftsvertrag. Fünf Arenen der Transformation zur Nachhaltigkeit. In: Debiel, Tobias (Hrsg.): Entwicklungspolitik in Zeiten der SDGs. Essays zum 80. Geburtstag von Franz Nuscheler. Duisburg: Institut für Entwicklung und Frieden /Bonn: Stiftung Entwicklung und Frieden, S. 179–185.

Messner, Dirk (2017): Internationale Kooperation für globale Nachhaltigkeit – eine neue Rolle für Deutschland. In: Ischinger, Wolfgang/Messner, Dirk (Hrsg.): Deutschlands neue Verantwortung. Die Zukunft der deutschen und europäischen Außen-, Entwicklungs- und Sicherheitspolitik. Berlin: Econ, S. 396–403.

Meyer, Lutz (2017): Deutschlands Verantwortung neu denken – warum dieser Band nicht ins Regal passt. In: Ischinger, Wolfgang/Messner, Dirk (Hrsg.): Deutschlands neue Verantwortung. Die Zukunft der deutschen und europäischen Außen-, Entwicklungs- und Sicherheitspolitik. Berlin: Econ, S. 7–9.

Morazán, Pedro/Mauz, Katharina (2016): Migration und Flucht in Zeiten der Globalisierung. Die Zusammenhänge zwischen Migration, globaler Ungleichheit und Entwicklung. Bonn: Südwind e.V. – Institut für Ökonomie und Ökumene.

Schröder, Sabine (2016): Einleitung: Alternativen zu ‚Entwicklung'. In: Schmidt, Lukas/Schröder, Sabine (Hrsg.): Entwicklungstheorien. Klassiker, Kritik und Alternativen. Wien: Mandelbaum, S. 290–304.

Tetzlaff, Rainer (2018): Neues im Nord-Süd-Verhältnis? Warum die SDGs Afrika wohl nicht aus der Globalisierungsfalle helfen. In: Debiel, Tobias (Hrsg.): Entwicklungspolitik in Zeiten der SDGs. Essays zum 80. Geburtstag von Franz Nuscheler. Duisburg: Institut für Entwicklung und Frieden /Bonn: Stiftung Entwicklung und Frieden, S. 50–54.

Unmüßig, Barbara (2017): *Shrinking, closing, no space* – Zivilgesellschaft unter Druck. In: Ischinger, Wolfgang/Messner, Dirk (Hrsg.): Deutschlands neue Verantwortung. Die Zukunft der deutschen und europäischen Außen-, Entwicklungs- und Sicherheitspolitik. Berlin: Econ, S. 118–119.

Waldenhof, Beatrix (2017): Krise der globalen Flüchtlingspolitik: Transnationale Herausforderungen für die Soziale Arbeit. In: Sangmeister, Hartmut/Wagner, Heike (Hrsg.): Verändert die europäische Flüchtlingskrise die Entwicklungszusammenarbeit? Baden-Baden: Nomos, S. 107–130.

Ziai, Aram (2018): Die SDGs – Eine postkoloniale Weinprobe. In: Debiel, Tobias (Hrsg.): Entwicklungspolitik in Zeiten der SDGs. Essays zum 80. Geburtstag von Franz Nuscheler. Duisburg: Institut für Entwicklung und Frieden /Bonn: Stiftung Entwicklung und Frieden, S. 205–209.

Ziai, Aram (2017): Die Post-2015 Agenda und die Nachhaltigkeit des Entwicklungsdiskurses. In: Lepenies, Philipp/Sondermann, Elena (Hrsg.): Globale politische Ziele. Bestandsaufnahme und Ausblick des Post-2015 Prozesses. Baden-Baden: Nomos, S. 247–265.

Ziai, Aram (2014): Post-Development-Ansätze: Konsequenzen für die Entwicklungstheorie. In: Müller, Franziska/ Sondermann, Elena/ Wehr, Ingrid/ Jakobeit, Cord/Ziai. Aram (Hrsg.): Entwicklungstheorien: Weltgesellschaftliche Transformationen, entwicklungspolitische Herausforderungen, theoretische Innovationen (PVS-Sonderheft 48). Baden-Baden: Nomos, S. 405–434.

(Entwicklungs-)Politische Bildungsarbeit unter dem Anspruch von *Global Citizenship Education*

Karl Weber

1. Einleitung

Im Jahr 2017 haben sich Dachverbände der politischen Bildung zu einem gemeinsamen Projekt zusammengeschlossen. Unter dem Titel „Empowered by Democracy" teilen junge Menschen mit und ohne Fluchthintergrund Erfahrungen zum Zusammenleben in der Demokratie in Deutschland. Junge Geflüchtete sollen ermutigt werden, selbst als Akteure der politischen Bildung Projekte für andere Jugendliche anzubieten. Gefördert wird dieses Modellprojekt aus dem Bundesprogramm „Demokratie leben" des Bundesministeriums für Familie, Senioren, Frauen und Jugend (BMFSFJ). Entstanden ist es konzeptionell im Jahr 2016 vor dem Hintergrund der stark gestiegenen Flüchtlingszahlen im Jahre 2015. Bewusst wurden hier Elemente der nonformalen Bildung in das Projekt mit einbezogen. Die beteiligten Träger unter Federführung des Bundesausschusses für politische Bildung (bap) stehen für diesen Sektor der außerschulischen Jugend und Erwachsenenbildung (vgl. https://empowered-by-democracy.de).

Im Verlauf des Projektes kam es zwischen Antragstellung und Projektbeginn zu einer Verschiebung der Ausgangssituation. Zum Projektstart ging man von einer politisch gewollten mittelfristigen Bleibeperspektive der geflüchteten Teilnehmerinnen und Teilnehmer aus. Inzwischen hat sich dies jedoch deutlich verändert: spätestens mit den Bundestagswahlen im Jahr 2017 ist der innenpolitische Streit um Migration voll entbrannt. Er wurde auch nach der schwierigen Regierungsbildung 2018 nicht beendet. In der Migrationspolitik formieren sich Kräfte, die einen exklusiven Nationalstaat der Abschottung propagieren: weltweit kommen auch in Demokratien Personen in Amt und Würden, die abstreiten, dass sowohl die drängenden Weltprobleme wie der Klimawandel oder Fluchtphänomene nicht mehr nationalstaatlich zu lösen sind, sondern nur in gemeinsamen Anstrengungen überwunden werden können. Leitbilder wie die „global citizenship" sind für sie nicht ein zu erreichendes Ideal, sondern ein Schreckensszenario.

In dieser Situation stehen Träger der politischen Bildung vor der Frage, wie Bildung für Menschen gestaltet werden kann, für deren Lebenssituation ein nationalstaatliches Konzept weder temporär oder dauerhaft zutrifft. Dazu wird im Folgenden das Konzept der *Global Citizenship Education* befragt und geprüft, ob sich daraus Perspektiven für diese Fragestellung ergeben.

2. *Global Citizenship Education* als Bildungshaltung

Bei der Verabschiedung der Agenda für Nachhaltige Entwicklung 2030 im September 2015 in New York fand der Ansatz der *Global Citizenship Education* (GCE) im Dokument seinen Platz unter den S*ustainable Development Goals* (SDG). In Nr. 4.7 wird er als ein Teil der Bildung für Nachhaltige Entwicklung verstanden. Unter der Überschrift: „Inklusive, gerechte und hochwertige Bildung gewährleisten und Möglichkeiten des Lebenslangen Lernens für alle fördern" werden die Staaten der Weltgemeinschaft aufgefordert, bis „2030 sicher zu stellen, dass alle Lernenden Wissen und Fertigkeiten erwerben, die benötigt werden, um nachhaltige Entwicklung zu fördern, einschließlich u. a. durch Bildung für nachhaltige Entwicklung und nachhaltige Lebensformen, Menschenrechte, Geschlechtergerechtigkeit, die Förderung einer Kultur des Friedens und Gewaltlosigkeit, Weltbürgerschaft [global citizenship] und die Wertschatzung kultureller Vielfalt sowie den Beitrag von Kultur zu einer nachhaltigen Entwicklung" (www.un.org/ Depts/german/gv-70/band1/ar70001.pdf, Zugriff 30.10.2018).

Die Rolle der GCE ist im Zusammenhang dieser Aufzählung auf den ersten Blick nicht klar. *Global citizenship* könnte hier auch als eine selbständige anzustrebende inhaltliche Position verstanden werden. Doch im Sinne der SDG ist das nicht. Mustert man die Dokumente, die im Vorfeld der Verabschiedung der SDG 2015 zur Einführung von GCE in den Text verhalfen (vgl. die Zusammenstellung von Grobbauer 2017: 67), stößt man auf die 2012 lancierte *Global Education First*-Initiative des damaligen Generalsekretärs der UN, Ban Ki-Moon. Zum Abschluss der UN-Dekade für Nachhaltige Entwicklung wurde GCE 2014 definiert als „a framing paradigm which encapsulates how education can develop the knowledge, skills, values and attitudes learners need for securing a world which is more just, peaceful, tolerant, inclusive, secure and sustainable" (UNESCO 2014: 9, vgl. dazu Grobbauer 2017: 68). Es geht also bei GCE im Sinne der Agenda 2030 weniger darum, was man inhaltlich subsumieren kann, sondern um Rahmenbedingungen für Lernende, unter denen sie ein Verständnis für eine gerechtere, friedvollere, tolerantere, inklusive, sicherere und nachhaltigere Welt erschließen können.

Zumindest in deutschen Sprachgebrauch gibt es die gegenläufige Tendenz, das Bedeutungsspektrum von GCE auf die in der Aufzählung genannte Friedens- und Menschenrechtsarbeit zu erweitern. „Dadurch entsteht eine inhaltliche Breite, die auf internationale Zustimmung stößt und die Verwendung des Terminus erhöht. Zugleich birgt diese Breite die Gefahr konzeptioneller Beliebigkeit, die nur schwer einen inhaltlichen und perspektivischen Kern erkennen lässt" (Grobbauer 2017: 67).

Wie weit dieses Feld ist, wird bei der konkreten Umsetzung für Deutschland sichtbar: Im Auftrag des Bundesministeriums für Bildung und Forschung (BMBF) koordiniert die deutsche UNESCO-Kommission auf der Grundlage der 2017 verabschiedeten Nachhaltigkeitsstrategie der Bundesregierung die Nationale Plattform Bildung für Nachhaltige Entwicklung (Nationaler Aktionsplan 2017). Sie führt unterschiedliche Akteure zusammen (https://www.bne-portal.de/de/bundesweit/gremien).

Eine sehr differenzierte Bildungslandschaft für nachhaltige Entwicklung (BNE) ist das Ergebnis. Dennoch ist man nach einem Blick auf die Karte (https://www.bne-portal.de/de/akteure/karte) überrascht, dass über BNE nicht Brücken in die Welt dargestellt werden, sondern Nachhaltigkeit weiterhin auf der Ebene der Nation gedacht und praktiziert wird. Zwar sind durch die Einbindung von entwicklungspolitisch erfahrenen politischen Bildnerinnen und Bildnern, z. B durch die Eine-Welt-Promotorinnen und Promotoren, Bezüge zur Entwicklungsarbeit gegeben. Unter den Partnern für nonformale und informelle Bildung dominiert jedoch die Umweltbildung.

Wechselt man dagegen zur Entwicklungszusammenarbeit wird man auf den Seiten des Bundesministeriums für wirtschaftliche Zusammenarbeit und Entwicklung (BMZ) und insbesondere bei Engagement Global gGmbH, das im Auftrag des Ministeriums die Inlandsarbeit koordiniert, fündig (https://www.engagement-global.de/). Die angebotenen Beispiele sind eindeutig auf die Nord-Süd-Perspektive ausgerichtet und werden so einer transnationalen globalen Perspektive besser gerecht. Mit aller Vorsicht wird man deshalb konstatieren, dass in der deutschen Nachhaltigkeitsstrategie die Grenzen zwischen der Entwicklungs- und Umweltagenda noch nicht vollständig aufgelöst sind und es weiterhin Bedarf für eine Verständigung hin zu einer transnational aufgestellten Bildung für nachhaltige Entwicklung gibt.

Zumindest für den Schulbereich gibt es hierfür vielversprechende praktische Ansätze (Sander 2018: 193–196) und der manchmal hinderliche deutsche Bildungsföderalismus hat mit dem Orientierungsrahmen für den Lernbereich Globale Entwicklung im Rahmen einer Bildung für nachhaltige Entwicklung diese Grenzen zumindest partiell überwunden (KMK/ BMZ 2016 vgl. dazu Schreiber 2017).

Schwerer tut sich die nonformale Bildung, aufgrund der Unterschiedlichkeit der zivilgesellschaftlichen Akteure gibt es per se eine Vielzahl von Initiativen, die ihren jeweiligen Bereich bearbeiten. Ihre Struktur changiert zwischen entwicklungspolitischen Dachverbänden (z. B. VENRO) oder Verbänden der politischen Bildung wie dem Bundesausschuss politische Bildung (bap) und offenen Netzwerken, die ihrerseits wieder in internationale und europäische Zusammenhänge eingebunden sind.

Zu wenig im Blick sind die Leistungen des internationalen Jugendaustausches und der internationalen Freiwilligendienste. Deren Potenziale müssten bewusster in ihrer Bedeutung für die GCE integriert werden.

3.   Globales Lernen und politische Bildung

Bisweilen wird dem Globalen Lernen und der Bildung für Nachhaltige Entwicklung vorgeworfen, dass ihr moralischer Impetus zu stark sei. In Deutschland hat sich für den schulischen Unterricht der Beutelsbacher Konsens herausgebildet (vgl. dazu mit weiterführender Diskussion Widmaier/Zorn 2016), Er ist in einer Zeit der siebziger Jahre entstanden, in denen gesellschaftliche Deutungskonflikte zu befrieden waren. U. a. wurde neben der Teilnehmendenorientierung das sogenannte Überwältigungsverbot und der Kontroversitätsgebot formuliert. Diese sind jedoch „keineswegs Einladungen zu Beliebigkeit und zum toleranten Nebeneinander aller gesellschaftlich vorhandenen Anschauungen. Bildungsarbeit, gerade auch im notwendigen Umgang mit Kontroversen, ist nicht nur die Moderation vorgefundener lebensweltlicher Deutungen, sondern es geht um die Reflexion gesellschaftlicher Prozesse" (Overwien 2017: 128).

Trotz dieser Klarstellung gibt es aus erziehungswissenschaftlicher Sicht dennoch einige Anfragen. Denn wie individuelle Selbstlernerfahrungen in kollektive Veränderungen überführt werden können, ist konzeptionell keineswegs gesichert. Vorgeschlagen werden spezifische „Bildungssorte, an denen in Gemeinschaft pluralistische Sichtweisen und Werte auszuhandeln sind". (Singer-Brodowski 2018: 29).

4.   *Global Citizenship Education* als Bildung zur Zivilität

Meint also GCE im Sinne der Agenda 2030 eine Rahmensetzung für Bildungsprozesse, die auf die Eine Welt hin ausgerichtet sind, ist die Frage, wie *citizenship* verstanden wird, sowohl Teil der Lösung als auch ein Teil des Problems. Denn in einer engen legalistischen Definition bedeutet *citizenship* ausschließlich die Staatsbürgerschaft des Nationalstaates. Weltbürger sind in diesem Konzept per se nicht vorgesehen, sondern sie werden abwertend als „*citizen of nowhere*" (so Theresa May 2016) deklariert. Ausgeblendet wird damit allerdings eine zweite Dimension, die *citizenship* ebenfalls umfassen kann, die Dimension der gesellschaftlichen Teilhabe, die sich in einem Engagement in der Zivilgesellschaft äußert (Grobbauer 2017: 69).

Bevor man von einer globalen Zivilgesellschaft spricht, sollten Kriterien für Zivilität erhoben werden, wie sie insbesondere von der politikwissenschaftlichen Transformationsforschung formuliert (vgl. dazu zusammenfassend Lauth 2003) wurden. *Citizenship* entsteht dort, wo Menschen, die sich freiwillig zusammengeschlossen haben, gewaltfrei ihre Partikularinteressen am Gemeinwohl orientieren und öffentlich und nicht geheim im Hinterzimmer tätig sind. Sie handeln im Rahmen der Gesetze, gleichwohl können sie ein kritisches Korrektiv zum Staat bilden. Eine so normativ begründete Zivilität weitet den Blick somit vom Staat auf das Gemeinwesen, das weitaus mehr ist als die rechtliche Ordnung. Diese Kriterien für eine Zivilgesellschaft können durchaus für die politische Bildung fruchtbar gemacht werden. Der Bildungsprozess richtet sich auf die aktive politische und soziale Teilhabe an der Gesellschaft aus.

Ein kritischer Blick in die Welt genügt, um zu sehen, dass diese Zivilität nicht überall gleichermaßen realisiert ist. Auch hier bietet die Transformationsforschung einen Referenzrahmen: ausgehend von der reflexiven Zivilgesellschaft, in der alle obengenannte Kriterien erfüllt sind, benennt sie die nachfolgenden Typen in absteigender Qualität der Realisierung von Zivilität als strategische, ambivalente und schließlich als scheiternde (*failing*) Zivilgesellschaften.

Die Anwendung dieses Wissens um die Unterschiede der zivilgesellschaftlichen Vorerfahrungen ist für eine, der Bildung von Zivilität verpflichtete politische Bildungsarbeit von Bedeutung. Denn dann wird sie weniger die Diskurse innerhalb einer globalen Weltinnenpolitik im Sinne einer einheitlichen reflexiven Zivilgesellschaft zu ihrem Entwicklungsmodell wählen, sondern stattdessen mehr auf Fähigkeiten setzen, wie mit Unterschieden konstruktiv umgegangen wird.

Und damit schließt sich der Kreis zur Ausgangsfrage: Politische Bildung im außerschulischen Bereich wird insbesondere die Fähigkeiten zur Zivilität schulen und vorleben, die Voraussetzungen für wiederum kooperatives Zusammenleben in der Weltgesellschaft sind. Dies geschieht z. B.

im Projekt Empowered By Democracy durch eine bewusste Reflexion auf die jeweiligen interkulturellen Voraussetzungen von Geschlechterrollen, in der Einübung von gewaltfreier Kommunikation etc. (Weitere Praxisbeispiele bei Emde/Jakubczyk/Kappes/Overwien 2017: S. 292–331). Diese Lernerfahrung kann dazu beitragen, dass „kollektive Zugehörigkeiten [...] sich in einem Menschen auf verschiedenen Ebenen und mit unterschiedlichen Reichweiten ausbilden und [...] in verschiedenen Formen und Intensitäten gelebt werden [können] (Sander 2018: 198).

Literatur

Bernecker, Roland/Grätz, Ronald (Hrsg.) (2018): Global Citizenship – perspectives of a world community. Göttingen: (Perspektive Außenkulturpolitik, 4).

Emde, Oliver/Jakubczyk, Uwe/Kappes, Bernd/Overwien, Bernd (Hrsg.) (2017): Mit Bildung die Welt verändern? Globales Lernen für eine nachhaltige Entwicklung. Evangelische Akademie Kurhessen-Waldeck; Tagung der Evangelischen Akademie Hofgeismar. Opladen/Berlin/Toronto: (Schriftenreihe „Ökologie und Erziehungswissenschaft" der Kommission Bildung für eine nachhaltige Entwicklung der Deutschen Gesellschaft für Erziehungswissenschaft (DGfE).

Grobbauer, Heidi (2018): „Globales Lernen, Bildung für Nachhaltige Entwicklung, „Global Citizenship Education". Eine Begriffsklärung für den deutschsprachigen Raum". In: Verband Entwicklungspolitik und Humanitäre Hilfe (VENRO) (Hrsg.): Globales Lernen: wie transformativ ist es?, S. 20–25.

Grobbauer, Heidi (2017): „Global Citizenship Education – Politische Bildung in der Weltgesellschaft". In: Oliver Emde/Uwe Jakubczyk/Bernd Kappes/Bernd Overwien (Hrsg.): Mit Bildung die Welt verändern?, S. 66–76.

Kappes, Bernd/Seitz, Klaus (Hrsg.) (2015): Nachhaltige Entwicklung braucht Global Governance. Weltinnenpolitik für das 21. Jahrhundert. München.

Kenner, Steve/Lange, Dirk (Hrsg.) (2018): Citizenship Education. Konzepte, Anregungen und Ideen zur Demokratiebildung. Frankfurt/M. (Reihe Politik und Bildung, Band 84).

KMK/BMZ (2016): Gemeinsames Projekt der Kultusministerkonferenz (KMK) und des Bundesministeriums für wirtschaftliche Zusammenarbeit und Entwicklung (BMZ): Orientierungsrahmen für den Lernbereich Globale Entwicklung im Rahmen einer Bildung für nachhaltige Entwicklung. 2., aktual. und erw. Aufl. Berlin: Cornelsen. http://www.orientierungsrahmen.de [Zugriff: 15.10.2018].

Lauth, Hans-Joachim (2003): „Ambivalenzen der Zivilgesellschaft in Hinsicht auf Demokratie und soziale Inklusion". In: Nord-Süd aktuell Jg. 17 (2/2003), S. 223–232.

Nationaler Aktionsplan Bildung für nachhaltige Entwicklung. Der deutsche Beitrag zum UNESCO-Weltaktionsprogramm, hrsg. von der Nationalen Plattform Bildung für nachhaltige Entwicklung c/o Bundesministerium für Bildung und Forschung,

Referat Bildung in Regionen, Bildung für nachhaltige Entwicklung, 20. Juni 2017 (http://www.bne-portal.de/de/infothek/publikationen/1891) [Zugriff 31.0.2018].

Overwien, Bernd (2017): „Politische Bildung und Globales Lernen: Distanz zwischen Wissenschaft und Praxis?". In: Oliver Emde/Uwe Jakubczyk/Bernd Kappes/Bernd Overwien (Hrsg.): Mit Bildung die Welt verändern?, S. 122–132.

Sander, Wolfgang (2018): Bildung – ein kulturelles Erbe für die Weltgesellschaft. Frankfurt/M.

Schreiber; Jörg-Robert (2017): „Globales Lernen". In: Oliver Emde/Uwe Jakubczyk/ Bernd Kappes/Bernd Overwien (Hrsg.): Mit Bildung die Welt verändern?, S. 277– 288.

Singer-Brodowski, Mandy (2018): „Über die Transformation von Selbst- und Weltverhältnissen hin zu einer Weltbeziehungsbildung". In: Verband Entwicklungspolitik und Humanitäre Hilfe (VENRO) (Hrsg.): Globales Lernen: wie transformativ ist es?, S. 27–32.

Singer-Brodowski, Mandy (2016): „Transformative Bildung durch transformatives Lernen. Zur Notwendigkeit der erziehungswissenschaftlichen Fundierung einer neuen Idee". In: Zeitschrift für Internationale Bildungsforschung und Entwicklungspädagogik (1), S. 1–17.

Verband Entwicklungspolitik und Humanitäre Hilfe (VENRO) (Hrsg.) (2018): Globales Lernen: wie transformativ ist es? Impulse, Reflexionen, Beispiele. Berlin (VENRO Diskussionspapier 2018), https://venro.org/publikationen/detail/globales-lernen-wie-transformativ-ist-es/ [Zugriff 31.10.2018].

UNESCO (2014): Global Citizenship Education. Preparing learners for the challenges of the twenty-first century. Paris. http://unesdoc.unesco.org/images/0022/002277/ 227729e.pdf [Zugriff: 30.10.2018].

Weber, Karl (2017): „Bürger der Globalisierung? Bildung für nachhaltige Entwicklung in der AKSB". In: Michael Reitemeyer/Benedikt Widmaier/Karl Weber/Markus Schuck (Hrsg.): Politische Bildung stärken – Demokratie fördern. Festschrift für Lothar Harles zum 65. Geburtstag. Schwalbach/Ts., S. 267–272.

Widmaier, Benedikt/Zorn, Peter (Hrsg.) (2016): Brauchen wir den Beutelsbacher Konsens? Eine Debatte der politischen Bildung. Bonn, (Schriftenreihe/Bundeszentrale für Politische Bildung, Band 1793).

Normative Grundlagen gesellschaftlicher Entwicklung: Herausforderungen und Chancen einer normativen Entwicklungszusammenarbeit

Andreas Mues

1. Einleitung

Die Beschäftigung mit den normativen Grundlagen einer effizienten Entwicklungszusammenarbeit ist eine voraussetzungsreiche und mitunter anspruchsvolle Aufgabe. Denn zum einen beinhaltet sie die Analyse der Rolle der Normativität in der Entwicklung menschlicher Gesellschaften, und zum anderen gilt es, die Besonderheiten der entwicklungspolitischen Arbeit samt ihrer ethischen Fundierung zu dieser Analyse in Beziehung zu setzen. Dieser Beitrag ist dabei vor allem auf die Analyse respektive theoretische Herleitung der Rolle der Normativität in der Entwicklung menschlicher Gesellschaften fokussiert, gibt aber im Anschluss auch erste Hinweise für eine adäquate Berücksichtigung in entwicklungspolitischen Strategien. Wenn die Integration von normativen Grundsätzen der gesellschaftlichen Entwicklung in die Konzepte und Strategien der internationalen Entwicklungszusammenarbeit gelingt, ist ein erster wichtiger Schritt hin zu einer Ethik der globalen Kooperation vollzogen, die basierend auf elementaren normativen Grundelementen viele Bereiche der internationalen Zusammenarbeit koordinierend unterstützen kann.

2. Normative Grundlagen gesellschaftlicher Entwicklung

Bei einer Analyse der normativen Entwicklungsgrundlagen menschlicher Gesellschaften, ist es im Rahmen dieses Beitrages nicht möglich, die einzelnen normativen Standards spezifischer Gesellschaften in bestimmten Kulturkreisen und gegebenenfalls in Relation zueinander umfassend zu beschreiben. Es geht vielmehr um eine grundlegende Analyse der Rolle der Normativität in menschlichen und gesellschaftlichen Entwicklungsprozessen, also um die Basis, die den kulturspezifisch differenzierten Prozessen inhärent ist und in ihrer Entwicklung von ihnen getragen wird, sich aber im theoretischen Sinne unabhängig beschreiben lässt.

Um eine solche Analyse erarbeiten zu können, wird in einem ersten Schritt auf die Ontogenese der Moralität, also auf einen individuellen entwicklungspsychologischen Zugang eingegangen, da sich auf individueller Ebene die Normativität in menschlichen Gesellschaften am vielfältigsten zeigt. In der moralpsychologischen Perspektive individualistischer Prägung werden zum einen die biologisch-physiologischen Grundlagen der Normativität untersucht und zum anderen die Interaktion des Individuums mit seinen Artgenossen in den verschiedensten Kontexten menschlicher Existenz beobachtet, und somit Sozialisations- und Interaktionseffekte hinsichtlich ihrer Wirkung auf aktuelle und spätere normative Einstellungen untersucht. Der entwicklungspsychologische Zugang zur Normativität ist somit individualistisch geprägt, ohne die sozialpsychologischen und evolutionstheoretischen Einflüsse auf die Entwicklungsprozesse als zweiten Analyseschritt vernachlässigen zu müssen.

Wer das Individuum und dessen normative Entwicklung im Rahmen gesellschaftlicher Sozialisationsprozesse analysiert, befindet sich an der Schnittstelle von sozialer und individueller Identität, an der sich die normativen Einstellungen von Gesellschaft und Individuum reproduzieren und durch beständige individuelle Adaption verändern und entwickeln. Der Psychologe Jonathan Haidt beschreibt diese Tatsache folgendermaßen (Haidt 2007: 998):

> „People are selfish, yet morally motivated. Morality is universal, yet culturally variable. Such apparent contradictions are dissolving as research from many disciplines converges on a few shared principles, including the importance of moral intuitions, the socially functional (rather than truth-seeking) nature of moral thinking, and the coevolution of moral minds with cultural practices and institutions that create diverse moral communities."

Diese hier formulierte Universalität der Moral bei gleichzeitig möglicher kultureller Differenzierung bildet die erste wichtige theoretische Fundierung einer Entwicklungszusammenarbeit der Zukunft. Scheinbar große Unterschiede in den ethischen Grundlagen verschiedener Gesellschaften, wie sie sich in der Diskussion um die sogenannten *asian values* offenbaren, werden so als unterschiedliche Ausprägungen bestimmter basaler moralischer Verhaltensorientierungen interpretierbar, sodass der internationalen Entwicklungszusammenarbeit ein bestimmter Fundus an interkulturell gültigen normativen Grundlagen als Basis der Entwicklungszusammenarbeit zur Verfügung steht.

Pionierarbeit auf dem Feld der Moralpsychologie wurde von Jean Piaget geleistet, der in seinen Untersuchungen zur Entwicklung des moralischen Urteils bei Kindern die Basis für spätere Weiterentwicklungen dieses damals jungen Forschungszweiges legte (Piaget 1973).

Obwohl insbesondere seine Forschungs- und Befragungsmethoden häufig kritisiert wurden, haben sich viele der von Piaget beschriebenen moralischen Entwicklungstendenzen durch spätere Untersuchungen bestätigt (Lickona 1976). Anders als bei seinen Arbeiten zu den kognitiven Leistungen bei Säuglingen und Kindern, die auch in grundlegender Art revidiert werden mussten (Sodian 2008), ließen sich die grundlegenden Ergebnisse zur Moralentwicklung des Kindes entsprechend reproduzieren, auch wenn teilweise alternative Ansätze zur theoretischen Fundierung dieser Phänomene angeführt und insbesondere die Altersangaben noch umfassend angepasst wurden.

Basierend auf Beobachtungen und Interviews mit Schweizer Kindern beim und zum Murmelspiel definierte Piaget bezüglich der praktischen Anwendung von Regeln vier wesentliche Phasen innerhalb der kindlichen Entwicklung:

– Erstens das sogenannte motorische und individuelle Stadium von Kindern etwa zwischen null und drei Jahren, in dem das Kind zwar gewisse motorische Gewohnheiten herausbildet, allerdings vollkommen von den eigenen Wünschen und Eingebungen bestimmt wird, und somit autark und unabhängig von Regeln jeder Art einer gänzlich individuellen Beschäftigung nachgeht, die keine weiteren Systematisierungen erlaubt (Piaget 1973: 22).

– Zweitens das von ihm als egozentrisch beschriebene Stadium in dem sich Kinder üblicherweise zwischen dem zweiten bis fünften Lebensjahr befinden und in welchem von Seiten des Kindes aktiv versucht wird, eigens beobachtete Spielregeln anderer Kinder zu imitieren. Charakteristisch für diese Phase der kindlichen Entwicklung ist allerdings die Tatsache, dass die Kinder, wenn sie zu mehreren spielen, weiterhin allein und ausschließlich auf sich selbst bezogen agieren und beispielsweise Regelübertretungen untereinander nicht wahrgenommen oder sanktioniert werden. Es hat also ausschließlich die eigene Interpretation der beobachteten Regeln für das jeweilige Individuum eine Bedeutung, der sozial verbindliche und letztlich Sinn stiftende Bestanteil der Regel ist noch nicht existent (Piaget 1973: 22).

– Als drittes Stadium schließt hieran das der beginnenden Zusammenarbeit an, in welchem der Wille den Gegner zu besiegen als Novum hinzutritt und entsprechendes Kontrollverhalten nach sich zieht. Bei getrennten Befragungen der zuvor gemeinsam spielenden Kinder treten allerdings erhebliche Unterschiede bezüglich der angewandten bzw. im Spiel gültigen Regeln auf. Dieses Stadium beginnt etwa ab dem siebten und dauert ungefähr bis zum elften bzw. zwölften Lebensjahr (Piaget 1973: 22).

– Das vierte und somit letzte Stadium der Regelpraxis erreichen Kinder üblicherweise zwischen elf und zwölf Jahren, indem sie mit der systematischen Kodifizierung der Regeln beginnen und intensive Kontrollverfahren und Instanzen installieren, um deren Einhaltung zu gewährleisten. Alle entsprechenden Regeln sind nun auch allen in das Spiel involvierten Kindern bekannt (Piaget 1973: 23).

Bezüglich der praktischen Anwendung der Regeln zeigt sich dementsprechend schon eine erste Tendenz der Einheitlichkeit bei der Regelanwendung in der Entwicklung menschlicher Individuen, auch wenn Piaget selber den Nachweis der universellen und interkulturellen Gültigkeit seiner Beobachtungen schuldig blieb. Diese einheitlichen Grundtendenzen sind allerdings, und diesen Nachweis wird nach Piaget vor allem Lawrence Kohlberg erbringen, ein wichtiger Indikator für die spätere Analyse der moralischen Regeln als Steuerungskonzepte der menschlichen Interaktion, auch wenn ihre Übertragung vom individuellen in den gesellschaftlichen Kontext noch weiterer umfassender Analysen bedarf.

Ganz zu Beginn der Entwicklung der menschlichen Persönlichkeit steht somit eine motorische Phase, in der sich erste regelhafte Schemata konstituieren, die sich anschließend stufenlos über zuerst egozentrisches, d. h. imitierendes und zugleich regelfreies Handeln, zu einer beginnenden Zusammenarbeit ohne wirkliche über den Zeitverlauf bestehende Regelauslegungen, bis hin zu strikten Kodifizierungen samt umfassenden Kontrollregelungen entwickeln. Mit hohem Abstraktionsgrad ist somit ein allgemeiner Entwicklungsprozess der Regelanwendung skizziert, der aber noch keinerlei kulturelle Besonderheiten oder regionalen Adaptionen umfasst.

Neben diesen ersten Aspekt zum Verständnis regelgeleiteten menschlichen Handelns stellt Piaget die Analyse des Bewusstseins der Regeln, indem er ebenfalls Interviews mit Schweizer Kindern auswertet und aus deren Antworten drei große moralische Entwicklungsstadien ableitet. Beginnend mit der motorischen Phase, in der das spielende Kind nach rein individuellen Regeln spielt, die seiner eigenen Fantasie entsprechen oder aus reinem Interesse an motorischen Regelmäßigkeiten entstehen, kommt Piaget schnell zu den für ihn eigentlich interessanten Phasen, die der Heteronomie sowie der Autonomie.

Im Stadium der Heteronomie scheint sich das Kind auf den ersten Blick recht widersprüchlich zu verhalten. Befragt man es nach dem Ursprung der von ihm selbst angewandten Regeln, so verweist es auf die jeweils höchste denkbare Instanz, also etwa auf die elterliche oder gar göttliche Autorität als Ursprung der Regeln, deren Übertretung unter keinen Umständen akzeptabel ist. Die Widersprüchlichkeit ergibt sich an dieser Stelle daraus, dass sich das Bewusstseinsstadium der Heteronomie zeitlich im Stadion des Egozentrismus der Praxis der Regeln verorten lässt, dass also das Kind die unabdingbare Einhaltung fordert und zeitgleich bei der Anwendung äußerste Flexibilität an den Tag legt und dabei auf Kontrollinstanzen gänzlich verzichtet (Piaget 1973: 54).

Im Stadium des autonomen Regelverständnisses hingegen werden die Regeln nicht mehr als sakrosankt betrachtet, entgegen des vorhergehenden heteronomen Verständnisses der Regeln werden sie in diesem Stadium als Produkt des gegenseitigen Austausches und der interindividuellen Verständigung aufgefasst. Obwohl bezüglich des Ursprungs der Regeln nicht mehr auf eine äußerliche Autorität verwiesen wird, die die unbedingte Einhaltung notwendig macht, bekommen Kontrollmechanismen und Wertschätzung der Regelkonformität der Spieler eine qualitativ neue Bedeutung. Nachdem sich alle Spieler auf entsprechende einheitliche Regeln verständigt haben, wird deren Einhaltung kontrolliert und abweichendes Verhalten entsprechend sanktioniert (Piaget 1973: 66–67).

Durch seine Befragungen bezüglich der Praxis sowie des Bewusstseins der Regeln bei Kindern verschiedener Altersgruppen hat Piaget also vier verschiedene Stadien der Praxis sowie drei des Bewusstseins der Regeln abgeleitet. Durch weitere Befragungen erarbeitet er eine Klassifikation der Moral bestehend aus der heteronomen sowie autonomen Moral und einer diese beiden verbindenden Zwischenstufe. Die heteronome Moral basiert dabei auf externem Zwang und Autorität. Sie bewirkt bei den von den Kindern vorgenommenen objektiven Verantwortungszuschreibungen den von Piaget so genannten Realismus, d. h. nicht die Handlungsintentionen, sondern ausschließlich die Handlungen an sich und deren Folgen werden moralisch bewertet. Nach einer Zwischenphase, in der dieser Realismus anstatt mittels der Erwachsenenautorität durch die verallgemeinerte Regel an sich begründet wird, entwickeln sich die Kinder und Jugendlichen hin zu einer, nach Piaget, autonomen Moral, bei der die bis hierhin gültigen externen Autoritäten der Erwachsenen bzw. Regeln an sich durch die der Kooperation ersetzt werden. Basierend auf der gegenseitigen Achtung voreinander wird die gültige Moral als in kollektiven und demokratischen Prozessen modifizierbar erlebt (Piaget 1973: 220–222).

Bezugnehmend auf die Arbeit Piagets entwickelt Lawrence Kohlberg (Kohlberg 1996) nun ein Stufenmodell der moralischen Entwicklung, das sich nicht mehr ausschließlich mit der Entwicklung vor und in der Adoleszenz beschäftigt, sondern ebenfalls die Entwicklung im Erwachsenenalter abbildet und darüber hinaus interkulturelle Gültigkeit beansprucht, was gerade auch für Anwendungen in der internationalen Entwicklungszusammenarbeit höchste Relevanz hat. Er entwickelt somit ein Modell, das zum einen irreversible und qualitative Veränderungen in der Bewertungs- und Deutungsstruktur moralischer Urteile postuliert, und zum anderen als schrittweise zu durchlaufende invariante Abfolge einer operativen Hierarchie definiert wird, bei der jede Stufe den „funktionalen Inhalt der vorhergehenden Stufe differenziert und integriert" (Kohlberg 1996: 49). Seine Forschung mündet nach einem ausgiebigen empirischen Anpassungs- und Optimierungsprozess in ein Stufenmodell, das drei grundlegende Niveaus mit jeweils zwei Stufen differenziert. Um den empirischen Befunden der longitudinalen Daten gerecht zu werden, hat Kohlberg dieses Modell im Laufe seiner Entwicklung noch um eine wertrelativistische Stufe 4½ und die weiteren Subkategorien A und B auf jeder Stufe verfeinert. Diese Subkategorien finden sich dementsprechend auf allen Niveaus sowie auf jeder Stufe und bezeichnen eine tendenziell stärker an gegebenen Ordnungsstrukturen und Nützlichkeitserwägungen orientierte Haltung (Subkategorie A) bzw. eine stärker an allgemeinen Prinzipien und Idealen orientierte Haltung (Subkategorie B). Die genaue Analyse der wertrelativistischen Stufe 4½ ist für die Thematik dieses Beitrages hingegen nebensächlich, da Kohlberg damit vor allem die Invarianzbedingung der Stufenfolge absichern wollte, die durch die Auswertung der longitudinalen Daten durch eine scheinbare Regression von Stufe 4 auf Stufe 2 bei Collegestudierenden in Frage gestellt wurde. Indem er diese Regression theoretisch in einen komplexeren Entwicklungskontext integriert, kann er die Invarianzbedingung entsprechend aufrecht erhalten (Kohlberg/Kramer 1969; Lind 2010). Die drei Ebenen des moralischen Urteils werden von Kohlberg als präkonventionell, konventionell und postkonventionell bezeichnet. Die präkonventionelle Ebene ist charakterisiert durch eine moralische Wertung basierend auf äußeren oder physischen Einflüssen, es besteht kein wirklicher Bezug zu Personen oder Normen der Gesellschaft (Heidbrink 2008). Die beiden dieser Ebene zugeordneten Entwicklungsstufen 1 und 2 werden dabei folgendermaßen charakterisiert: Auf Stufe 1 herrscht eine allgemeine Orientierung an den Gesetzmäßigkeiten der Bestrafung und des Gehorsams, die moralische Beurteilung einer Handlung basiert auf ihren tatsächlichen physischen Folgen; diese werden dabei selbst keiner Bewertung mehr unterzogen. Strafen müssen allgemein vermieden werden und es herrscht eine unhinterfragte Unterordnung unter die bestehenden Autoritäten, welche als Wert an sich gilt und als eine Art verborgene Tiefenstruktur der Moralordnung fungiert. Auf Stufe 2 hingegen werden Handlungen zum einen relativistisch, d. h. bezogen auf eigene sowie fremde Bedürfnisse, und zum anderen instrumentell, d. h. bezogen auf ihre physischen Konsequenzen bewertet (Kohlberg 1996: 51):

> „Vorstellungen von Fairneß, Gegenseitigkeit und Gleichverteilung sind [zwar] in Ansätzen vorhanden, werden aber immer materiell-pragmatisch ausgelegt. Reziprozität wird im Sinne von ‚Wie du mir, so ich dir‘ verstanden, nicht im Sinne von Loyalität, Dankbarkeit oder Gerechtigkeit.“

Die anschließende Stufe 3 ist gekennzeichnet durch ein personenorientiertes soziales Rollenmodell, dass mit starkem Konformitätsstreben an den durchschnittlichen Erwartungen der anderen Individuen orientiert ist, d. h., dass eine „Orientierung an zwischenmenschlicher Harmonie" oder am Bild des „guten Jungen" bzw. des „netten Mädchens" vorliegt (Kohlberg 1996: 52). Auf Stufe 4 kommt es hingegen zu einer rechtspositivistisch definierten Ausrichtung auf Recht und Ordnung und der Autorität gesellschaftlicher Regeln. Pflichtbewusstsein nimmt eine sehr viel ausgeprägtere Stellung ein, nicht nur hinsichtlich personaler Rollenpflichten, sondern auch bezüglich einer Verpflichtung zum Erhalt der sozialen Ordnung um ihrer selbst Willen (Kohlberg 1996: 52).

Bei der Spezifizierung der Stufe 5 verweist Kohlberg auf die ihr zugrunde liegende „legalistische Sozialvertrags-Orientierung" (Kohlberg 1996: 52), die in der Regel utilitaristisch begründet wird. Das moralische Urteil der Individuen wird auf dieser Stufe durch eine allen Individuen, Gruppen oder Rechtssystemen übergeordnete Perspektive konstituiert, d. h. die jeweiligen Einzel- und Gruppeninteressen, inklusive der eigenen, werden kritisch geprüft und auch hinsichtlich möglicher wertrelativistischer Probleme analysiert. Feste Verfahrensregeln zur Konsensherstellung werden dadurch immer bedeutender. Das Gesetz ist zwar weiterhin zu achten, insbesondere wenn es als Resultat eines solch allgemein akzeptierten und partizipativen Verfahrens alle wesentlichen Nützlichkeitserwägungen integriert. Allerdings besteht auf dieser Stufe in keiner Weise mehr ein rechtspositivistischer Ansatz wie auf Stufe 4, vielmehr werden Gesetze kontinuierlich bezüglich ihrer Auswirkungen beobachtet und bei Bedarf angepasst (Kohlberg 1996: 53). Die letzte Stufe in Kohlbergs Modell konnte er selber niemals empirisch belegen, sodass er im Laufe seiner Theorieentwicklung die Stufe 6 zunehmend als notwendige Zielkategorie eines entsprechenden Moralentwicklungsprozesses definiert hat. Für Kohlberg (1996: 53) orientiert sich ein Individuum auf dieser Stufe inhaltlich ausschließlich an

„ethischen Prinzipien, [die] logisch umfassend, universell und konsistent [seien müssen]. Dabei handelt es sich um abstrakte, moralphilosophische Prinzipien (Goldene Regel, Kategorischer Imperativ) […]. Im Mittelpunkt stehen die universellen Prinzipien der Gerechtigkeit, der Gegenseitigkeit und Gleichheit der Menschenrechte sowie der Achtung vor der Würde menschlicher Wesen als individueller Personen."

Aufbauend auf den Arbeiten Piagets ist es Kohlberg gelungen, trotz verschiedenster Einwände seiner Kritiker, einen universellen und stufenweise beschreibbaren moralischen Entwicklungsprozess zu skizzieren, der auch kulturübergreifend verifizierbar bleibt, und der vor allem die philosophischen Erkenntnisse der normativen Ethik zu integrieren versteht. Anders als viele der zeitgenössischen Moralpsychologen, widmet er sich dadurch einer ansonsten wenig beachteten Schnittstelle zwischen Psychologie und Philosophie, die umso erstaunlicher ist, je genauer man sich das gemeinsame Erkenntnissinteresse dieser beiden Disziplinen verdeutlicht. Methodische Unterschiede bei der Bearbeitung ähnlicher Fragestellungen sind somit bei Kohlberg kein Hindernis mehr auf dem Weg zu einer umfassenden wissenschaftlichen Analyse des menschlichen Moralverständnisses.

Bevor durch eine genauere Analyse der besonderen Form der kulturrelativistischen Unterschiede Rechnung getragen werden kann, die Kohlberg auch explizit anerkennt, ist es von großem Nutzen, die Arbeiten des Kohlberg Schülers Robert L. Selman in diese Analyse einzubringen, dessen fünf Stufen der Perspektivenübernahme für ein detaillierteres Verständnis moralpsychologischer Entwicklungsmodelle unabdingbar sind. Aufbauend auf den Arbeiten Baldwins (Baldwin 1906) und Meads (Mead 1968) entwickelt Selman ein Modell zur Perspektivenübernahme analog zu Piagets und Kohlbergs Ansätzen als ontogenetische Entwicklungshierarchie. Die von ihm auf diese Weise konzeptionalisierten fünf Niveaus (Heidbrink 2008: 94; Selman et al. 1982) beginnen bei Niveau 0, das die egozentrische und undifferenzierte Perspektive der 4-6jährigen Kinder umfasst. In diesem Stadium sind Kinder zwar durchaus in der Lage subjektive Zustände sowohl bei sich selbst, als auch bei anderen Personen wahrzunehmen, gleichzeitig aber noch nicht fähig zu realisieren, dass bestimmte soziale Zustände und Handlungen von anderen Personen anders interpretiert werden können als von ihnen selbst. Sie sind dementsprechend nicht in der Lage, die verschiedenen sozialen Perspektiven eindeutig als verschieden zu differenzieren. Zudem fällt es Kindern in diesem Stadium äußerst schwer, die Intentionalität von Handlungen und deren Folgen korrekt einzuschätzen. Im Alter von 6-8 Jahren verortet Selman das Niveau 1, in dem sich das Kind mit der Psyche anderer Personen auseinanderzusetzen beginnt und dadurch erkennt, dass die Perspektive anderer Personen auch von der eigenen unterscheidbar ist. Im anschließenden Stadium des Niveaus 2 entwickelt sich die Fähigkeit der Selbstreflexivität und Reziprozität, d. h. etwa zwischen dem achten und zehnten Lebensjahr sind Kinder in der Lage, ihre eigene Persönlichkeit mit den Augen einer anderen Person zu betrachten, und entwickeln somit ein Gefühl dafür, dass sich die eigene Selbstwahrnehmung durchaus von der Wahrnehmung der eigenen Person durch andere unterscheiden kann. Wenn sich diese Fähigkeit nun im Reifungsprozess des Kindes soweit entwickelt hat, dass es nicht mehr ausschließlich die Perspektive der anderen Person und die eigene wechselseitig, sondern beide Perspektiven auch zeitgleich aus einer übergeordneten Perspektive analytisch betrachten kann, dann ist Niveau 3 der Selmanschen Skala erreicht; üblicherweise geschieht dies zwischen dem zehnten und zwölften Lebensjahr. Durch diese zeitgleiche Wahrnehmung kann schließlich auch erst ein Bewusstsein einer Beziehung zwischen zwei Menschen entstehen. Auf dem letzten Niveau, also der Stufe vier, wird zudem die gesellschaftliche Perspektive möglich; durch Systematisierung der einzelnen Perspektiven können gesellschaftliche Subsysteme abgeleitet werden, die mit ihren je eigenen Rollenerwartungen gänzlich erfasst werden können. Zudem ist das Kind auf diesem Niveau, also zwischen dem 12. und 15. Lebensjahr, in der Lage moralische, rechtliche und ästhetische Perspektiven zu erfassen, wechselseitig und in Koordination zu analysieren und letztlich auch den verschiedensten Unterbereichen gesellschaftlichen Lebens zuzuordnen. An dieser Stelle ist dann die Entwicklung der Perspektivenübernahme im Sinne Selmans abgeschlossen, und es zeigt sich eine enge Verbindung der drei bisher analysierten Ansätze.

Basierend auf grundlegenden kognitiven Entwicklungssequenzen des Individuums entwickelt sich, wie Piagets Forschungen zeigen, stufenweise auch das Gerechtigkeitsempfinden. Dieses ist differenzierbar hinsichtlich verschiedenster Aspekte im Sinne Kohlbergs und die notwendige, wenn auch nicht hinreichende Basis der daraus resultierenden Moralentwicklung kann als die Fähigkeit zur Perspektivenübernahme im Selmanschen Sinne interpretiert werden, sodass sich ein Bild der kognitiven Moralentwicklung zeichnen lässt, dass eine stufenweise Entwicklung der Fähigkeit zum moralischen Denken inklusive der dafür notwendigen Rationalität beschreibt. Die Methodik dieser kognitiven Entwicklungsansätze wurde dabei stetig verfeinert und den Herausforderungen, die sich aus interkultureller Perspektive ergeben, entsprechend angepasst (Lind 2006); allerdings bleibt der starke Bezug zu bewussten, rationalen Abwägungsverhalten im Laufe der Moralentwicklung stets bestehen. Im Zuge der zunehmend interdisziplinär geprägten Forschung im Bereich der Moralpsychologie ist dieser rationalitätsbetonende Aspekt der bisher behandelten Ansätze zunehmend kritisiert worden, um vor allem die Bedeutung emotionaler Affekte zu betonen, deren Wirkung auf das moralische Urteil der Person der bewussten Abwägung stets vorausgeht. An dieser Stelle lassen wir uns allerdings nicht von den üblichen Aufgeregtheiten des Wissenschaftsbetriebes ablenken, sondern analysieren vielmehr die möglichen und sinnvollen Ergänzungen, die innerhalb dieser Debatte erarbeitet wurden.

Anders als bei den bis hierhin geschilderten Ansätzen der Moralpsychologie geht es den neueren Ansätzen (Ayala 2010; Greene 2003; Haidt 2007; Hauser 2006) nicht mehr primär um die Entwicklungsprozesse, die das Individuum im Laufe seiner individuellen Moralentwicklung durchläuft, sondern um die evolutionär verfasste Entwicklung der Moral ganzer Volksgruppen bzw. der Menschheit insgesamt. Diese evolutionsbiologische Perspektive erweitert somit den Fokus von der individuellen Perspektive hin zur gruppendynamischen Entwicklung ganzer Gesellschaften, und wird somit auch für den Kontext der Entwicklungszusammenarbeit hochgradig relevant.

Analog zu den bisherigen Ansätzen ist auch diese neuere Forschung zur Moralpsychologie interdisziplinär organisiert, allerdings bezieht sich diese Interdisziplinarität anders als bei Kohlberg und vielen seiner Mitstreiter nicht mehr primär auf die Fachbereiche der Psychologie, Philosophie und Pädagogik, sondern auf eine Kombination aus den erstgenannten mit der Biologie und den Neurowissenschaften. Es hat eine Tendenzverschiebung von den geisteswissenschaftlich-philosophisch geprägten Ansätzen hin zu den naturwissenschaftlich-evolutionstheoretisch fundierten Analysen stattgefunden, allerdings ohne dass sich die Erkenntnisse und Erfahrung der beiden Strömungen ausschließen würden. Aufbauend auf der Arbeit Zajoncs (Zajonc 1980), in der dieser den menschlichen Geist als Kombination eines biologisch sehr viel älteren, automatisch, unterbewusst und sehr schnell operierenden affektiven Systems und des phylogenetisch jüngeren, bewusst gesteuerten und langsamen kognitiven Systems beschreibt, gehen die evolutionären Theorien vom sogenannten Primat der Affektivität aus, dessen Bedeutung sich folgendermaßen charakterisieren lässt (Haidt 2007: 998):

> „Zajonc's basic point was that brains are always and automatically evaluating everything they perceive, and that higher-level human thinking is preceded, permeated, and influenced by affective reactions (simple feelings of like and dislike) which push us gently (or not so gently) toward approach or avoidance."

Unter Verweis auf die Arbeiten von Flack/Waal 2000, Hauser 2006 und Trivers 1971 analysiert auch der Moralpsychologe Jonathan Haidt die menschliche Moralität als wesentlich von Emotionen geleitete, unterbewusst gesteuerte und automatisch ablaufende Steuerungssequenz menschlichen Handelns, die entwicklungsgeschichtlich weitaus älter ist als etwa das bewusst ablaufende moralische Begründen (Haidt 2007: 998):

> „Language and the ability to engage in conscious moral reasoning came much later, perhaps only in the past 100 thousand years, so it is implausible that the neural mechanisms that control human judgement and behaviour were suddenly rewired to hand control of the organism over to this new deliberative faculty."

Er formuliert dabei vier Prinzipien zur menschlichen Moralentwicklung, die er unter dem Titel *Social Intuitionist Model* zusammenfasst. Mit dem ersten Prinzip *Intuitive Primacy (but Not Dictatorship)* verdeutlicht Haidt unter Verweis auf Erkenntnisse, überwiegend der Neurowissenschaften, dass der Mensch bei Beurteilungen moralisch relevanter Handlungen oder Entscheidungen zuerst emotional affiziert wird. Dieser Vorgang verläuft unbewusst, sehr schnell und mündet in einem ersten Urteil bezüglich der wahrgenommenen (oder im experimentellen Kontext vorgestellten) Handlung oder Entscheidung, das ohne Rekurs auf bewusste, sprachlich verfasste, moralische Begründungen entsteht. Zudem wirkt dieses intuitive Primat nicht nur in einem kurzen Zeitraum vor dem Prozess des bewussten moralischen Räsonierens, sondern beeinflusst ihn in wesentlicher Weise während der gesamten Dauer der Auseinandersetzung mit dem moralischen Problem. Verschiedene empirische Untersuchungen deuten diesen konstanten Einfluss des ersten unbewussten Urteils an; so zeigen Luo et al. (2006), dass Probanden bereits unmittelbar nach der Wahrnehmung einer Moralverletzung implizite Reaktionen zeigen. Batson (1987) und Sanfey et al. (2003) zeigen, dass affektive Reaktionen in der Regel gute Voraussagen über moralische Urteile und entsprechendes Verhalten ermöglichen und Wheatley/Haidt (2005) sowie Valdesolo/DeSteno (2006) können zeigen, dass Manipulationen (etwa durch Hypnose) auf der emotionalen Ebene sich entsprechend in den von ihnen affizierten moralischen Urteilen widerspiegeln.

Haidt benennt dabei drei verschiedene Strategien, die geeignet sind, diese sofortigen intuitiven Reaktionen in anschließenden kognitiven moralischen Urteilsprozessen zu verändern. Erstens das verbale Urteilen (im Sinne eines Deliberationsprozesses), zweitens die Neuinterpretation des Erlebten inklusive neuer daraus resultierender Intuitionen und drittens soziale Kommunikation, die in seiner Konzeptualisierung allerdings wiederum – durch den Austausch von Argumenten, Vorbilder etc. – Intuitionen hervorbringt, die das weitere Urteilen maßgeblich prägen (Haidt 2007: 999).

Als zweites Prinzip seines *Social Intuitionist Models* führt Haidt, bezugnehmend auf den Pragmatismus William James, das Diktum „ *(Moral) Thinking is for (Social) Doing"* ein und meint damit insbesondere, dass in einer Welt des Tratsches (*gossip*) die Aufrechterhaltung der eigenen Reputation von enormer Wichtigkeit war (Dunbar 1996; Richerson/Boyd 2005).

Er formuliert drei Erfolgsregeln zum Überleben in diesen Tratschgesellschaften (Haidt 2007: 999):

> „1. Be careful what you do.
> 2. What you do matters less than what people think you did, so you'd better be able to frame your actions in a positive light.
> 3. Be prepared for other people's attempt to deceive and manipulate you."

Basierend auf dieser „sozial-funktionalistischen Perspektive" möchte Haidt das auf den ersten Blick verwundernde Verhalten des Fabulierens analysieren, d. h. das Erfinden von schlüssigen Rechtfertigungen für das eigene Verhalten. Bei eigenen Untersuchungen stellt er fest, dass Probanden, die mittels post-hypnotischer Suggestion bei vollkommen normalen Wörtern wie „oft" oder „wählen" Ekel empfanden, auch moralisch anders urteilten. Dafür gab er diesen Probanden einen normalen Text zu lesen, der keinerlei moralisches Fehlverhalten thematisierte, sondern in neutralem Ton die Tätigkeit eines Studierendenvertreters beschrieb und ging davon aus, dass trotz des post-hypnotisch empfundenen Ekels das bewusste Urteilen diese Intuition nach einem Deliberationsprozess als unbegründet klassifizieren würde. Allerdings tat ein Drittel dieser Probanden genau das nicht, sondern erfand Gründe, die den als intuitiv empfundenen Ekel rechtfertigen sollten (Wheatley/Haidt 2005).

Haidt (2007: 1000) erklärt menschliches Moralempfingen wie folgt:

> „When we engage in moral reasoning, we are using relatively new cognitive machinery that was shaped by the adaptive pressures of life in a reputation-obsessed community. We are capable of using this machinery dispassionately, such as when we consider abstract problems with no personal ramifications. But the machinery itself was ‚designed' to work with affect, not free of it, and in daily life the environment usually obliges by triggering some effective response."

Die evolutionäre Entwicklung des menschlichen Moralempfindens beschreibt Haidt als eng verzahntes Wechselspiel biologischer Prozesse und kultureller Praktiken und charakterisiert so das dritte Prinzip „*Morality Binds and Builds*". Bezugnehmend auf die Religionssoziologie Durkheims führt er aus „that morality binds and builds; it constrains individuals and ties them to each other to create groups that are emergent entities with new properties" (Haidt 2007:1000). Der Schlüssel dieses Ansatzes bildet dabei die indirekte Reziprozität, die aus evolutionstheoretischer Perspektive ermöglicht, altruistisches Verhalten auch im Hinblick auf seine Vorteilhaftigkeit für die Weitervererbung der Gene zu bestimmen. Wenn man davon ausgeht, dass altruistisches Verhalten hauptsächlich dem eigenen Nachwuchs gegenüber auftritt und entsprechend genetisch vererbt wird, lässt sich die beobachtbare Verteilung altruistischer Handlungen in den menschlichen Gesellschaften nicht erklären. Ebenso wenig reicht hierfür die Konzeption der sogenannten direkten Reziprozität aus, d. h. das altruistisches Verhalten von der Gruppe entsprechend belohnt, und davon abweichendes Verhalten entsprechend bestraft wird, da sich auf diese Weise kooperierende Handlungsmuster auch gegenüber absolut fremden Personen, nicht erklären lassen die mit hoher Wahrscheinlichkeit nur einmal stattfinden werden (Fehr/Henrich 2003; Richerson/Boyd 2005). Indirekte Reziprozität hingegen macht altruistisches Verhalten über das Konzept der Reputation akkumulierbar und somit zur neuen Währung der sozialen Beziehungen. Altruistisches Verhalten erhöht dementsprechend (und natürlich ins rechte Licht gesetzt) die Reputation des handelnden Individuums und wird damit unabhängig von eventueller Dankbarkeit des ursprünglichen Empfängers der altruistischen Handlung. Diese Reputation kann nun zu einem späteren Zeitpunkt dazu genutzt werden, um kooperierendes Verhalten bei anderen auszulösen. Spieltheoretische Experimente zeigen, dass eine allen Spielern zugängliche Informationsquelle zur Reputation der Mitspieler das kooperative Verhalten enorm erhöht (Fehr/Henrich 2003), sodass die Konzeption der indirekten Reziprozität das sogenannte „Trittbrettfahrer-Problem" innerhalb der evolutionstheoretischen Modelle zu lösen imstande ist (Panchanathan/Boyd 2004).

Die kulturelle Entwicklung des Menschen hat in diesen Konzeptionen auch einen entsprechenden Einfluss auf die menschlichen Gene. So entwickeln sich modifizierte Gene zur Laktosetoleranz bei Erwachsenen in Kombination mit der Milchtierhaltung, und analog dazu führen kulturelle Praktiken in Kombination mit genetischen Dispositionen auch zu moralischen Verhalten in vorerst kleineren und anschließend auch größeren Gruppen (Haidt 2007; Richerson/Boyd 2005). Auch wenn sich die Gruppen bezüglich der in ihnen jeweils vertretenen genetischen Dispositionen kaum unterschieden haben sollten, sind kulturelle Praktiken und moralische Handlungsmaxime im Sinne der evolutionären Konkurrenz durchaus als Wettbewerbsvorteil interpretierbar, insbesondere in Zeiten des Konfliktes kann eine hohe Gruppensolidarität durch Erfolge in Kriegen schon *per se* auch genetisch „erfolgreich" sein (Barker et al. 2012; Benard 2012; Bowles 2006). Moralische Regeln entstanden entsprechend als kulturelle Praktiken zur Sicherung des evolutionären Erfolges.

Das vierte und letzte Prinzip schließlich ist die Erweiterung der Moralität über schädigendes Verhalten und Fairnesserwägungen hinaus („*Morality Is About More Than Harm and Fairness*"), sodass neben diesen beiden Kategorien noch das Gruppenbindungsverhalten („*ingroup-outgroup dynamics*"), Respekt und Gehorsam sowie körperliche und seelische Reinheit („*bodily and spiritual purity*") berücksichtigt werden (Haidt 2007: 1001). Ebenso werden auch die klassischen Gedankenexperimente bezüglich ethischer Dilemmata evolutionsbiologisch analysiert.

Peter Singer thematisiert die moralischen Aspekte der Flüchtlings- und Entwicklungshilfe, indem er zwei Prinzipien formuliert (Singer 1972: 230):

> „1.) [S]uffering and death from lack of food, shelter, and medical care are bad.
> 2.) [I]f it is in our power to prevent something bad from happening, without thereby sacrificing anything of comparable moral importance, we ought, morally, to do it."

Von diesen leitet er anschließend einen supererogatorischen Forderungskatalog ab, der ganz im utilitaristischen Stil den jeweiligen Nutzen festschreibt, und somit einen Verzicht auf Luxusgüter aller Art und vieler weiterer Güter und Handlungen umfasst, die nicht primär der Linderung menschlichem Elends dienen, und die im Sinne der beiden Prinzipien keinen vergleichbaren moralischen Wert haben wie diese Linderung. So führt Singer folgendes Beispiel an (Singer 1972: 230):

> „[I]f I am walking past a shallow pond and see a child drowning in it, I ought to wade in and pull the child out. This will mean getting my clothes muddy, but this is insignificant, while the death of the child would presumably be a very bad thing."

Anhand dieses Beispiels verdeutlicht er dabei sein Kernargument, dass anschließend von Peter Unger (Unger 1996) in wesentlicher Weise überarbeitet und einer systematischen Einwandbehandlung ausgesetzt wird, in deren Verlauf er auf verschiedene Einwände mit entsprechend angepassten Dilemmata reagiert. Diese und andere Dilemmata werden auch von der modernen Moralpsychologie genutzt, beispielsweise um zeitgleich mittels Magnetresonanztomographie (MRT) die in solchen kognitiven Prozessen besonders involvierten Hirnregionen zu ermitteln. Auffällig dabei ist, dass es bei der Beurteilung etwa der von Unger erarbeiteten Dilemmata für die Probanden eine sehr große Rolle spielt, ob das Dilemma ein persönliches oder ein unpersönliches ist, ob man den Betroffenen also begegnet oder nicht (Greene 2001). Im Falle der persönlichen Dilemmata waren besonders die Hirnareale aktiv, die bei Emotionen und sozialen Kognitionen genutzt werden. Entsprechend geht z. B. Greene davon aus, dass der evolutionsbiologische Hintergrund auch an diesen Fakten noch deutlich wird, da eine Ethik der Fernstenliebe im Sinne der Selektion der menschlichen Gattung keinerlei Bedeutung hatte, Verhaltensdispositionen, die direkte Kooperation in Gruppen ermöglichten hingegen schon.

Die moralpsychologischen Stufenmodelle im Sinne Piagets, Kohlbergs und Selmans analysieren wichtige Aspekte eines individualistischen Zugangs zum bewussten moralischen Räsonieren und definieren die dafür notwendigen philosophischen und psychologischen Grundfaktoren. Auch die philosophische Debatte um Peter Singer und Peter Unger gehört systematisch in diese Tradition, da sich auch hier mit bewussten Deliberationsprozessen und den dazu notwendigen abzuwägenden Gründen beschäftigt wird. Die jüngeren Ansätze der Moralpsychologie wenden sich zwar deutlich den unbewussten Aspekten des moralischen Urteilsverhaltens des Menschen zu, negieren die Möglichkeit der Deliberation in diesem Kontext allerdings nicht vollkommen. Die evolutionsbiologisch und hirnphysiologisch untermauerte Argumentationsstrategie macht allerdings auch Unterschiede deutlich, insbesondere bezüglich der tatsächlichen praktischen Bedeutung von bewussten Deliberationsprozessen bei moralischem Verhalten. Deutlich wird diese Problematik beispielsweise bei Jonathan Haidt, der auch vom *„emotional dog and its rational tail"* (Haidt 2001) spricht. Doch auch solche ironischen Spitzen sollten nicht darüber hinwegtäuschen, dass es sich bei der Einschätzung zur Bedeutung der bewussten deliberativen Prozesse um graduelle Unterschiede handelt.

Mit dem menschlichen Sozialverhalten und seinen biologisch und kulturellen Ursprüngen und Ausprägungen findet die internationale Entwicklungszusammenarbeit somit einen ersten Ansatzpunkt. Obwohl das menschliche Moralverhalten sowohl biologische, als auch soziale Bestandteile aufweist, und mitunter große kulturelle Unterschiede in den tatsächlich ausgeprägten Wertesystemen bestehen, gibt die moralpsychologische Forschung bereits Ansatzpunkte für eine integrative Betrachtungsweise der verschiedenen Strömungen. Hier besteht eine interessante Parallele zur Universalgrammatik Chomskys (Chomsky 1980, 1995), die ebenfalls eine Grundstruktur menschlicher Entwicklung darstellt, und jedem Individuum somit in die Wiege gelegt wird, ohne dass die sozialen Aspekte des Spracherwerbes dabei an Wichtigkeit einbüßen. Die Idee einer allen Individuen angeborenen Universalgrammatik ist durchaus mit der Möglichkeit der sozialen Ausdifferenzierung vereinbar, wie die vielen unterschiedlichen Sprachen dieser Welt eindrucksvoll belegen (Ayala 2010). Die individuelle und sukzessive Entwicklung der notwendigen kognitiven Kompetenzen und der darauf basierenden moralischen Überzeugungen, die wir bei der Rezeption Kohlbergs, Piagets und Selmans analysiert haben, haben vor diesem theoretischen Hintergrund auch in einem interkulturellen Kontext Bestand (Lind 2006). Sie betreffen allerdings vorwiegend die bewussten moralischen Begründungs- und Rechtfertigungsakte sowie das Denken und – in eingeschränkter Form – auch handlungsleitenden Prozesse moralischer Kognitionen. Der sozial-intuitionistische Ansatz von Haidt und auch Greene sowie die an evolutionsbiologischen Ansätzen orientierten Forscher wie Hauser, Ayala, Damasio stellen den unbewussten Aspekt moralischer Überzeugungen in den Vordergrund und verweisen einhellig auf dessen biologischen Ursprung und Bedeutung für das Überleben in und von Gruppen in der frühen Menschheitsgeschichte.

3. Herausforderungen und Chancen einer normativ verfassten Entwicklungszusammenarbeit

Das menschliche Moralverhalten hat wie grundsätzlich jede menschliche Verhaltensdisposition biologische Ursprünge. Es entwickelt sich sukzessive von der Geburt bis zum jungen Erwachsenenalter und umfasst sowohl spezifische kulturelle Normvorstellungen, als auch Prinzipien, die auf einer höheren Ebene mit entsprechend höherem Abstraktionsgrad interkulturell integrierbar sind. Das normative Verhalten war und ist sowohl für das individuelle Überleben innerhalb einer Gruppe, als auch für das kollektive Überleben der Gruppe an sich höchst relevant und somit in hohem Maße entwicklungswirksam. In Anbetracht dieser Analyse erscheint es sinnvoll, die Rolle der normativen Prozesse in menschlichen Gesellschaften im Kontext der Entwicklungszusammenarbeit stärker in den Fokus zu stellen. Dabei geht es nicht darum weitere moralische Plattitüden zu produzieren, sondern systematisch die Rolle der Moralität in menschlichen Gesellschaften zu beleuchten und somit die entwicklungswirksamen Mechanismen bestimmen zu können.

Der normativ gefasste Entwicklungsbegriff ist dadurch definiert, dass unter Entwicklung nicht die Konstruktion oder Erfindung von etwas Neuem verstanden wird, sondern dass sich bereits vorhandene Grundanlagen entwickeln, deren individueller Entwicklungspfad zwar stets einzigartig ist, deren Ursprung aber zugleich übereinstimmt. Dieser letztlich an Kant und Leibnitz orientierte intransitive und aktive Entwicklungsbegriff stellt somit die Verbindung zwischen der Individualität der Menschen und ihren Entwicklungsperspektiven her, indem er die Naturanlagen jedes Menschen zwar als auf ihre tatsächliche Entfaltung hin ausgerichtete Anlage beschreibt, gleichzeitig aber ihre tatsächliche Entwicklung als abhängig von der individuellen Tätigkeit spezifizieren kann. Ähnlich verhält es sich in menschlichen Gesellschaften, die sich basierend auf diesen Individuen konstituieren, hier kann zwar nicht in analoger Weise von Naturanlagen gesprochen werden, die sich entwickeln, aber auch hier bestimmen die normativen Regeln die Grundstrukturen dieser Gesellschaften, indem sie z. B. als Regeln der Kommunikation (Wahrheit, Wahrhaftigkeit, Verlässlichkeit, Zuverlässigkeit etc.) in elementarer Weise wirken und eine Konstituierung erst ermöglichen sowie im weiteren Verlauf mitbestimmen.

Was genau machte und macht die Moral zu einem Vorteil in individuellen und kollektiven Entwicklungsprozessen? Und aus welchen Gründen ist die individuelle und kollektive Moralentwicklung von Relevanz für entwicklungspolitische Strategien? Der große Vorteil moralischer Regeln besteht in ihrer Funktion als effiziente Steuerungskonzepte menschlicher Interaktion. Ihre Relevanz liegt dabei darin begründet, dass für die individuelle und gesellschaftliche Entwicklung moralischer Regeln wie oben dargelegt kein externer Impuls notwendig ist. Das hat wiederum zumindest zwei sehr positive entwicklungspolitische Implikationen. Zum einen sind moralische Regeln des gesellschaftlichen Zusammenlebens auf dieser Basis kein notwendiges Ziel entwicklungspolitischer Maßnahmen, und zum anderen sind sie selbstredend in kulturspezifischer Ausprägung in allen gesellschaftlichen Ebenen vorhanden und als Grundlage der internationalen Zusammenarbeit auch für partnerschaftliche Entwicklungsprojekte in all ihrer Funktionalität nutzbar.

Wenn die oben kurz umrissene Darlegung der individuellen und gesellschaftlichen Entwicklung moralischer Wertesysteme, die zudem jenseits kultureller Ausprägungen umfassende Gemeinsamkeiten aufweisen, zutreffend ist, könnten zukünftige entwicklungspolitische Strategieüberlegungen mit guten Gründen deutlich defensiver auftreten als bisher.

Die menschliche Selbstbestimmung als Prinzip der Individualität in entwicklungspolitischen Überlegungen zu berücksichtigen, bedeutet dabei nicht, auf Lösungen kollektiver Problemlagen zu verzichten, sondern im Gegenteil anzuerkennen, dass Individuen gerade vor Problemen in gleicher Weise stehen, ohne ihren individuellen Selbstbestimmungsanspruch aufgeben zu müssen. Diese „Gleichheit vor Problemen" (Gerhardt 1999: 279) begründet vielmehr die Notwendigkeit einer kooperativen Partizipation (Gerhardt 2007; Nida-Rümelin 2008); die oben dargelegten normativen Entwicklungsprozesse zeigen zudem, dass es aus entwicklungspolitischen Erwägungen nicht notwendig ist, als externer Akteur Entwicklungsprozesse zu initiieren und projektbezogen steuern zu wollen, sondern es vielmehr ausreicht, politische, wirtschaftliche und soziale Entwicklungshindernisse systematisch und unabhängig von eigenen Nutzungserwägungen abzubauen. Das bedeutet explizit, dass nicht eine Partei eine andere bei der Lösung ihrer Probleme unterstützt, sondern, dass gezielt diejenigen Probleme adressiert werden, vor denen man gemeinsam steht. Gerade für die wohlhabenden Staaten wäre damit eine Abkehr von direkten projektbezogenen und nicht selten von eigenen wirtschaftlichen Interessen getragenen Interventionen bedeutend zielführender. Vielmehr wäre eine defensive Entwicklungszusammenarbeit über den Subventionsabbau, den Ausgleich von machtpolitischen Missverhältnissen in internationalen Organisationen oder auch handelsrechtlichen Beschränkungen ein deutlich besserer Weg zur Unterstützung. Es gibt genügend Problemlagen vor denen alle beteiligten Entwicklungspartner gemeinsam stehen und die sie auf Basis eines breiten gemeinsamen Konsenses hinsichtlich ihrer normativen Grundüberzeugungen bearbeiten können. Auch und insbesondere der Umgang mit diktatorischen Regimes auf regionaler wie nationaler Ebene bietet hier umfassende Möglichkeiten zur Aktivierung entwicklungswirksamer Potentiale (vgl. Pogge, 2010). Eine diese Überlegungen adäquat berücksichtigende defensive Entwicklungszusammenarbeit würde entsprechend Hilfe durch Unterlassung von Schädigungen und Abbau systematischer Benachteiligungen in der internationalen Handels-, Sicherheits- und Umweltpolitik leisten. Dadurch würde sie Entwicklung ermöglichen, ohne zu initiieren und projekt- bzw. programmbezogen steuern zu wollen; sie würde sich vom Primat der Heteronomie verabschieden, um Entwicklungsautonomie zu ermöglichen.

Literatur

Ayala, F. J. (2010): „Colloquium paper: the difference of being human: morality". In: Proceedings of the National Academy of Sciences of the United States of America, 107, Supplement 2, S. 9015–9022.

Baldwin, J. M. (1906): Social and ethical interpretations in mental development. New York.

Barker, J. L./Barclay, P./Reeve, H. K. (2012): „Within-group competition reduces cooperation and payoffs in human groups". In: Behavioral Ecology, Jg. 23, Nr. 4, S. 735–741.

Batson, C. D. (1987): „Prosocial Motivation: Is it ever Truly Altruistic?". In: Advances in Experimental Social Psychology, Bd. 20, S. 65–122.

Benard, S. (2012): „Cohesion from Conflict: Does Intergroup Conflict Motivate Intragroup Norm Enforcement and Support for Centralized Leadership?". In: Social Psychology Quarterly, 75 (2), S. 107–130.

Bowles, S. (2006): „Group Competition, Reproductive Leveling, and the Evolution of Human Altruism". In: Science, 314 (5805), S. 1569–1572.

Chomsky, N. (1980): Rules and representations. New York.

Chomsky, N. (1995): The minimalist program. Cambridge/Mass.

Dunbar, R. (1996): Grooming, Gossip, and the Evolution of Language. Cambridge.

Fehr, E./Henrich, J. (2003): „Is Strong Reciprocity a Maladaptation? On the Evolutionary Foundations of Human Altruism". In: Hammerstein, P. (Hrsg.), Dahlem Workshop on Genetic and Cultural Evolution of Cooperation. Cambridge, Mass.: MIT Press in cooperation with Dahlem University Press, S. 55–82.

Flack, J. C./Waal, F. B. (2000): „Darwinian Building Blocks of Morality in Monkeys and Apes". In: Katz, L. D. (Hrsg.): Evolutionary Origins of Morality. Thorverton, S. 1–29.

Gerhardt, V. (1999): Selbstbestimmung : das Prinzip der Individualität. Stuttgart.

Gerhardt, V. (2007): Partizipation : das Prinzip der Politik. München.

Greene, J. (2003): „From neural ‚is' to moral ‚ought': what are the moral implications of neuroscientific moral psychology?". In: Nature reviews. Neuroscience, 4 (10), S. 846–849.

Greene, J. D. (2001): „An fMRI Investigation of Emotional Engagement in Moral Judgment". In: Science, 293 (5537), S. 2105–2108.

Haidt, J. (2001): „The emotional dog and its rational tail: a social intuitionist approach to moral judgment". In: Psychological Review, 108 (4), S. 814–834.

Haidt, J. (2007): „The new synthesis in moral psychology". In: Science, 316 (5827), S. 998–1002.

Hauser, M. (2006): Moral Minds: How Nature Designed a Universal Sense of Right and Wrong. New York.

Heidbrink, H. (2008): Einführung in die Moralpsychologie. Weinheim.

Kohlberg, L. (1996): Die Psychologie der Moralentwicklung. Frankfurt am Main.

Kohlberg, L./Kramer, R. (1969): „Continuities and Discontinuities in Childhood and Adult Moral Development". In: Human Development, 12 (2), S. 93–120.

Lickona, T. (1976): Research on Piaget's theory of moral development. New York.

Lind, G. (2006): The Cross-Cultural Validity of the Moral Judgement Test: Findings from 29 Cross-Cultural Studies. Abgerufen von http://citeseerx.ist.psu.edu/viewdoc/download?doi=10.1.1.121.8336&rep=rep1&type=pdf.

Lind, G. (2010): „Growth and regression in cognitive-moral development of young university students". In: Harding, C. G. (Hrsg.): Moral dilemmas and ethical reasoning. New Brunswick/NJ, S. 99–115.

Lumsden, C. J./Wilson, E. O. (2005): Genes, mind, and culture : the coevolutionary process. Hackensack/NJ.

Luo, Q./Nakic, M./Wheatley, T./Richell, R., Martin, A./Blair, R. J. R. (2006): „The neural basis of implicit moral attitude – An IAT study using event-related fMRI". In: NeuroImage, 30 (4), S. 1449–1457.

Mead, G. H. (1968): Geist, Identität und Gesellschaft. Frankfurt am Main.

Nida-Rümelin, J. (2008): Politik neu denken: Demokratie und Partizipation. Vortrag gehalten am 23.07.2008 auf dem Vigoni-Forum.

Panchanathan, K./Boyd, R. (2004): „Indirect reciprocity can stabilize cooperation without the second-order free rider problem". In: Nature, 432 (7016), S. 499–502.

Piaget, J. (1972): Urteil und Denkprozess des Kindes. Düsseldorf.

Piaget, J. (1973): Das moralische Urteil beim Kinde. Frankfurt am Main.

Pogge, T. (2010): World poverty and human rights: cosmopolitan responsibilities and reforms. Cambridge.

Richerson, P. J./Boyd, R. (2005): Not by Genes Alone: How Culture Transformed Human Evolution. Chicago.

Sanfey, A. G./Rilling, J. K./Aronson, J. A./Nystrom, L. E./Cohen, J. D. (2003): „The Neural Basis of Economic Decision-Making in the Ultimatum Game". In: Science, 300 (5626), S. 1755–1758.

Selman, R. L./Lavin, D. R./Brion-Meisels, S. (1982): „Entwicklung der Fähigkeit zur Selbstreflexion bei Kindern: Forschungen zum reflexiven Verstehen und die Untersuchung praktischer Verständnisleistungen verhaltensgestörter Kinder". In: Edelstein, W./Keller, M. (Hrsg.): Perspektivität und Interpretation. Beiträge zur Entwicklung des sozialen Verstehens. Frankfurt am Main, S. 375–421.

Singer, P. (1972): „Famine, Affluence, and Morality". In: Philosophy and Public Affairs, S. 229–243.

Sodian, B. (2008): „Entwicklung des Denkens". In: Oerter, R./Montada, L. (Hrsg.): Entwicklungspsychologie. Weinheim, S. 436–479.

Trivers, R. L. (1971): „The Evolution of Reciprocal Altruism". In: The Quarterly Review of Biology, 46 (1), S. 35–57.

Unger, P. (1996): Living High and Letting Die. Oxford.

Valdesolo, P./DeSteno, D. (2006): „Manipulations of Emotional Context Shape Moral Judgment". In: Psychological Science, 17 (6), S. 476–477.

Wheatley, T./Haidt, J. (2005): „Hypnotic Disgust Makes Moral Judgments More Severe". In: Psychological Science, 16 (10), S. 780–784.

Zajonc, R. B. (1980): „Feeling and thinking: Preferences need no inferences". In: American Psychologist, 35 (2), S. 151–175.

Autorinnen und Autoren

Bernd Bornhorst, Dr., Vorsitzender des Verbandes Entwicklungspolitik und Humanitäre Hilfe deutscher Nichtregierungsorganisationen (VEN-RO), Berlin.
E-Mail: bernd.bornhorst@misereor.de

Lena Hauck, M.A. in Geografie und Volkswirtschaftslehre, Senior Projektmanagerin, KfW Entwicklungsbank, Frankfurt am Main.
E-Mail: Lena.Hauck@kfw.de

Katja Hilser, Dr., Diplom-Soziologin, Koordinatorin Netzwerk Z|E – Zukunft Entwickeln, Heidelberg.
E-Mail: katja.hilser@mail.de

Philipp Keil, Geschäftsführender Vorstand, Stiftung Entwicklungs-Zusammenarbeit Baden-Württemberg (SEZ), Stuttgart.
E-Mail: keil@sez.de

Stephan Klingebiel, Priv.-Doz. Dr., Politologe, Leiter des Forschungsprogramms „Inter- und transnationale Zusammenarbeit mit dem globalen Süden", Deutsches Institut für Entwicklungspolitik (DIE), Bonn.
E-Mail: Stephan.Klingebiel@die-gdi.de

Michael Krempin, Dr., Senior Policy Berater, Stabsstelle Unternehmensentwicklung, Deutsche Gesellschaft für Internationale Zusammenarbeit (GIZ) GmbH, Eschborn (bis 31.01.2019).
E-Mail: gebhardt.krempin@t-online.de.

Günther Maihold, Prof. Dr., stellv. Direktor, Stiftung Wissenschaft und Politik (SWP), Deutsches Institut für Internationale Politik und Sicherheit, Berlin.
E-Mail: guenther.maihold@swp-berlin.org

Andreas Mues, M.A., Kanzler, Deutsche Hochschule für Gesundheit und Sport (DHGS), Berlin.
E-Mail: Andreas.Mues@dhgs-hochschule.de

Frank Priess, Stellv. Leiter Hauptabteilung Europäische und Internationale Zusammenarbeit, Konrad-Adenauer-Stiftung e.V. (KAS), Berlin.
E-Mail: Frank.Priess@kas.de

Hartmut Sangmeister, Prof. (em.) Dr., Diplom-Volkswirt, Alfred-Weber-Institut für Wirtschaftswissenschaften, Ruprecht-Karls-Universität Heidelberg.
E-Mail: sangmeister@uni-hd.de

Rolf Steltemeier, Priv.-Doz., Dr., Institut für Philosophie, Karlsruher Institut für Technologie (KIT), Europabeauftragter im Bundesministerium für wirtschaftliche Zusammenarbeit und Entwicklung.
E-Mail: Rolf.Steltemeier@bmz.bund.de

Michael Theurer, MdB, Dipl. Volkswirt, stellvertretender Vorsitzender der FDP-Bundestagsfraktion, Oberbürgermeister a. D.
E-Mail: michael.theurer@bundestag.de

Heike Wagner, Dr., Akademiereferentin Internationale Beziehungen, Akademie der Diözese Rottenburg-Stuttgart, Tagungshaus Weingarten.
E-Mail: Wagner@akademie-rs.de

Beatrix Waldenhof, Prof. Dr., Fakultät Soziale Arbeit, Gesundheit und Pflege, Hochschule Esslingen.
E-Mail: Beatrix.Waldenhof@hs-esslingen.de

Karl Weber, Dr., Geschäftsführer, Arbeitsgemeinschaft katholisch-sozialer Bildungswerke e.V. (AKSB), Bonn.
E-Mail: weber@aksb.de

Publikationen der Tagungen „Entwicklungszusammenarbeit im 21. Jahrhundert: Wissenschaft und Praxis im Dialog" der Akademie der Diözese Rottenburg-Stuttgart

Band 11:

Neue Formen und Instrumente der Entwicklungs zusammenarbeit

Herausgegeben von Dr. Rainer Öhlschläger und Prof. Dr. Hartmut Sangmeister

2012, 188 S., brosch., 32,– €
ISBN 978-3-8329-6948-6

Band 12:

Von der Entwicklungshilfe zur internationalen Zusammenarbeit

Chancen nutzen – Zukunft gestalten

Herausgegeben von Dr. Rainer Öhlschläger und Prof. Dr. Hartmut Sangmeister

2013, 212 S., brosch., 36,– €
ISBN 978-3-8487-0186-5

Band 13:

Aktuelle Fragen der Entwicklungspolitik

Antworten und Perspektiven

Herausgegeben von Dr. Rainer Öhlschläger und Prof. Dr. Hartmut Sangmeister

2014, 155 S., brosch., 29,– €
ISBN 978-3-8487-1204-5

Band 18:

Krisenhilfe oder Hilfe in Krisen?

Entwicklungszusammenarbeit mit Krisenländern

Herausgegeben von Dr. Rainer Öhlschläger und
Prof. Dr. Hartmut Sangmeister

2016, 162 S., brosch., 34,– €

ISBN 978-3-8487-2979-1

Band 19:

**Verändert die europäische Flüchtlingskrise die
Entwicklungszusammenarbeit?**

Entwicklungszusammenarbeit im 21. Jahrhundert:
Wissenschaft und Praxis im Dialog

Herausgegeben von Prof. Dr. Hartmut Sangmeister und
Dr. Heike Wagner

2017, 158 S., brosch., 39,– €

ISBN 978-3-8487-3676-8

Band 20:

**Entwicklungszusammenarbeit 4.0 –
Digitalisierung und globale Verantwortung**

Herausgegeben von Prof. em. Dr. Hartmut Sangmeister und
Dr. Heike Wagner

2018, 172 S., brosch., 36,– €

ISBN 978-3-8487-4838-9